大夏书系·语文之道

# 语文的回归

## 一个大学老师的小学课堂

陈国安 著

上海市著名商标 ECNUP 华东师范大学出版社
全国百佳图书出版单位

# 目　录
## Contents

序 1

# 诗意的栖居

一位大学文学院的老师自觉自愿地多次走进小学语文课堂，亲自执教，且兴致勃勃，乐在其中；也就是这位大学老师，自己写的书，又让一个小学语文老师给他作序。这两件事可谓学术界绝无仅有的，由此足见他对小学语文挥之不去的情结。他就是本书的作者陈国安先生。

不久前，他完成书稿嘱我作序，我颇为忐忑，最终"拗不过"国安先生的执著和真诚，只得以表达自己读后的感受代作"序"。

从他的友人处获悉，国安先生早年在师范读书，后保送上大学，进而考硕士，成了著名学者钱仲联的关门弟子，后又继续攻读博士，至今博士后已出站。从他的学习历程可见他对学术研究的执著。他文学功底之深，做学问精神之韧，使他成为青年才俊中的杰出人物。

因此，对国安先生我是先闻其名，后见其人。第一次见面，他给我的感觉就是充满活力，与人交谈不拘一格，甚至是滔滔不绝，坦诚而率真。2008 年举行的"李吉林情境教育国际论坛"，特邀他作为嘉宾光临大会。学者们研讨十分热烈，发言顺序也不可能排先后，已经到了晚餐时间，学者们意犹未尽。在那样的氛围中，一向津津"乐道"的国安先生，却选择了静静倾听，保持沉默，我能想象到当时他内心那种跃跃欲试的状态，这对他这样个性豪放的学者来说是多么不易。而这正表现了他对学术、对他人的尊重。散会后，我见到他坦然的神情中略露遗憾。其实更遗憾的是我，因为我没能听到他独到的见解。

此时此刻，我的面前放着国安先生的厚厚的一叠书稿，读着他的书，思量着他的人。

国安先生工作的第一步让他迈进了小学语文教学的园地。在那不多的日子里，他与小学语文结下了不解之缘，以至于他二十年后，饱含着真情，又走进了儿童学习语文的神圣殿堂。以他现在的身份，已完全没有必要去给小学生上语文课，但是，他走进去了，深深地走进去了。这是为什么？我一直没有机会向他问询，我私下揣测——从大学到博士后十年的文学研读，从中国古代文学到现当代世界文学，使他强烈地体验到文学的巨大魅力。他一定会想到这正是如幼芽般的儿童成长中不可或缺的美，于是他将其化作春风春雨，通过语文教学，虔诚地给孩子送去，由此让儿童也能开始朦胧地感受一点汉语言神韵之美，文学之美，乃至世界之美，进而体悟小学语文所蕴含的情感和智慧。于是，他付之于行动，不惜花费他宝贵的从事文学研究的时间，将教材中选自名家的篇目与原著进行比较，甚至不放过一个字眼、一个句式、一个修辞手法的差异，由此阐明大师、名作家语言的神韵和内涵。这种贴切而准确的剖析对小学教师的教学设计无疑是大有裨益的。国安老师对教材的把握，真正体现了一个教师需做到"功夫在课外"。他通过细致的推敲和选择，引导儿童去感悟，去欣赏，让一个个活泼可爱的小小生命体得到情智融合的润泽，进而让儿童的眼睛，连同他们的心灵也能发现世界上还有这么美的、这么奇妙的精灵，那就是文学。

于是，他数次走进小学语文的课堂，他热情而又慷慨地把自己的教案和对教材的研读奉献给小学老师，与他们分享自己研究、实践小学语文教学的快乐，进而更爱小学语文课。

我由衷地想说，这本书寄托着一位学养颇深的青年学者、大学教师，对儿童、对小学语文、对小学语文老师的纯真的爱。对国安先生这种高远而宽厚的情怀，我以为是另一个版本的小学语文的诗意的栖居。国安先生精神世界的丰富，人格的纯正，对学术不懈地求真，我很欣赏，并为之景仰。

李吉林

（著名儿童教育家，情境教育创始人，小学语文特级教师）

# 回归：安子的美好追求

大家都喜欢陈国安，叫他安子。

我也是。称呼里不只是一种亲密、熟悉、随意，而且也有真诚的敬重，尽管我比他痴长很多。

一如他一头长发，安子才华横溢，飘逸成了他的形象和风格，也常常把他与文学青年联系在一起——当然这只是对他才情的感觉和描述。

一如他的才情，安子充溢着生活的情趣。据说，他在家养马，还养其他动植物，犹如一位动物学家、植物学家。不过他只是爱好，显现了他的情致、个性。

一如他的个性，他的研究、讲学、著述也极有鲜明的特点：独立、自由、批判、建构、丰厚、深刻。批判时毫不留情面，但很善良、真诚；表达时豪迈，还有一点粗犷，但不失细腻、周到。

安子常去小学里给小学生上语文课，于是小语界有道独特而美丽的风景—— 一个大学老师的小学课堂。他不是去展示，不是去引领，也不是去告诫，更不是去炫耀，而只是为了去探索、体验，和小学老师一起去研究、探讨。所以，老师们都说，安子从来没有一点居高临下的姿态，更没有一点趾高气扬的气势，而是俯下身来，虚心、认真、踏实。在刻意追求学术成果的今天，能有几人，放下身段来到小学课堂里亲力亲为的？别以为他放弃了学术，他学术著作颇丰，诸如《贝青乔集》的点校。安子，难能可贵。

到小学上语文课，固然与安子的师范情结、小学教师情结有关，这样的情结透出他对小学教育、小学教师的真挚深情，情感成了他探究的一种力量。不过，更为重要的是他的崇高追求，那就是"回归"。在回归中探寻，在回归中想象，在回归中创造，回归其实是一种前行。于安子而言，回归是他又一种研究方向和研究方式，其间，他寻找到了另一种研究的价值和愿景。这需要勇气，也需要实力，更需要理念、信念的支撑。

安子的回归是回到教育的基础上去。小学是教育的基础，也是人生的基础，有什么样的小学教育就会有什么样的中学教育、大学教育，就会有什么样的人生，有什么样的未来。安子以回归小学教育的行动，演绎了一种建立在深刻认知上的理念：小学不小。假若大家都以不同的方式来关心小学教育、研究小学教育（当然不是指手画脚的干扰），小学教育，这块民族复兴的基石就会更加坚固和纯洁。

安子的回归是回到儿童的学习上去。看看安子在课堂里和孩子亲密的姿态，听听他与孩子的对话，你一定会知道，安子的内心有一个永远的儿童住着。回到儿童，就是回到自己的童年，就是回到人生精神的发掘地，回到未来的根据地。我们真的不太了解儿童，不太了解儿童究竟是怎么学习的，怎么学语文的。安子这么去做了，带着爱心和童心，他是一个"大学"里的儿童，是儿童世界的儿童。

安子的回归是回到语文教学及语文素养的提升上去。他从不把语文文本当作"生物挂图"，而视之为真正的"文学语境"；他从不停留在语言文字的本身，而是去发现语言背后的文学。文学教育决不能仅仅停留在文学的本身，而应包括文学中的思想、精神、智慧。这一切，用安子自己的话来说，就是找回语文教育的翅膀，实现文化价值的转变与提升。无论是"宋词的忧伤"，还是"乡愁的种子"，他总是让学生在语文——这一"美丽"的回归中回到中华民族优秀的文化上去。

安子的回归是回到本真状态去，是"还原"。安子为什么如此执著地去寻找原文，为什么如此细致地把课文与原文对比研究，为什么如此坚定地认为课文不一定是语文……他是尊重作者，尊重原作，尊重文学的。他敬畏本真，而不至于"沦丧"。这里并不是说，语文教材不能对原作进行改动，关键是改什么，怎么改，改得好不好。如安子的真实一样，他一以贯之地敬重本真，实事求是。批判精神是知识分子的精髓。安子，有风骨，真正的知识分子也。

回归不是简单地回到原来的地方去，不是怀旧，不是复旧。在回归的路上常常有新的发现、新的想象、新的创造。安子在回归中有非常丰富的、独特的想象，是关乎文学的、教育的、文化的、思想的、智慧的、心灵的。我们不妨把安子的这本著作《语文的回归》当作"语文的发现与创造"。读这本书，表面上触摸的是安子的文字、话语、才情，其实是在触摸他的心灵。他心灵的飞扬，那么自在、生动、飘逸。这是大学老师美丽的姿态，大学老师走的人生。

安子，用你的翅膀去飞吧。相信，语文教育的钥匙一定在像你一样作为的教师手里，或小学的，或中学的，或大学的，我们乐观地期待着。

成尚荣

（国家督学，江苏省教科所原所长）

# 挖掘文本自身的魅力

如果没有记错的话，陈国安博士的第一本书《语文教学心理学简稿》是我写的序言。那是 1999 年，他还是个 20 出头的小伙子。

虽然那是一本薄薄的小书，但他对学问浓浓的兴趣和驾驭文字的功夫，给我留下了深刻的印象。

其实，早在 1994 年，他还是大三学生的时候，我们就已经相识。那时，我是苏州大学的教务处长，管理着全校的教学事务，他送来一篇关于蒙学研究的长长的论文请我审看。这篇文章对中国古代蒙学的源流、特点等进行了深入细致的研究，让我对他刮目相看。

1995 年，他毕业留校。后来，他在职攻读学位，从硕士、博士一直读到博士后，学术功力也修炼日进。他的博士生导师是一代宗师钱仲联先生，他的博士论文，是用文言文写成的。

陈国安博士不仅学问好，为人也好。厚道，热情，豪爽，无私。朋友有难，他一定是最早相助的人。朋友的朋友到苏州，他不仅当导游，还管吃管住。朋友的孩子考学校，无论是读高中还是升大学，语文辅导的活，总是他干，而且总能够提高不少分数。大家都亲切地叫他安子。

虽然是大学教师，但是安子对中小学教育一直抱有浓厚的兴趣。于是，我们也因为这共同的兴趣成为了好朋友。

安子一直是新教育实验的积极参与者。我主持的"新世纪教育文库"，为中小学生和教师推荐书目，他是大学生书目的主要研制者；我主持的"相约星期二"教育沙龙，他也经常参与其中；我创建的"教育在线"网站，他在上面开设了专栏，并且把自己学生的作业在网上亮相；新教育研发卓越课程，他主持了中国文化学科群课程的研发。

在教学、研究之余，安子仍然钟情于课堂，尤其钟情于小学课堂。这些年来，他一直没有离开课堂，大学老师为小学生上课，成为他的拿手绝活，而那些听他课的小学生，也丝毫没有恐惧感，开心放松，这是孩子们对安子的最大褒奖。

　　这样真刀实枪的操练，几年下来，安子积累了不少课例。出版社动员他整理出来，他答应了好几年，这次总算完成了这本《语文的回归：一个大学老师的小学课堂》。他颇具成就感，第一时间与我分享，同时也希望我能够再写点文字。

　　我写这篇序，不仅因为如安子从不推辞我的请托一样，他的事情我义不容辞，更重要的是，这是一本值得把玩、品味和分享的好书。

　　一线老师的课堂实录我们看过很多。一个大学老师上小学的课，还十分罕见。是否会阳春白雪而曲高和寡？我一口气通读了十篇课堂实录。

　　新教育实验把理想课堂分为三重境界：一是落实有效教学的框架，二是挖掘知识这一伟大事物的内在魅力，三是知识与社会生活、师生生命的深刻共鸣。从这个标准来看，安子的课堂，具有知识的深度、生活的温度和生命的高度，无疑达到了较高的境界。

　　安子课堂最大的特点，是他对于文本的深刻理解。在《草原》《珍珠鸟》的教学中，我们看到，他让小学生用心体会课文与原文的不同之处，品味文字的细微之处，培养孩子们对于语言的敏锐、丰富的感受。挖掘文本自身的魅力，拓展文本周边的知识含量，激发学生研读文本的兴趣，既展现了安子作为一位大学教师的学术风采，也为我们一线的小学老师提供了一个新的范例、新的高度、新的可能。

　　我不是教学论专家，对课堂也不是十分熟悉，只是感佩安子的教育情怀，感佩安子的朋友情谊，写下这些文字，算是以真实的个人感受为他摇旗呐喊吧。当然，也是希望有更多的大学老师、社会精英，能够走进我们的中小学课堂，让我们的孩子有更多的机会聆听窗外声音、与大师对话，人们也会发现基础教育更大的威力与魅力。

　　是以为序。

朱永新

（苏州大学教授，博士生导师，中国民主促进会中央委员会副主席）

# 我的语文人生

小时候因为听评书常常梦想做一个指挥千军万马的大元帅，像岳飞，像杨六郎……慢慢地才知道社会主义的祖国是不会再打仗了，于是梦想成了幻想。

渐渐地长大了，快上学了，同村的一位大哥哥高中毕业做了小学代课老师，祖父告诉我以后上学他可能就是我的老师，要叫他"王老师"，不准再叫他"大哥哥"。看到同村的大孩子都叫他"王老师"，真是羡慕，甚至有些崇拜！原来做个老师可以和做将军元帅一样的威风体面，受人尊敬。

一

上小学之前，六岁时，我的伯祖父从苏州到镇江来小住。伯祖父是一个接受了完整的私塾教育并做过一段时间私塾先生的人，他喜欢教孩子识字念书。已经生活在苏州城里的伯祖父在镇江的农村是不会干农活的了，当家人都出去干农活时，他就在家教我认字，"天地玄黄，宇宙洪荒"，一个个字写在纸上教我念出来，倒也没有让我写字，似乎那时白纸是很金贵的。一个字一个字地认，一句话一句话地背诵，伯祖父由"小住"改为"长住"了，很快地，《千字文》背诵下来了，字在凌乱散开的白纸上也能够认出大致了。伯祖父教我认字时也不觉得很枯燥，可能那时本来就没有什么新奇的东西玩，而"滚雪球"般地复习，却很有成就感。学完了《千字文》我也不知道《千字文》是个什么书，因为我没有见过印刷品的《千字文》，我学的《千字文》是伯祖父写在大小不等的白纸上的一个个汉字。那是1977年的秋天，前一年毛主席去世我因为不知道哭而被祖母打哭的记忆还在。

我是念完了《三字经》《百家姓》后学《论语》的，《论语》似乎讲到一半时伯祖父回苏州了，我也上小学了。当然，现在也根本记不得伯祖父是怎样讲《论语》的了，只是后来读《论语》前一半时觉得很熟悉，片刻即能成诵。伯祖父教我认字时的那些写满汉字的白纸已经全没有了，但那两年的"私塾教育"的记忆却一生也不能忘怀，而可见的印记则是因为偷懒出去玩，没有背出隔夜所教内容，被伯祖父用木条戒尺打破额头流血后留下的一道疤痕，这也算我六岁开蒙到八岁上小学之前的母语学习的"记号"吧。

我上的小学在邻村的一个寺庙里，那是三国时孙权为其母祝寿所建的万寿寺遗址，一个年级一个班，五个年级五个班，是一个村小，叫"凌家湾小学"。一年级的语文老师是班主任，邻村的一位代课女教师，刚高中毕业，从拼音开始教，我因为没有学过拼音，所以学得也很认真。期中考试后识字，我就几乎在玩了，因为那些字我早就会了。三年级来了一位城里的老师做班主任并教语文，她是一位随军家属，她是第一位用普通话上课的老师。后来知道她老家在江阴，因为在北京很多年，普通话也就说得特别好听，我就是用非常夸张的嘴形开始跟着她学会用普通话读课文的。她开始教我们读课外书，从读小人书开始，然后一边读小人书一边讲故事，她讲完后要我们复述，再把复述的故事写下来，不会写的字用拼音代替。这就是我最早开始的学写作文。

四五年级教语文的是一位中年男老师，课堂上常常讲一些我们那时听不懂现在也记不得了的话，我在离开镇江读大学之前一直跟他有联系，到上师范时才感到他竟是一位那样有思想的老师。他每周都会带几本书来给我们看，我特别喜欢他带来的史话类的著作，我那时知道司马迁是在怎样情况下写《史记》的了，印象最深的一本是《铁笔写春秋》，说的是陈寿写《三国志》。《彷徨》和《呐喊》也是那时候他带给我们看的，黑白色的封面，很简朴的那种本子，至今都能想起。那时我不知道老师家有多少书，但学校是没有图书馆的，课外书都是老师带来的，后来知道老师的父母都是老师。在农村，在那个"书荒"的时代，像城里的老师那样有那么多的书是我做梦都想的，于是我开始省下祖父给我买烧饼的钱买书了。也不知道买什么书，都是有了几毛钱就给老师，他就会从城里的新华书店挑一本书买来给我。我开始读书了。

五年级时刚好转换学制，小学由五年制变成六年制了，凌家湾小学因为招生不足被合并到城乡结合部的红星小学（现在的镇江市京口区实验小学，有段时间也叫花山湾小学）。六年级的班主任也是语文老师，胖胖的胡萍老师，是正宗的早期师范毕业生，一位和蔼而严格的女老师。一周一篇周记，一周编一个故事写下来，一周一次命题大作文，几乎每两天就要写一篇作文。她还让我们背古文，她自己就能背很多的文言文。《岳阳楼记》、《醉翁亭记》等古文就是那时背下来的。

我接受的小学语文教育跟现在是无法比的，条件简陋，书籍匮乏……当年的小学语文教育还是在坚持"双基"的基点上进行的，"踏实"在当时是一个很重要的特点。

## 二

初中毕业之后，我考上了中师——镇江师范学校，师范三年是我人生中的第一次转折。中师的学习相对比较自由。没有高考的压力，也没有主课与副课，甚至音美体远比语数理化受重视，其实，我一直以为 20 世纪八十年代末九十年代初的中师教育是一种真正的素质教育。上课之外我们很少大量做题，相反在动手能力的训练和基本素质的培养上倒是极多地花时间。在学校里受老师和同学关注最多的往往是有特长者，而不是单纯的成绩拔尖的同学。

中师的语文是两门课：文选和语基，文选类乎文学教育，语基类乎语言教学。写作和文选在一门课中，也算是文学教育与语言教学差强人意的分科吧。语基包括语音、文字、词汇、语法，以及修辞、逻辑等，基本上是汉语的语言学基础。这样的分科教学当时或只是从师范生将来需要做小学语文老师的角度考虑的，但在今天看来，这样的分科教学也许是将来高中甚至整个基础教育语文课程的发展趋势。系统地学习汉语语言学领域的基础知识，培养一定的汉语文学的审美能力，这在高中阶段是不可偏废的语文教育任务，要做到不混在一起相互消解，不如回到当时中师语文教育的分开试验。中师阶段所接受的语文教育给了我这样一个非常深刻的印象。

中师二年级开始学习教育学、心理学，然后就是到小学听课，很好奇也很新鲜。那时觉得小学教育可能就是自己一辈子的“人生前景”了，于是总是很珍惜每一次去小学听课的机会，每一次看课堂实录也是一秒钟的镜头都不放过，总希望为将来的人生事业准备得更为充分些。到了中师三年级就开始学习小学语文教学等各科教学法，其实在这之前我就已经向讲授小学语文教学法的谢育清老师请教过很多问题了。谢老师教过二十多年小学语文，做过小学教务主任、校长、镇江市小学语文教研员，最后到镇江师范学校做小学语文教学法教师，她是当时镇江小学语文教学界的祭酒。她正在指导镇江中山路小学进行“注音识字，提前读写”的实验，我也是在那时知道“两山”“集中识字”实验的，谢老师对我关心“集中识字”很是表扬，我也开始在她的指导下阅读一些她给我的著作和文章了，记得最清楚的著作是：《集中识字教学经验选》（中央教科所编）和《小学语文教学法原理》（朱作仁主编）。这一年（1990 年）的秋天她带我去参加南通的小学语文教学研讨会，这是我第一次参加学术会议，也是在那一年我见到了李吉林老师。

谢老师没有教我小学语文教学法（简称“小语教”），她教隔壁班，我们班是新来的张林老师教，张林老师现在是江苏省的小学语文特级教师了，当时她就是中山路小学"注音识字，提前读写"的实验者之一。"小语教"的教材是袁微之主编的《小学语文教材教法》（人民教育出版社 1989 年版），黄黄的封面，是我读到的第三本小学语文教学研究的著作。记得内容有小学语文教学的指导思想、任务、基本功训练、教材、教学和常规工作等八九章，从这样的内容就能知道我们当时所接受到的小学语文教育理论状态了。

在那时，"小学语文是基础教育中一门具有工具性和很强的思想性的重要学科"，首先被强调的是"语文，指的是口头语言和书面语言，是反映人类思想认识的听觉符号和视觉符号。它是人们相互交际、学习知识的工具，说到底，是一种认识的工具"。然后强调的是"语言，不论是口头语言还是书面语言，不论是一个词还是一句话、一段话，都反映着一定的思想。语言是思想的物质外壳，语言和思想是统一不可分的"。其实当时我们关注的是语文学习和认识事物、语文教学和思想教育、传授知识和培养能力、老师的教和学生的学这样的基本关系，所以一直到现在我常常不能脱尽这样的影响。

在中师三年级的时候我已经开始看图书馆小学语文教学类的杂志了，当时的杂志很少，印象最深的是《小学语文教师》和《小学语文教学》，当时最感兴趣的是课堂实录和教案。那一年我读得最认真的一本书是朱作仁的《语文教学心理学》（黑龙江人民出版社），这也是我大学留校之后首先开出选修课"语文教学心理学"的基础吧。那时候也学着写小学语文教学的小论文，第一篇小论文是讨论李吉林老师的情境教学课堂与语文训练问题的，现在看看很是幼稚。

三

中师三年级上学期要见习，我见习的学校就是中山路小学，指导我的老师是张晨晖和李烽老师，为我们上研讨示范课的是薛翠娣老师。薛翠娣老师是九十年代初期江苏省最年轻的小学语文特级老师，李烽和张林老师是同时成为特级老师的，张晨晖近来也成为江苏省的小学语文特级老师了。当时她们的课堂是我学习的"模板"，薛翠娣老师的《少年闰土》，李烽老师的《数星星的孩子》，张晨晖老师的《梅花》（王安石）都是我后来模仿的"对象"。尤其是薛老师的《少年闰土》，区别"我"的哭和闰土的哭有何不同这样的细节如今想来都还记忆犹新，薛老师领着学生从文字"走向"文本人物的内心情感，文字的品味，情感的体味，语境的体验，优美地统一在整个课堂中。"讲深讲透"是当时小学语文教学的一种时尚，至今我都认为这没什么不好，文学"讲深"、语言"讲透"，小学语文课不能教学肤浅，这在当时是有共识的。

见习汇报课因为同班的女同学上语文课我就只好选了上数学课，我其实很喜欢上数学课，因为我的普通话不是很好，尤其是江南人的声母边音鼻音和韵母前后鼻音分不太清楚，觉得数学老师在普通话的要求上要低一些。中师三年级下学期就教育实习了，我在陈家门中心小学实习，语文指导老师孙健华，时任教导处主任，教的是五年级，听了一周课，孙老师就放手让我们自己上课了。一起搭班的女同学王玉喜欢上数学课，我就只好多上些语文课了。

这个班的同学很活跃，有时上课的纪律也很难控制。第一篇课文上的是《我的伯父鲁迅先生》，这是精读一类文，三教时，时隔二十年，现在没什么印象了。但略读二类文《齐天大圣》，一教时，上课的情景至今都不能忘记。

那天孙老师也在听课，课上到中间时，突然学生开始一阵骚乱，两拨学生干脆吵起架来了，坐在教室后面的孙老师看着我没出声，我看着学生也没出声，他们争执了一会儿停了下来，因为我眼睛静静地盯着他们还是有些"威力"的呢。"为什么吵架？"我问。"孙悟空的本领大。"另一边顿时不服气说："开始是哪吒本事大！""为什么孙悟空的本领大呢？"我开始冷静下来了，随即一问。一边哪吒的支持者迫不及待地说："老师，不对，开始是哪吒的本领大，你看：'哪吒三太子六般兵器变作千千万万'！"并且还加了一句"哪吒先'千千'再'万万'，说明哪吒越战越勇本领大！"这边的学生还没有说完，另一边孙悟空的支持者立刻不同意了："孙悟空的金箍棒变作万万千千！孙悟空先'万万'已经很厉害了，哪吒那时才'千千'，就已经被打败了，当然孙悟空的本领大啦！"我一下子又懵了。无意一转头看见黑板上写着段意的板书：孙悟空战胜巨灵神；孙悟空打败哪吒。突然我抓到了"救命稻草"！"'战胜'和'打败'是一个意思吗？"学生一下子也懵了，因为我没有评判他们的问题，而是问了另外一个问题。"这两个词是一个意思。"大家都说。"是的，'万万千千'和'千千万万'也是一个意思，所以一开始的时候孙悟空和哪吒本领一样大，书上有一个成语给出了这一个问题的答案，大家找找看。""不分胜负。"学生很快找出来了。我松了一口气，但并没有就此回到我原来的讲课设计思路上，而是立刻再提了一个问题："后来孙悟空还是打败了哪吒，为什么作者一开始却写两个'人'的本领差不多，'不分胜负'呢？""为了突出这一场战斗的不容易获胜，打得很激烈。"我又问："既然写本领一样大，为什么作者用了两个不同的词表示同一个意思呢？""为了表达得丰富生动。""对了，为了能把文章写得生动丰富，我们要学会用不同的词语表达同一个意思。"我大概是这样"收拾"这场学生"骚乱"的。一下课孙老师就大大地表扬了我，这是我上的第一节自己有些满意的小学语文课，也是我记得最清楚的实习时的一节语文课。

四

近两个月的实习是我在小学整块时间最长的语文教学经历，实习之后没多久就中师毕业了，中师毕业之后就被保送到苏州大学读汉语言文学教育本科专业了，后来在古代文学专业读学位，获得古代文学的博士学位，之后在复旦大学做博士后研究工作，现在也已经出站，专业是近代文学。

大学时候我一直积极地为将来做一名优秀的小学语文老师而努力，这种准备从未停息过。大一时为了重新思考"集中识字"的问题，我把《新华字典》中所有字条做成一个一个的小卡片，进行一些字族的分析。字形、字音、字义的变化使我意识到问题的复杂性，后来我下决心读《说文解字段注》，每天坚持去图书馆读清人段玉裁注的这部字典，一直到大二下学期的期中考试前才读完，整整做了十本黑色本子（软面抄）的笔记，随后便在亡师王迈教授的指导下"对读"清人段、桂、王、朱四家"注说文"，这是我现在研究小学识字教学的基础。大量读蒙学教材也是在这时候。

抄书是从大学一开始就养成的习惯，现在我也挑出十部文化经典（如《诗经》《论语》《楚辞》和《庄子》等）让我的学生手抄一遍，因为我感到大学时候抄书的语文积累是我现在语文教学研究的良好基础。大学时每学期平均我要抄七八部书，寒暑无间，以此为乐。有时候像跟自己竞争，这学期抄了六部，下学期就抄七部，《说文笺识四种》《六朝文絜》和唐兰的《中国文字学》，甚至部头很大的《文选》也在那时候抄过了一遍。

大学毕业之后我留校任教，开始是在学院办公室做秘书，同时为师范专业开了"语文教学心理学""语文教学思想史研究"等选修课，后来转岗到"中学语文教学法"教研室成为专业教师。我曾开玩笑地说从八岁到八十岁我都教过：寒暑假期到少年宫当作文课老师，给老年大学学员讲授古代文学诗歌和散文选，到附属中学兼课……而我最开心的就是在中小学课堂上语文课了！我常常说我是大学里小学语文老师的"卧底"，我是一个小学语文教学研究的"票友"。

上课之前认真研读教材是我的习惯，我不会先看教参，只是一遍一遍地读教材，直到课文在心里基本能背诵了，再慢慢地品味文本。有时候我会强烈地感到我读到的不是大家所说的那样一种文本"味道"，为了考量我的阅读是否最大限度地接近作者和文本，这时我开始查资料，尽可能多地查阅相关的资料。我常常为一篇课文做一个很丰富的"资料包"，之后我才会设计课堂教学，以自己对这篇课文的理解作为教学设计的基础，所以我的课堂立足点常常与别人不同。

课堂的积累越来越多之后我发现教材是课堂教学的"瓶颈"，我与别人理解教材的不同成了我专心研读教材的起点。一个相当长的时间内，我一直处于困惑状态。后来突然回忆起大学读过张国光教授的著名论文《两种〈红楼梦〉，两个薛宝钗》，恍然大悟，我们常常混淆了对原文文本和课文文本的评价。经过修改的课文文本不是原文文本了，而我们常常将原文文本的评价迁移到对课文文本的评价上来，这就导致了文本理解上的误差和错位。

举个简单的例子，现在小学课文中的《西游记》《水浒传》等的节选都不再是明清白话章回小说史上的《西游记》《水浒传》，因为小学课文文本全都改写成现代白话文小说了，这时候除了故事大致一样外，其他的语言文字都不一样了，所以再用对原来的《西游记》《水浒传》的眼光来读课文、来评价课文显然会错位了。换句话说，改写之后的课文是不是一篇优秀的小说文本是需要重新论证的。从这个角度讲，让孩子读少儿版、青少版的《西游记》《水浒传》等小说是大可不必的！

课文和原文的问题成了我近几年来小学语文教学研究关注的一个焦点，我的基本观点是，修改后的课文绝大多数与原文相比不尽如人意，尤其是文学（作品）文本，几乎没有看到修改成课文成功的例子。所以我们应该尽可能地用原文进行语文教学！当然有教材编选者认为"修改进入教材的选文由来已久，仅就语文单独设科以来说，叶圣陶先生早已从理论与实践两个方面为我们今天的编写者率先垂范……叶老修改的目的，是弥补文中疏漏，使其文质兼美以成典范"。如果这也成了修改原文入课文的理由，我想这是不太妥当的。

其一，语文单独设科与语文教育实践史相比较而言实在是短之又短的时间，根本说不上"由来已久"，至少在 1905 年之前的语文教育史上没有修改原文入课文的例子。

其二，叶圣陶先生能干的活——修改原文入课文——现在的编选者们未必能干得了！叶先生是有着深厚文献学积累的学者，且有长期文学创作的经验，并在现代文学史上有一席之地，我想说，我们现在要改是因为叶先生当年有改得好的示范，这不能成为理由吧。

其三，叶先生在当年的语境中做这样的活、说这样的话是否正确，是否也需要一个论证？！我无意于说叶先生在修改原文入课文的问题上做得都不对、说得都错了，但至少哪些是对的需要做出论证，这是科学的态度和逻辑推论的起点。至于叶先生改写《海燕》成《燕子》是否成功，因为立足点的不同也需要仔细推敲，以此作为叶先生改文成功的例证证据不充分。

其四，叶先生在当年的语境中做得好、说得对的，在现在的语文教育实践中就一定都正确吗？！再者，具体问题具体分析，从语言教学的角度出发，也许应该对原文作适度合理的修改，而从文学教育的角度看，这样的想法几乎是自堕危险境地。

基于对课文文本与原文文本不同的认识，我近年来一直坚持用原文作为课文进行教学尝试，同时这样的尝试也是实践我的另一个观点：语文教育应该分为互相关联但又相对独立的文学教育和语言教学两门学科。20世纪七八十年代甚至到九十年代，语文教育基本偏向于语言教学，立足于工具论。本世纪以来貌似偏向于文学教育，立足于人文性。两者相较，其实现在这样更危险，在语文教育语境中至今尚未有人将"人文性"的问题论证清晰，相反越说越糊涂。这样的理论上的论争我以为意义不大，因为这本来就不是一个命题，也就遑论真命题或假命题了。本来两股道上的车硬要拉到一股"假想的道"上来跑，这连"不得已而为之"都说不上！我认为分开来教学之后才有可能将这不同的文学教育和语言教学评价系统逐渐建构起来，这样，课程的问题、教材的问题、教学的问题、考试的问题也许会比现在能够处理得更好些。

当然这需要用相当长的时间来试验，我们需要冷静地审视和扬弃1905年以前母语教育的历史传统，客观地评价近一百年来母语教育的轨迹和路向。借鉴国外的母语教育经验固然必需，但在教育语境中，母语教育往往更加具有民族性！解决母语教育问题的钥匙一定在本民族自己手中！我想，向其他国家借鉴母语教育的经验来改变中国母语教育困境的效用是微乎其微的，因为作为教育课程的本体内容——汉语——是极为独特的一种语言！汉语是世界上最美丽的音乐！

\*　　　　\*　　　　\*

我喜欢校园，我的梦想在校园，所以我从未离开过校园。我的人生梦想是办一所实践我自己对教育理解的学校，编一套蕴含我自己对汉语理解的母语（文学和语言）教材，我编的母语（文学和语言）教材在我做校长的幼儿园到高中的学校中实践，这是我一生的理想，如梦一般的理想，我梦想的背景就是那一个"活泼泼"的校园！

# 1.《黄河的主人》(《筏子》)：文化价值的转变

## 《筏子》原文

### 袁 鹰

黄河滚滚。即使这儿只是上游，还没有具有一泻千里的规模，但它那万马奔腾、浊浪排空的气概，完全足以使人胆惊心悸。

大水车在河边缓缓地转动着，从滔滔激流里吞下一木罐一木罐的黄水，倾注进木槽，流到渠道里去。这是兰州特有的大水车，也只有这种比二层楼房还高的大水车，才能同面前滚滚大河相称。

像突然感受到一股强磁力似的，岸上人的眼光被河心一个什么东西吸引住了。那是什么，正在汹涌的激流里鼓浪前进？从岸上远远望去，那么小，那么轻，浮在水面上，好像只要一个小小的浪头，就能把它整个儿吞噬了。

啊，请你再定睛瞧一瞧吧，那上面还有人哩。不只一个，还有一个……一，二，三，四，五，六，一共六个人！这六个人，就如在湍急的黄河上贴着水面漂浮。

这就是黄河上的羊皮筏子！

羊皮筏子，过去是听说过的。但是在亲眼看到它之前，想象里的形象，总好像是风平浪静时的小艇，决没有想到是乘风破浪的轻骑。

十只到十二只羊的体积吧，总共能有多大呢？上面却有五位乘客和一位艄公，而且在五位乘客身边，还堆着两只装得满满的麻袋。

岸上看的人不免提心吊胆，皮筏上的乘客却从容地在谈笑，向岸上指点什么，那神情，就如同坐的大城市的公共汽车里浏览窗外的新建筑。而那位艄公，就比较沉着，他目不转睛地撑着篙，小心地注视着水势，大胆地破浪前行。

据坐过羊皮筏子的人说，第一次尝试，重要的就是小心和大胆。坐在吹满了气的羊皮上，紧贴着脚就是深不见底的黄水，如果没有足够的勇气，是连眼睛也不敢睁一睁的。但是，如果只凭冲劲，天不怕地不怕，就随便往羊皮筏上一蹲，那也会出大乱子。兰州的同志说，多坐坐羊皮筏子，可以锻炼意志、毅力和细心。可惜随着交通运输事业的发展，这种锻炼的机会已经不十分多了。眼前这只筏子，大约是雁滩公社的，你看它马不停蹄，顺流直下，像一支箭似的直射向雁滩。

然而，羊皮筏上的艄公，应该是更值得景仰和赞颂的。他站在那小小的筏子上，身后是几个乘客的安全，面前是险恶的黄河风浪。手里呢，只有那么一根不粗不细的篙子。就凭他的勇敢和智慧，镇静和机智，就凭他的经验和判断，使得这小小的筏子战胜了惊涛骇浪，化险为夷，在滚滚黄河上如履平地，成为黄河的主人。

你看，雁滩近了，近了，筏子在激流上奔跑得更加轻快，更加安详。

《黄河的主人》课文（苏教版）

黄河滚滚。那万马奔腾、浊浪排空的气势，令人胆战心惊。

像突然感受到一股强磁力似的，我的眼光被河心一个什么东西吸引住了。那是什么，正在汹涌的激流里鼓浪前进？从岸上远远望去，那么小，那么轻，浮在水面上，好像只要一个小小的浪头，就能把它整个儿吞没。

再定睛一瞧，啊，那上面还有人哩！不只一个，还有一个……一、二、三、四、五、六，一共六个人！这六个人，就如在湍急的黄河上贴着水面漂流。

这就是黄河上的羊皮筏子！

也只有十只到十二只羊那么大的体积吧，上面却有五位乘客和一位艄公，而且在他们的身边还摆着两只装得满满的麻袋。

我不禁提心吊胆，而那艄公却很沉着。他专心致志地撑着篙，小心地注视着水势，大胆地破浪前行。皮筏上的乘客谈笑风生，他们向岸上指指点点，那从容的神情，就如同坐在公共汽车上浏览窗外的景色。

听坐过羊皮筏子的人说，第一次尝试，重要的就是小心和大胆。坐在吹满了气的羊皮筏子上，紧贴着脚的就是波浪滔滔的黄水，如果没有足够的勇气，是连眼也不敢睁一睁的。

羊皮筏子上的艄公，更值得敬仰和赞颂。他站在那小小的筏子上，面对着险恶的风浪，身系着乘客的安全，手里只有那么一根不粗不细的竹篙。他凭着勇敢和智慧，镇静和机敏，战胜了惊涛骇浪，在滚滚的黄河上如履平地，成为黄河的主人。

### 文本解读

一粒沙里见世界，半瓣花上说人情

最早接触这篇课文，是在我念小学的时候，老师对这篇文章评价非常好，尽管那时候我也不知道究竟为什么好。到了1991年春天，我给学生讲解这篇课文的时候，我有了不同的理解。毫无疑问，在20世纪90年代初期的语境下，对这篇文章的理解基本在于"做黄河的主人"，即战胜自然。然而，我却觉得自然似乎是无法战胜的，人类应当像顺应命运一样顺应自然，才能够活得更好。从某种程度上说，认命，才是最好的立身之本。

在我小学毕业20年之后的2005年，我回我的小学母校给学生上这一节课。

彼时的我对这篇文章又有了新的理解，我认为这篇文章所面临的，是文化价值的转型。

袁鹰在 1961 年 9 月甘肃兰州体验生活时写作此文，正值那个"与天斗，与地斗，与人斗，其乐无穷"的时代，其创作初衷是在三年自然灾害期间给全国人民鼓劲，所以文章节奏明快，声调响亮，意志昂扬，因为其核心文化价值即为"斗"。90 年代初期，西方自然主义观念开始进入中国，在其影响下，我认为，文中的筏子与艄公并不是逆流而上、与自然拼搏的，而是沿着黄河水顺流而下，是顺应着自然的。及至 2005 年，我注意到文章中的一个关键句子，即所谓"文心"："这就是黄河上的羊皮筏子！"有人而不写人，反而写物，表示了人、物与自然相融合的境界。所以，这篇文章从写作时候的"战胜自然"，到 20 世纪末的"顺应自然"，再到 21 世纪初的"与自然相融"，人们的解读经历了文化价值的演变。

如今，我重读这篇文章，从原来"战胜自然"的那种昂扬意志中读到了相反的文化价值——敬畏自然。"与自然融合"是一个理想的状态，尽管人类自知，与自然的融合是永远也无法实现的幻想，却还是不能停下憧憬的脚步。但在此过程中，人类对待自然的态度便凸显了出来。文章一开篇，即"黄河滚滚"四个字，对此，读者的反应可能是高兴、欢喜，或是害怕、恐惧，但毫无疑问，最初的反应一定是"害怕"，即"敬畏"的"畏"，"畏惧"的"畏"，这是我们的一种心理反应，缘自身外那个可怕的世界。"畏"与"惧"不同，"畏"是没有心字旁，"惧"却有，它是由内心害怕而产生的心理活动，而外在那个世界未必恐怖。

就这篇文章本身而言，我认为，已属五六十年代散文的典范之作，尽管在教材中它已经被改得不像了。中国散文在经历了"五四"的热潮之后，一共有两个黄金时期，一是五六十年代的"诗化散文"，以杨朔、刘白羽、秦牧为代表，还包括袁鹰、碧野等人，构成了诗化散文的一个总体版图。他们极其强调散文的审美，正如杨朔所言，"好的散文就像一首诗""我在写每篇文章时，总是拿着当诗一样写"。这是杨朔派散文在散文革命中的一场革新呼喊和一次审美变化。八十年代后期出现了一些有着闲适倾向的生活散文，即所谓"新生活散文""小男人散文"等，九十年代后出现了文化散文，新世纪以来又有了新艺术散文，共同构成了中国散文自建国以来的第二个黄金时期，这与贾平凹先生在其主编的《美文》杂志中倡导大散文息息相关。

反观散文发展的这一过程，我们可以感受到，对《筏子》的阅读体验并不如当年教科书中所教的那么好，心里便或多或少地存在着一些疑虑，因为我们今天所使用的审美标准是来自八九十年代之后、第二个散文黄金时期的。

对散文的阅读必须重回文化语境——把文章放回到那个时代的文化主潮中去考察。毛泽东在 1958 年"反右"开始时提出文艺创作要"两结合"，即革命浪漫主义和革命现实主义结合，这一主张在 1960 年被强化，在 1961 年付诸实施，直到 1963 年成为主潮，这是借着"文艺为政治服务"的价值系统往前推进而成为具体的实施指导。在《筏子》中，我们能看到的就是这样一种革命的浪漫主义和现实主义相结合的创作，所以，整个文章弥漫着浪漫主义的气息，一开篇的"黄河滚滚"，这冲口而出的四个字就奠定了整个文章的基调——革命的斗志，并用短促的语句表现内心的激动、兴奋与昂扬的意志。

事实上，我们根本无须怀疑作家写作时的真诚，这些新中国的作家们对新政权、新社会有着发自肺腑的热爱与颂扬，他们内心是赤诚的。这从他们后来的作品中也能够看出，比如《筏子》的作者袁鹰在 1982 年曾写过一篇文章，名为《散文求索小记》，他在文中表示，"我在 1958 年也真诚地歌颂大跃进，在 1963 年我也非常真诚地去赞颂三面红旗"。在那个时代，他写作"黄河滚滚"时的热烈、热情与热望都是真诚的，是典型的革命现实主义。

我们在文中还可以看到革命的浪漫主义。散文和诗是非常讲究节奏的文体，但散文和诗所不同的是，诗讲究声韵，而散文作为无韵的文体，则在节奏上比诗更为着意。《筏子》中，在"黄河滚滚"这句话后，行文在节奏上就发生了变化。句号后是一个极长的句子，把"黄河滚滚"铺开，其所运用的方式即散文的一贯手法——欲扬先抑。"即使"这两个字是虚词，且都是仄声字，如果把"即使"换成两个平声字，这两个句子就散掉了，所以"即使这儿只是上游"靠两个仄声字，一下子接上去，没有让昂扬的斗志直冲云霄，而是将"黄河滚滚"的气势拉了下来。紧接着，"还没有具有一泻千里的规模"，值得注意的是，前文已讲到"黄河滚滚"，那"还没有具有一泻千里的规模"又是说的什么呢？这其实就是所谓的"革命浪漫主义"——把大的往小里说，把小的往大里说；从有到无，从无到有。文中的这句话实际上就用一个矛盾的表述来反衬"黄河滚滚"，于是把这一句话的气势拉了下来，但又没有一直拉到底，下文又说"但它那万马奔腾、浊浪排空的气概，完全足以使人胆惊心悸"。

这个小节用了"黄河滚滚""一泻千里""万马奔腾""浊浪排空""胆惊心悸"等词语，把景、情交融在一起。"黄河滚滚"劈空而来，"一泻千里"，拉下情绪，"万马奔腾""浊浪排空"使得被拉下的情绪又飞扬起来，然后，用"胆惊心悸"这样一个沉稳的成语，把"黄河滚滚"的画面定格了。这个节奏就好像你在黄河边的一个土房子里，一打开门，看到滚滚黄河，吓了一跳，关上门，"即使这儿只是上游"，然后慢慢地罅开一条缝，"还没有具有一泻千里的规模"，再慢慢地把门推开，"但它那万马奔腾……"，推得更开了，还没有推到底，"浊浪排空的气概"一下子推到底，最后，定睛一瞧，"完全足以使人胆惊心悸"。

但是，在被教材修改的文章中，这样的节奏感已荡然无存，成了一个非常拙劣的演讲词——"黄河滚滚。那万马奔腾、浊浪排空的气势，令人胆战心惊"。而且，这句话还存在着问题，即"气势"无法着落——这个"气势"的指称是什么？我们无法在文中找到，因为"黄河滚滚"后的那个句号把它中断了。课文中"令人胆战心惊"的是"气势"而不是黄河。而原文"使人胆惊心悸"的是"气概"。气概指的是一个人的精神状貌，此时的黄河好像是一个健壮的男子，或是像一个伟大的劳动人民。所以事实上，在以杨朔为代表的"诗化散文"的时代里，所有的布景中都有一个隐喻的人在那里，但教材改成"气势"之后，这个隐喻便不复存在了。

所以原文中的第一段以中等强度切入，又以中等强度收缩，中间有一次低沉，又有一次昂扬，总体上的节奏非常明快。

原文的后一个小节已经被教材删掉了，我猜测，其原因是觉得这个小节好像全是废话。而实际上，只有保留了这个小节，才是散文。散文并不是一根直线，它有着跌宕起伏的内容，跌宕起伏的结构和跌宕起伏的节奏。如果说第一小节被删掉的部分是跌宕起伏的节奏，那么，删掉第二小节，就等于删掉了跌宕起伏的内容，即宕开的一笔。如果说第一小节节奏明快、意志昂扬，那么第二小节恰恰是作者改换笔调，用非常冷静的旁观者的姿态来叙说眼前的这个场景。但是，在这个叙说中间仍然有着无法抑制的内心激动，"大水车在河边缓缓地转动着"，"河边"使这个小节与前一个小节产生关联。散文的结构是"不散"的，每个小节之间都有一根"血管"，保证畅通无阻。第一小节与第二小节的关联处就在于这个"河边"。这个大水车是在黄河边，所以，写大水车不同于前面直接写黄河，因为水车是一个配角，轻轻松松，委婉道来。

"缓缓地转动着"，这个"着"使得原来奔跑的欢快笔调一下子舒缓起来。现代散文有别于古代散文，有三个方面极其重要：其一，段落；其二，助词，尤其是时态、结构和语助词，如，的、地、得、着、了、过、啊、啦、吗等，即文言中所没有的白话语体虚词；其三，标点，因为古代散文是不分段落的，没有这些新虚词和标点。在这里，"转动着"中的"着"的作用就在于延长缓缓转动的节奏，把节奏拉得平稳下来，但是动作仍然在延续。第一小节虽然有"即使"，但还没有把完全节奏拉下来，而这里的"着"，便让节奏放缓了。

舒缓后有一个细节描写，在此也是白描。在我看来，这篇文章的这一处在所有闲笔——宕开一笔中，是写得最好的。写文章不必每一笔都很重要，否则就成了工作报告、思想汇报。写散文有时需要讲一些废话，比如这里，"从滔滔激流里吞下一木罐一木罐的黄水"，始终还是扣住了"黄河滚滚"来写的。"滔滔激流""吞下"，而不是"喝下"，所以气势还在，即使节奏慢了，其内心的气息还是很粗壮的。"倾注进木槽，流到渠道里去"，使得本来那个气很壮的声腔变得温柔了，这里用了两个很散的句子，并在中间加了逗号，跌宕开来。"倾注进"接前面，然后慢慢变细了，这个"进"实际上是慢慢变细的节奏。"流到"，节奏和缓起来了。所以，这个"进"字看似是多余的，实际上，若用倾注"到"木槽，这个"到"就太响、太粗壮了。所以倾注"进"是细腻的，是一个细音，然后"流到渠道里去"。从奔腾的黄河到缓缓转动的大水车，景物的描写到此为止，作者已经静静地站到了黄河边，静下心来，端视黄河。

为了进一步地舒缓刚才受到惊吓的情绪，作者又来了一处："这是兰州特有的大水车，也只有这种比二层楼房还高的大水车，才能同面前滚滚大河相称。"前面两句看似是废话，恰恰是为后面的"同面前滚滚大河相称"做了"桥梁"。宕开的一笔，这个宕啊，它是宕下来要回去的，不是宕下来就跑掉了。所以，为了宕下来再往上走，文中又给了两句"闲笔"。"这是兰州特有的大水车"，把兰州黄河的这个背景点出来，而且指出这是特有的大水车，独特之处在于，这个水车有两层楼那么高。这个句子说得很长、絮絮叨叨，但恰恰是这个絮絮叨叨的句子给了叙事以力量。然后，文章为了这宕开一笔再宕上去，又写道"才能同面前滚滚大河相称"。可以看到，文中几处写到黄河，所用的指称都不相同，"黄河滚滚""河边""大河"，而这恰恰是作者有意识地规避散文中语词雷同的写作忌讳。"诗化散文"极其强调字句的锤炼，著名的《雪浪花》中的"咬"字就是一例。

任何一个时代都有其独特的创造力和独特的文学色彩。对于文学作品，我们应该尽量不用好坏去估价，而要作审美评价。袁鹰在《散文求索记》中说："我常想，任何散文，同其他样式的文学艺术作品一样，都是时代的产物，必然会带着它所产生的时代的声色光影。"应该说，袁鹰对自己的散文创作是有独立的构想的。他生于1924年，1940年他17岁的时候，以一篇《师母》踏上文坛，此后，他始终与时代沉浮，把自己那颗滚烫的心交给他所认同的那个时代。当然，时代有好有坏，作品有高有下，我们只有把作品放回到那个时代中，才能够讨论它的美学意义。

袁鹰于 1940 年出道，1942 年他写了《市井纪事》，1945 年写了《王村草》，曾在 1960 年代到苏州写过很有名的一篇文章《七里山塘》，还有一篇文章叫《虎丘人》，写了虎丘的一个花农。他在 1976 年"文革"结束之后的 10 月写了一篇长文《十月长安街》，动人心魄。1984 年他写了《金钥匙》。他始终与这个时代共浮沉。这篇文章里洋溢着的就是典型的 60 年代在国家最困难的时候给人民鼓劲的色彩。所以，他描写的黄河和我们现在单纯描写的雄壮的黄河是不同的，这里的黄河就像一个昂扬的民族，咆哮起来又像一个"险恶"的国际社会。

写到这儿，整个文章告一段落，节奏到此算一停顿。下面另起头的时候，也不是换了一条路，而是语段有贯连。

第三段的第一句话，"像突然感受到一股强磁力似的，岸上人的眼光被河心一个什么东西吸引住了"，于是，黄河滚滚，远眺；大水车，河岸；目光，由远而近，人到了河边，望向河心，和远眺黄河一样激动人心、节奏欢快、斗志昂扬。"突然感受到一股强磁力"，好像无法回避、不得不往那儿看。"岸上人的眼光"既指作者的，又指他人的眼光。"被河心一个什么东西吸引住了"，羊皮筏子第一次出现，作者竟然用了这样一个词——"什么东西"。这是欲扬先抑的手法，同时又表明这个东西离得太远，看不清楚。第二次出现筏子，说得则更有意思，"那是什么，正在汹涌的激流里鼓浪前进？"一开始还说是个东西，现在连是不是东西都不清楚了。袁鹰不是看不清什么东西，不是那么远就没有看清楚，而是本来黄河滚滚、滔滔激流，就不该有什么东西，但是有了东西吸引我们，是什么呢？

"从岸上远远望去……"这一段写得太棒了。"从岸上远远望去，那么小，那么轻，浮在水面上，好像只要一个小小的浪头，就能把它整个儿吞噬了。"声色非常的美。"声"指的是声韵，声音好听，节奏明快，而"色"指的是辞色，即桐城派的声色说，指看上去好看，听起来好听。

"从岸上远远望去"，即因为远远望去所以"我"不清楚这个东西是什么，于是，"汹涌的激流""鼓浪"这一些很沉重的词就被削减了。因为远，且望向河心，所以声色就变得柔和起来。比如陶渊明的诗句"狗吠深巷中"，狗叫的声音从巷子那头远远地传过来，透过悠长的巷子，乖戾的声音被削减了、柔化了。同理，从岸上远远望去，原来的"汹涌的激流""鼓浪"削减了，所以才有"那么小，那么轻，浮在水面上"，这里的"浮""小""轻"，可以和"汹涌的激流""鼓浪"合在一起了，即作者在意境上开始转换了。

作者在这儿写得很专注，因为他被吸引住了，所以定睛去看，感受非常准确，那么小，那么轻，一个整齐的"收缩的"句子来了，"浮在水面上"，收缩以后是什么呢，转过来，加深一步去说，"好像只要一个小小的浪头"，用"好像""只要""一个""小小的""浪头"五个词埋下陷阱，为的就是后一句，把这个东西的"危险"告诉你。"好像"——你不要觉得是真的，"只要"表示很肯定，这个条件一出现，马上就这样。很多吗？不，"一个"。很大吗？不，"小"，还不对，"小小的"。是波浪吗？不是，"浪头"。这五个词都是往绝处逢生处说，往最危险的地方说。不要说大风大浪，不要说浪涛，不要说波浪，就是浪头就够了。不要说大浪头，小浪头就够了。不要说小浪头，"小小的浪头"就够了。不要说很多"小小的浪头"，"一个"就够了。一个就一定出现吗？当然，"只要"。不要被我说得这么害怕好不好，我只是说"好像"。作者的这一句话非常有意味，然后揭底了，"就能把它整个儿吞噬了"，这一句话在用力上和前一句话方向相反。"只要……就"，他觉得讲全部还不够表明他内心的恐惧，用了"整个儿"。整个儿那个"儿"可以去掉的吧，他又觉得跟"好像"不协调了。"整个"后面加个"儿"，让你放心一点，然后用了一个非常狠的词——"吞噬"，像老虎吞绵羊一样，一下子、全部、瞬间地没有了。

从整个这一小节的跌宕起伏中能够看出，作者非常精心地构建了心理曲线。文字是作者外显的语言，文字背后的情绪节奏是作者内在的心理曲线。但教材已经改得面目全非，怕孩子看不懂，改掉了"吞噬"，在节奏上，因为没有了大水车这个节奏，所以"像突然感受到"接上"黄河滚滚"，这两个小节就没有喘气的余地。

所以，课文最好不要轻易修改原文。比如课文里的这一句话，"再定睛瞧一瞧吧，啊！那上面还有人哩"，这个"再"是什么意思？第二眼吗？那么第一眼在哪里？"远远一望"，这在上一段，还是第一眼吗？不是。请看原文，"啊，请你再定睛瞧一瞧吧，那上面还有人哩"，第一眼在"啊"。所以我在上课的时候，提问了个学生，他马上就想到："老师，课文错了，第一眼和第二眼倒了啊，怎么先是第二眼，再是第一眼呢？"我说你们看看原文吧，一看原文，学生马上知道，哦，"啊"是第一眼，很惊诧的那一眼，惊诧的是被吸引住了，所以这个"啊"是"吸引住了"的关联。这个小节的"啊"接住的是什么？是前一个小节的"吸引住了"，而不是"远远望去"。所以这一"啊"是第一眼，然后再说，"请你再定睛瞧一瞧吧"，看似很啰嗦，实际上是把你那颗激动的心"安抚"下来。

事实上，作者内心这种真实的感受是一览无余的，袁鹰的散文极为强调真实的感受。他在80年代出版的一个散文集《秋水》中的小跋说："散文抒发的必须是发自心田的真情实感，说的必须是真话。"《秋水》是他的散文发生变化的一个极其重要的集子，标题出自庄子的《秋水》篇，所以他在这个小跋的最后说："秋水为神玉为骨，文章如锦气如虹。"

那么，文中的真情实感是什么呢，刚才这段"吸引"了作者，远远看去，越来越近了，也越来越惊诧，所以这个"啊"字重新形成了一个内心的高峰，并在这个波峰中再次用三个词"请你""瞧一瞧""吧"来舒缓情绪。正是如此，他才可以平静下来，仔细地凝望。

作者下面要写那个筏子，前面用了好多指称——"东西""什么""它"，凝望这样有三个指称的东西，"那上面还有人哩"这句话是整个情绪的转折。作者本来以为就是个东西，不敢肯定，一直到这儿转折了，这个"人"否定了前面"东西""什么""它"。整个文章的脉络由很多"毛细血管"构成，如果它们彼此通联，就是上乘的散文。这里的一个"人"系联着上一个小节的"东西""什么""它"，后一句"不只一个"，说得莫名其妙，有人就一定很多吗，刚才说那么小，人已经很大咯，哦，还"不只一个"，肯定不是那么小那么轻了。这里的省略号很有意思，在我看来，省略的是情感。这个"啊"实际上一直在"啊"，整个一个小节都在"啊"。第一个"啊"时发现有人，第二次"啊"时"不只一个"，第三次"啊"，"还有一个"，到这里他无法再"啊"下去了，嘴张得老大，嘴巴里喷出了六个小点——省略号，所以实际上，这六个小点写了作者惊呆时的一种神情，完全被震撼了的情感，这个"啊"根本不在于内容，而在于情感、神情。然后停下来，有一个动作，从头再数——我刚才数错了，竟然有这么多人？所以这个"一"是从头数的一，一个人，不只一个，数到两个人了，还有一个，数到三个人了吧，天呐，有这么多人吗，还要数下去啊？"啊"完了以后还要数啊，从头来数，刚才我是不是弄错了，从头再来，"一，二，三，四，五，六，一共六个人！"感叹号！前面一二三四五六，一共六个逗号，太棒了！如果全是感叹号，那么这个人就要被吓得"休克"了。

然而，课文把原文的逗号改成了顿号，好像我们在操场上排队；"向右看齐，报数！"一、二、三、四、五、六，没有任何神情，也没有情感起伏，没有情绪跌宕，也没有心理波动。原文的六个逗号实际上是六种感情，一步一步地把作者内心的激动、惊诧和震撼推向高潮。如果在"六个人"后面再加个"哩"，"那上面还有人哩"，"一共六个人哩"，那句子的感觉就被破坏了！前文"那上面还有人哩"正是因为有一个"哩"，所以用了句号，而不是感叹号。作者的言下之意为，"哎哟，前面我看错了啊，这不是个什么东西，不是个宝盖头的'它'，而是有人呢"，然后又看到一个，而且一个接着一个，这时候作者被彻底地震撼了，于是使用了省略号，从头再数，一口气数到六个，一下子把情绪扬到了最高涨的地方。所以，"一共六个人"，这个句子使文章向高潮处攀升了。

到了这里，作者没有停下文章的节奏，而是采用了一种写法——"温柔的霸道"，即让你俯首帖耳地接受。"这六个人，就如在湍急的黄河上贴着水面漂浮"，"如""在""贴""漂浮"，都是很温柔的，"这六个人"说得很轻松，"就如"而不是"就像"，轻轻松松，但是"湍急的黄河上"又很霸道，同时，"贴着水面漂浮"带来温柔一瞥，"一共六个人"使得文章的情绪节奏已经向高峰攀升，但是没有直接登顶，而是在"这六个人，就如在湍急的黄河上贴着水面漂浮"处停了下来，然后高潮出现。

"这就是黄河上的羊皮筏子！"这是作品的文心，也是高潮所在。这个文章由"一共六个人"处往前推进，由"贴着水面漂浮"的停顿到达文章的高潮。然后，文章的中心出现了，其核心词即"黄河上""羊皮筏子"，牢牢扣住前面描写兰州水车时所描述的"特有"。黄河上的羊皮筏子实际上是远古民族渡黄河的一个器具。到此为止，这篇文章到了巅峰，此后的行文往往有两种走向，一种是戛然而止，留下这样一个备受震撼的画面，不给你想象的空间，这是散文的一种写法，往往很危险的，非好手大家而不能。大多数散文属于另一种情况，到了巅峰以后慢慢地回落到起笔处。

到"羊皮筏子，过去是听说过的"这一句的时候，整个文章开始回落，这是小节之间关联与节奏的调整。然而，开始回落并不是一落千丈，而是慢慢下滑。所以这句话相对比较平静，紧接着，"在亲眼看到它之前，想象里的形象，总好像是风平浪静时的小艇，决没有想到是乘风破浪的轻骑"，这又是跌宕开去的一笔，同样又是从羊皮筏子宕下来又"轻骑"回上去，宕开来的是"风平浪静""小艇"和"想象里的形象"。作者在这里采用了节奏处理，将前面几个小节节奏安排得比较紧凑，然后在整个文章宕开又回上去后，开始着力地描写这个"羊皮筏子"。

于是，作者的笔触重新回到这黄河上的羊皮筏子上来了。这个羊皮筏子是怎样的呢？这六个人又是怎样的六个人呢？"十只到十二只羊的体积吧"指的是羊皮筏子的体积之小，承接的是前面一共六个人的背景，因此使用了一个虚词"吧"。"总共能有多大呢？"轻轻地一问，举重若轻地把刚才这句话要表明"小"的意思传达出来。所以，我们在读散文的时候，要注意句式的变化，这里的问句不是一般意义的问句，并不是真的要你回答，而是要你理解。在这个叙说后，"上面却有五位乘客和一位艄公"，"却有"和"总共能有多大呢"，体积将其系联起来，这个"却有"不是没有基础的，如果说前文的问句"总共能有多大呢？"还没有明确地让读者明白，面积真的是"小"，这里的"却有"就进一步确证了这一点。

所以，作者在"一共六个人"的叙述的背景中间，用这样三个句子——"……体积吧""总共能有多大呢""却有……"一步一步地强调它的小，然而，值得注意的是，作者恰恰用的是与表达"小"所相对的词，"十只到十二只"，"有多大呢？"但是，后一句加了一个"却有"后，把前面这样两个向反面用词的句子一下子"掀了过去"，让我们明白，这里真的是表达"小"的意思。然后继续写它的小——"而且在五位乘客身边，还堆着两只装得满满的麻袋"，"而且""还""两只""满满的"，这四个词从侧面把羊皮筏子的体积之小写得淋漓尽致。

紧接着，作者不禁联想到，"岸上看的人不免提心吊胆"，这一段在整个文章中带有明显的时代特色。在我看来，这是全文中最不值得欣赏的地方，但是，现在的课堂却把其当做最佳之处。"从容地在谈笑，向岸上指点什么，那神情"，是典型的建国后作者的笔调，"如同""大城市""公共汽车里浏览窗外的新建筑"，一下子把读者拉回到五十年前。随后，作者有一段想象，"而那位艄公，就比较沉着，他目不转睛地撑着篙，小心地注视着水势，大胆地破浪前行"，这里呈现出的是袁鹰写文章时极其重视的"由情到理"的过程。在1960年代，作者所提倡的"诗化散文"的着眼点即为"物，情，理"三个因素。在他开始讲道理之前，他使用了情感铺垫，所以，"那神情""如同""浏览""目不转睛""撑着""小心""注视"，就是开始情感抒发的征兆。

"据坐过羊皮筏子的人说，第一次尝试，重要的就是小心和大胆。坐在吹满了气的羊皮上，紧贴着脚就是深不见底的黄水，如果没有足够的勇气，是连眼睛也不敢睁一睁的"，是作者在讲道理。"但是，如果只凭冲劲，天不怕地不怕，就随便往羊皮筏上一蹲，那也会出大乱子"，可见，袁鹰对这个"战天斗地"的时代特色还有一些顾忌，强调不要莽撞，要小心，因为那个时候还没有到"人有多大胆，地有多大产"的"革命的浪漫主义"时期。"兰州的同志说，多坐坐羊皮筏子，可以锻炼意志、毅力和细心""这种锻炼的机会已经不十分多了"，这就是开始由物及情再到理的过程，但在我看来，这恰恰也是文章的败笔所在。许多老师在讲解课文的时候，总是把重点放到文章最后的"艄公精神"，即艄公战胜了黄河，做了黄河的主人。这显然是错误的，至于其他所谓"战胜了时间，做时间的主人""战胜了自己，做自己的主人"则更是荒诞的逻辑了。

对于这一段由情到理的抒发，袁鹰本人也曾在《散文求索记》中提及，"往往这时候我的文章就犹如一团枯草，一杯白水，虽想做些抒发，却常常是满纸空书，不能达到挥洒自如，能放能收，有心略施藻饰""又不免显得雕琢堆砌，不能做到淳朴自然，天衣无缝"。作者的这一段反思准确地指出了文章最后两段的问题，这两段文字满纸空书，好似一团枯草、一杯开水，不能挥洒自如，与前面的文风格格不入，难以达到淳朴自然、天衣无缝的境地。

接着这一段再往下说，又进入了五六十年代的"杨朔模式"——先写景，然后抒情、说理。杨朔的《荔枝蜜》《茶花赋》《香山红叶》是如此，袁鹰的《青山翠竹》《井冈翠竹》也是如此。在文章后来，那个人出现了，成为了景、情、理的集中。"羊皮筏上的艄公""更值得景仰和赞颂""站在那小小的筏子上，身后是几个乘客的安全，面前是险恶的黄河风浪。手里呢，只有那么一根不粗不细的篙子。就凭他的勇敢和智慧，镇静和机智，就凭他的经验和判断，使得这小小的筏子战胜了惊涛骇浪，化险为夷"。这一段写得非常棒，具有很深的寓意，即在那个时代，那位艄公如同毛主席，另外五人是当时中国社会的五类人：工、农、兵、商、知。我不知道作者内心究竟作何感想，我相信他是真诚的，但我也相信他彼时的心理又是复杂，甚至是怀有疑问的。所以，下文中"在滚滚黄河上如履平地，成为黄河的主人"是典型的新中国前十年的创作主题，所谓新中国的"主人翁意识"。事实上，在我看来，这三段与整个文章是格格不入的"两接头"。

好在作者是一个以散文家自省的人，这篇文章并没有被写破。在最后一段中，"你看……"紧接着前文的"黄河滚滚""吸引住了"和"啊，请你再定睛瞧一瞧吧"，于是，整个文章用"你看"去收束就变得再好不过了。"雁滩近了，近了，筏子在激流上奔跑得更加轻快，更加安详"，这是典型的诗的语言。如果把每句话分为一行，便成了一首诗了。事实上，1961年的时候杨朔尚未形成"诗化散文"的倾向，及至1963、1965年，"诗化散文"作为一种风格的流派创作才逐渐确立起来，可以说，袁鹰的这篇文章是"诗化散文"的先导。郁达夫曾在《中国新文学大系·散文二集》的导言中说，"散文实际上是一粒沙里见世界，半瓣花上说人情"。这《筏子》就是那一粒沙,那半瓣花,《筏子》显示的是那个时代,它还在继续前行,人们对自然的态度的变化永不停息,作品所孕育的文化意义也终不会结束。

### 课堂实录

(江苏省江阴市晨光小学)(60分钟)

**师：**知道今天上哪一篇课文吗?

**生：**《黄河的主人》。

(师板书课文名)

**师：**知道作者吗?

**生：**知道,袁鹰。

(师板书作者名)

**师：**这篇课文是写在50年前,我估计你们的爸爸妈妈也刚刚出生吧!

(生笑)

**师：**反正写这篇文章的时候我还没有出生呐。

(生大笑)

**师：**所以他写的那个黄河啊可能和今天不太一样噢。

**生：**对。

**师：**黄河在中国人心里是一条母亲河,是吧?

**生：**对。

**师：**在作者笔下这个黄河像母亲那么温柔吗?

**生：**不像。

**师：**这篇文章你们都读过了吗?

**生：**读过了。

**师：**下面大家再读一遍好不好?

**生：**好。

**师：**一边读一边想,想这个问题:这篇课文围绕哪一句话来写?给你们5分钟的时间自己读。

(生各自读)

**师：**好,知道了吗?这篇文章围绕哪一句话来写?举手。

**生：**黄河滚滚,万马奔腾。

**师**：为什么呢？是不是整篇课文都是围绕这句话来写的呢？除了写"黄河滚滚"，就没写别的了吗？

**生**：有的。

**师**：哦，好的。那么这句话就肯定不是了，它不能够成为这篇文章的中心句。再找。

**生**：这就是黄河上的羊皮筏子。

**师**：为什么是这一句？有没有不同意的？你说。

**生**：我觉得应该是"羊皮筏子上的艄公，更值得敬仰和赞颂"。

**师**：哦，"羊皮筏子上的艄公，更值得敬仰和赞颂"。除了写艄公以外，没有写别的了吗？

**师**：这两句话哪一句更合适？或者还有没有其他意见？

**生**：他站在那小小的筏子上，面对着险恶的风浪，身系着乘客的安全，手里只有那么一根不粗不细的竹篙。

**师**：好，现在有三句话了。

**生**：这一句不是。

**师**：不是啊？大家对这句还意见比较大。哪一个说不是的？说说意见。

**生**：我说"不是"。因为这一句话主要写的就是羊皮筏子上的艄公的动作和神情。

**师**：哦，它只是写了动作和神情，连艄公都没有写全，是吧？

**生**：对。

**师**：那显然不是啰。还是集中这两句，还有第三句吗？

**生**：我觉得是"他凭着勇敢和智慧，镇静和机敏，战胜了惊涛骇浪，在滚滚的黄河上如履平地，成为黄河的主人"。

**师**：哦，这句话这么读好像没意思了，你能不能读得好一点？带着你对这句话的体会来读。你觉得这句话应该读成什么样，你就把它读成什么样。然后，我们来看看你读得对不对，好不好？

（生朗读）

**师**：行不行？

**生**：行。

**师**：哦，这样很不错，掌声在哪儿？

（生鼓掌）

师：这句话读得那么铿锵有力，感情还那么丰富。其实，这是作者把自己的思想感情放到里面去了。他主要说什么呢？

师：艄公，艄公的勇敢、智慧、镇静，还有机敏。对不对？

生：对。

师：你们好像特别喜欢这样的话，文章写到最后，都要来这么两句，是吧？

（生笑）

师：文章都是围绕这句话来写的吗？这是文章写到最后的呐喊，是吧？这不是散文哦，散文啊都不呐喊的，散文都是慢慢说的，偶尔来那么一句高的肯定不是最重要的。以后大家都要知道，这是写散文最要紧的一个方法。你在散文里面看到大声呐喊的句子肯定不是散文里最好的，也肯定不是作者最想说的。将来你们到中学要学一篇课文，叫《最后一次演讲》。那个喊得高的，肯定不是散文。

师：这样的思想，这样有感情的句子，它是作者看到这幅画面之后的心理表现，对吧？

生：对。

师：基于你们现在的习惯，你们认为这也是很棒的一句话，我们把这句话也放在这儿，好，现在出现了三句话。

师：三句话，还有吗？没了？好，三句话。我们读一下。

师：第一句话"这就是黄河上的羊皮筏子"，一起读读看，一边读一边想，你看到了羊皮筏子吗？你看到的时候你怎么说这句话？好，开始。

（生读）

师：不错啊！第二句话"羊皮筏子上的艄公，更值得敬仰和赞颂"，开始。

（生读）

师：好，第三句话"他站在那小小的筏子上，面对着险恶的风浪，身系着乘客的安全，手里只有那么一根不粗不细的竹篙"，开始。

（生读）

师：老师是不是犯糊涂了啊，干吗又让你们读这句话呢？这句话和刚才那句话有没有相近的地方？

生：我觉得在这里它也是赞颂了艄公的勇敢。

师：哦，那这句话要不要否定掉呢？

生：要。

师：哦，只剩下两句话了吧？

**生**：对。

**师**：还有哪一句？"他凭着勇敢和智慧，镇静和机敏，战胜了惊涛骇浪，在滚滚的黄河上如履平地，成为黄河的主人"。

**师**：好，想想刚才老师怎么读的，体会一遍。我们一起读，好不好？

（师生一起读）

**师**：哦，太棒了！那么这两句话怎么办呢？继续排除？好。赞同第一句话的请举手。

**师**：刚才谁提出来的？哦，你自己也放弃了吗？如果我跟你一样，你放弃吗？

**师**：你不愿意跟我一样？

**师**：有没有赞同第一句话的？

**师**：想一想，你们最喜欢哪一句话？为什么喜欢这句话？

**生**：因为它是这篇散文的最后的呐喊。

**师**：哦，散文最后的呐喊，那它就不是散文啰，就变成演讲了。如果它是散文的最后一次呐喊，那它肯定不是散文中最好的。散文不呐喊，明白吗？

**师**：你说，为什么喜欢这句话？

**生**：因为这句话写出了艄公的勇敢的精神。

**师**：哦，艄公勇敢的精神在哪里才能显现出来？

**师**：你们看书，别看我，眼睛不要离开书本。

**生**：是第八小节的第二句：他站在那小小的筏子上，面对着险恶的风浪，身系着乘客的安全，手里只有那么一根不粗不细的竹篙。

**师**：哦，他站在什么上面？

**生**：小小的筏子上。

**师**：好，你们看一看这句话有没有写到羊皮筏子呢？

**生**：没有。

**师**：如果说课文写了羊皮筏子，而你找出来的围绕这句话来写的要不要出现筏子？如果没有筏子还叫围绕这句话来写吗？

**师**：这句话主要写了什么？艄公、黄河，对不对？

**生**：是。

**师**：筏子在哪里？这句话出现了吗？把这句话再读一读。

（生读）

**生**：没有。

师：哦，没有吧。没有，你能不能说围绕这句话来写的呢？

生：不能。

师：简单吧。你们喜欢是觉得这句话很多词很好吧，勇敢、智慧、镇静、机敏，是吧？这些词太棒了！要叫你们摘抄的话，就把这些词摘出来，是不是？

生：是。

生：我喜欢这句话是因为全文就这句话是点题的。

师：哦，只有这句话是点题的，这篇的题目叫什么？

生：黄河的主人。

师：知道原来的题目叫什么吗？

（师板书）

师：原来的题目叫什么？

生：筏子。

师：好，你告诉我哪句话点题？

（生笑）

师：哪句话点题了？

生：这就是黄河上的羊皮筏子。

师：这两句话相比，哪句话更点题？

生：这就是黄河上的羊皮筏子。

（师板书）

师：我们比较一下这两句话，看看这篇文章究竟围绕哪句话来说的，我们先不作结论。刚才你们讲到点题，那么这篇课文原来的题目——

生：筏子。

师：如果说我们尊重原来的题目的话，哪一句话是点题的？

生：这就是黄河上的羊皮筏子。

师：现在的题目叫——

生：黄河的主人。

师：这个主人是谁呢？

生：艄公。

（师板书）

师：这艄公在哪里？

生：在羊皮筏子上。

**师**：哪里的羊皮筏子上？

**生**：黄河的羊皮筏子上。

**师**：好，你们告诉我，课文一共写了哪些景、物、人？这些景、物、人构成了怎样的画面？画面的中心是什么？

**生**：黄河。

（师板书）

**师**：主要写了黄河吧。黄河怎么样？把所有写黄河的句子用波浪线画出来。有哪些句子？我们来找一个小组回答，哪一个小组？

**师**：你们这个小组？从你开始好吗？一句句来读，写黄河的句子，要读得像看到黄河一样，明白吗？

**师**：老师很笨的，不会做图片，但是老师给你们提个要求，好吗？一个笨老师会培养聪明的学生，一个懒惰的老师会培养勤奋的学生。我没有图片，但是通过你的朗读，要让我们看到图片，好吗？试试看！

**生**：黄河滚滚。那万马奔腾、浊浪排空的气势，令人胆战心惊。

**师**：怎么样？

（生鼓掌）

**师**：好，描写黄河的句子还有吗？

**师**：后面一个女同学。这是你们小组合作嘛。你找到哪一句？

**生**：从岸上远远望去，那么小，那么轻，浮在水面上，好像只要一个小小的浪头，就能把它整个儿吞没。

**师**：这写的是黄河还是——

**生**：羊皮筏子。

**师**：哦，写的筏子吧。写黄河的句子在哪儿？哪怕是个词也要找出来。

**生**：波浪滔滔。

**师**：哦，波浪滔滔，画出来。还有吗？

**生**：惊涛骇浪。

**师**：惊涛骇浪，还有吗？继续。

**生**：吞没。

**师**：哦，吞没。还有吗？

**生**：湍急。

**生**：汹涌。

师：汹涌的激流，还有吗？

生：滚滚。

师：滚滚，黄河滚滚。还有吗？

生：波浪滔滔。

生：险恶的风浪。

师：读了这些词后，你有什么感受？在这样的黄河面前，你会有什么感受？

生：我会觉得很害怕。

师：害怕。以前我们学过一个词表示害怕。

（师板书"畏"字）

师：对吧。畏惧，我们原来学过这一个词。

生：对。

师：我们用'畏'来组词。

生：恐畏。

师："唯恐"是有的，但是没有"恐畏"这个词。还有吗？

生：望而生畏。

师：望而生畏。嗯，不错，四个字，还有一个词——

（师板书"敬畏"）

师：我们对黄河敬畏。有一个词叫敬而远之，不要靠近它。为什么呢？它有凶险的波浪，浊浪排空，惊涛骇浪，你敢靠近吗？

生：不敢。

师：所以要远离它、敬畏它，敬而远之带着畏惧的心情。

师：除了黄河以外，课文还写了什么？

生：羊皮筏子。

师：把写羊皮筏子的段落找出来。一边找一边想，你最喜欢哪一段？

生：从岸上远远望去，那么小，那么轻，浮在水面上，好像只要一个小小的浪头，就能把它整个儿吞没。

师：哦，太棒了！读得也好！我发觉你们读得很棒。我们来齐读，好不好？把你对它的理解读出来。

（生齐读）

师：太棒了！整个吞没了吗？

生：没有。

**师：**没被吞没啊，你怎么知道的？

**生：**我从这个"好像"看出来的，这是作者估计的。

**师：**没有被吞没。哦，他逻辑推理了一下。往后看，第二小节说"再定睛一瞧"，瞧到了什么？

**生：**羊皮筏子上的人。

**师：**这也是在写什么？没有被吞没的什么？

**生：**羊皮筏子。

**师：**你看，第二小节和第三小节，一下子就接上了吧。所以，我们写文章的时候一定要注意，不要写得一段一段的，要写得连在一起。

**师：**那下面一小节写了什么？

**生：**羊皮筏子。

**师：**还有哪些小节写了羊皮筏子？

**生：**也只有十只到十二只羊那么大的体积吧。

**师：**这一小节都是写羊皮筏子吧，是不是？你们最喜欢哪一小节？

**生：**我最喜欢第二小节。

**师：**你读读看。

（生读第二小节）

**师：**你为什么喜欢？

**生：**因为我觉得这一小节把羊皮筏子的外形描写得挺清楚的。

**生：**我也喜欢这一节，因为"好像只要一个小小的浪头，就能把它整个儿吞没"，这里用了强调的语气。

**师：**哦，用了强调的语气，强调了什么？

**生：**强调了羊皮筏子在黄河上的危险。

**师：**写到黄河了吗？你感受到了黄河吗？你感受到怎样的黄河和筏子，就从这一句话中？

**生：**在汹涌的黄河上，这个羊皮筏子显得微不足道。

**师：**太棒了！如果这个筏子在你们家的小池塘里，你觉得怎么样？没问题吧。黄河滚滚，汹涌的急流，而它呢？那么小，那么轻。用了哪一个动词，在水面上——

**生：**漂。

**师：**浮，浮和漂相比还要怎么样？

**生**：轻。

**师**：那么小，那么轻，可是它却在滚滚的黄河上，在汹涌的激流中，所以它就显得微不足道。因此，我们要对黄河——

**生**：敬畏。

**师**：黄河是什么？人类呢？这个世界除了人类以外还有什么？

**生**：还有动物。

**生**：还有植物。

**师**：动物、植物和山水又构成了什么？

**生**：自然界。

**师**：构成了自然界，构成了自然。

（师板书"自然"）

**师**：因此，我们要敬畏自然。那个筏子，就是那么小、那么轻。浮在水面上的一个筏子，与滚滚的黄河、与汹涌的激流相比，它是——

**生**：微不足道的。

**师**：因此，在强大的自然面前，咱们需要学会——

**生**：敬畏自然。

**师**：好，把这段感受体会一下，再读这句话。带着敬畏自然的体会来读。

（生齐读）

**师**：很棒！写筏子的还有哪些句子？大家再找找看，没了吧。好，筏子上最凸显的那个人是谁啊？

**生**：艄公。

**师**：好，把描写艄公的句子用双横线画下来。

**师**：现在，我们已经把课文分成三类了，写黄河的波浪线、写筏子的单横线、写艄公的双横线。

**师**：画完以后，我请同学来读读看。第一个小组，开始。

**生**：我不禁提心吊胆，而那艄公却很沉着。他专心致志地撑着篙，小心地注视着水势，大胆地破浪前行。

**师**：是写艄公的吧，读得稍微快了些。"沉着""专心致志"，你读那么快，他肯定不沉着了，是吧？能不能放慢点？再读一遍。

（生读）

**师**：哦，不错！多读了一个字，是吧？"那位"多读了"位"，我们不添字、不减字、不错字，明白了吗？继续。

**生：**他站在那小小的筏子上，面对着险恶的风浪，身系着乘客的安全，手里只有那么一根不粗不细的竹篙。

**师：**这也是写艄公的吧，继续。

**生：**他凭着勇敢和智慧，镇静和机敏，战胜了惊涛骇浪，在滚滚的黄河上如履平地，成为黄河的主人。

**师：**哦，这句话是大家刚才都要把它作为中心句的，其中最能够显现艄公品质的是——

**生：**如履平地。

**师：**还有吗？你说。

**生：**战胜了惊涛骇浪。

**师：**战胜了惊涛骇浪，这是他最有品质的地方。有惊涛骇浪的是什么？

**生：**黄河。

**师：**黄河是什么？

**生：**自然。

**师：**这个筏子是人们用来——

**生：**战胜自然。

（师板书"战胜自然"）

**师：**是人们用来战胜自然的——

**生：**工具。

**师：**这个艄公就是用筏子战胜了惊涛骇浪，用筏子战胜了自然。

**师：**惊涛骇浪的黄河，我们能游过去吗？

**生：**不能。

**师：**因此，我们必须要有——

**生：**羊皮筏子。

**师：**而一般的人能把羊皮筏子撑过去吗？

**生：**不能。

**师：**所以艄公用羊皮筏子——

**生：**战胜了自然。

**师：**人类总是想去战胜自然吧？

**生：**是的。

**师**：人总有这样的心愿吧？

**生**：是。

**师**：从敬畏自然到战胜自然，是吧？

**生**：是。

**师**：好，写筏子也写筏子上的艄公的还有哪些段落？

**生**：第五小节。

**生**：还有第八小节的第一句。

**师**：哦，第八小节的第一句，那是艄公。还有吗？

**生**：第三小节。

**师**：第三小节、第五小节，着重写了……

（师指黑板）

**生**：这是黄河上的羊皮筏子。

**师**：对了，你们最喜欢哪一小节？

**生**：第三小节。

**师**：老师也喜欢。比较一下我给你们发的课文，原来的文章和现在的课文，你更喜欢哪一个？为什么？

**师**：我们现在就开始讨论，这个讨论随便说，能够表达自己的意见就可以了。

**生**：我喜欢课文，因为课文十分的通俗易懂。

**师**：通俗易懂，你就喜欢它了？这理由不充分吧？

**师**：首先，你要说出理由，我们看看理由充分不充分。通俗易懂怎么能是喜欢一篇课文的理由呢？你不是看电视，是吗？

**生**：我还是喜欢课文，因为原文是"啊，请你再定睛一瞧，上面还有人哩"，这里并没有图案，没法让我们看见。课文就把它去掉了。

**师**：去掉了吗？

**生**：没有，是把句子改了。

**师**：好，我们把这两句话一起读一读。"啊，请你再定睛瞧一瞧吧，那上面还有人哩""再定睛瞧一瞧，啊，那上面还有人哩！"两句表达有什么不同？

**生**：课文里是先发现，然后再告诉我们；而原文里是已经发现了，然后把发现的东西又告诉我们。

**师**：哦，把发现的东西又告诉你一遍，所以你不喜欢它，是吧？还有吗？

**生**：课文是感叹号，原文是句号。感叹号语气更强烈。

**师**：哦，语气更强烈，你们喜欢强烈的语气，是吧？还有吗？

**生**：我喜欢课文，因为在原文里有一些不必要的废话。

**师**：哪些是废话？

**生**："请你"。

**师**：哦，这两个字是废话吗？为什么觉得是废话呢？不需要说"请你"，是吧？那这个句子长一点不好，是吧？我看见好多人写的短句坚定、有力，你们都喜欢短句，是吧？如果这篇课文全是短句……

**生**：不喜欢。

**师**：这样，老师把这两种表达告诉你们。我们看课文，"再定睛瞧一瞧，啊，那上面还有人哩！"告诉你的是什么？"再定睛瞧一瞧"这个不长不短的句子，让你看一看，提醒你；然后惊奇"啊"；然后再惊奇"那上面还有人哩"，这是这样的一个表达。我们再看原文"啊，请你再定睛瞧一瞧吧，那上面还有人哩"，语序不一样吧？先是怎么样？惊奇，惊奇之后怀疑，不相信，所以用很长的句子把已经飞到天上的惊奇拉下来，"请你再定睛瞧一瞧吧"，告诉你怀疑了吧？不要怀疑，更大的惊奇在后面，是什么？

**生**：那上面还有人。

**师**：那上面还有人，同时这个惊奇"那上面还有人"，有没有和前面的"啊"一样高？一样惊奇？

**生**：没有。

**师**：要低点了吧？

**生**：是。

**师**：没有用感叹号吧？表现了他怀疑之后发现有人，怎么样？

**生**：惊讶。

**师**：惊讶，还有吗？替他担心吗？

**生**：担心。

**师**：对啦，还有一种担心。

**师**：好，这是课文和原文表达的不同意思吧？你们更喜欢哪一种？哪一个把作者的感情写得特别丰富？

**生**：原文。

**师**：原文吧？"啊"，惊奇。怎么可能呢？"请你再定睛瞧一瞧吧"，天哪，上面还有人，好担心啊，是吧？

**生**：是。

**师**：课文呢？"再定睛瞧一瞧"，这个"再"怎么说法？这个"再"往前面接什么？有东西可以接吗？

**生**：没有。

**师**：没东西接吧？

**师**：定睛瞧一瞧、看一看，对吧？看了以后再惊奇吧？惊奇了更惊奇吧？哪一个感情更丰富？

**生**：原文。

**师**：原文更加准确地把作者在黄河边看到羊皮筏子之后的心理反应写出来了，是不是？

**师**：说课文不好，有什么要紧呢！课文不都是好的，有好多课文都不行。下面没有编课文的人，不要紧。

**师**：好，我们再看。"不只一个，还有一个……一、二、三、四、五、六，一共六个人。这六个人，就如在湍急的黄河上贴着水面漂浮。"课文和原文有不同吧？

**生**：原文是"漂浮"，可课文是"漂流"。

**师**：你们更喜欢哪一个？

**生**：我更喜欢"漂浮"。

**师**："漂浮"说它又小、又——

**生**：轻。

**师**："漂流"呢？看得出来吗？

**生**：看不出来。

**师**：所以，"漂浮"是接着前面"那么小，那么轻，浮在水面上"的，明白了吗？

**师**：还有哪个地方不同？看仔细，连标点都不要放过。

**生**：原文数字后面是逗号，现在是顿号。

**师**：逗号表达了什么样的情感，顿号表达了什么样的情感？前面为什么还有一个省略号？"不只一个"，"还有一个"，他已经数过两个了吧？谁来说说你读出了什么？

**生**：我感觉他在让我们猜谜语一样。

**师**：哦，猜谜语一样，怀疑上面还有人吧？有担心吧？一般有几个人？

**生**：一个人。

**师**：那个省略号表示什么？他相信吗？

生：不相信。

师：怎么可能呢？有一个最多了，有两个更多了吧？不可能有第三个了吧？谁知道还有人，省略号告诉你什么？怀疑，太奇妙了，太意外了，是吧？省略号告诉你以后，先定神下来，从头再来数吧？究竟有几个？这一回数得快还是慢？

生：慢。

师：一，二，我的心开始往上提了，三，四，五，六，一共六个人！感叹号吧？你们更喜欢哪一个？（读原文时缓慢、沉稳）

生：原文。

师：课文是，"一、二、三、四、五、六，一共六个人！"可原文呢？"一，二，三，四，五，六，一共六个人！"你们更喜欢哪一个？

生：原文。

师：怎么背叛了自己最初的判断了？刚才你们可是都喜欢课文的。这个地方好不好？太棒了吧？

生：对。

师：刚才你们说不喜欢原文，觉得原文写了很多废话。哪个地方废话，告诉我。

生：第二小节都是废话。

师：那好，我们就来读一读废话。没事，还有十分钟，我们读一读废话。

（生朗读第二小节）

师：这是废话吗？看起来当然是废话了，是吧？不过，你们是穿个衣服、御个寒就可以了吗？衣服上要挂一个这个，这个你觉得很重要吗？可以把它剪掉吗？袖子，我好像觉得也不重要。

（生笑）

师：好，你们告诉我，如果写一个景物——黄河，就只写这个黄河，还是写黄河的时候，再写一个跟它衬托的，把黄河写得更加的滚滚，哪一个更好？

生：第二个。

师：好，这个大水车是废话吗？你们看，"这是兰州特有的大水车，也只有这种比二层楼房还高的大水车，才能同面前滚滚大河相称"这句话读懂没？

生：这句话主要写了大水车，衬托出了黄河的大。

师：黄河大吧？用什么去衬托的？

生：比二层楼房还高的大水车。

**师**：这是特有的——

**生**：大水车。

**师**：兰州特有的——

**生**：大水车。

**师**：也只有这样的大水车才能够——

**生**：和黄河相比。

**师**：如果不写这个，就觉得黄河就只剩下一个枝干了吧？有小的枝条吗？

**生**：没有。

**师**：所以，小的枝条要吗？

**生**：要。

**师**：大水车，要吗？

**生**：要。

**师**：大水车还是废话吗？

**生**：不是。

**师**：你们喜欢看光秃秃的枝干，是吧？

**生**：不喜欢。

**师**：你们更喜欢哪一个？

**生**：原文。

**师**：还是喜欢有枝有叶的原文，对吧？写这些就是为了衬托黄河的汹涌澎湃、黄河滚滚、黄河的浊浪排空、黄河的湍急。

**师**：那么写艄公呢？还有哪些是衬托的？衬托艄公的还有什么？找找看，筏子上还有什么？

**生**：两个麻袋。

**师**：哦，还有什么？除了艄公以外，还有什么？

**生**：还有五位乘客。

**师**：这五位乘客也像大水车衬托黄河一样，是衬托艄公的吧？把写乘客的句子找来，读一读。喜欢课文的找课文，喜欢原文的找原文，都可以。

**生**：皮筏上的乘客谈笑风生，他们向岸上指指点点，那从容的神情，就如同坐在公共汽车上浏览窗外的景色。

**师**：哦，特别的从容，对吧？他们害怕吗？

**生**：不害怕。

**师：**为什么呢？因为有艄公的镇静、智慧，对吧？你们想象一下，这个筏子是逆流而上还是顺流而下？水流这样，对吧？现在我们的筏子是这样，还是这样？（师画图）

**生：**逆流而上。

**师：**你觉得这个筏子会翻吗？

**生：**会。

**师：**你们没有去过黄河，我去过两次，都看到过那个筏子，它们的路线是斜斜地顺着往下漂过去，这叫漂浮。知道了吗？

**生：**知道了。

**师：**绝不是逆流而上，艄公是顺流而下。

**师：**"皮筏上的乘客谈笑风生"，逆流而上你敢谈笑风生？

**生：**不敢。

**师：**不敢吧，风雨雷电的时候，你站在雷电中，你敢谈笑风生？连命都不要？革命的大无畏精神是这样的？

**师：**一定要尊重自己的生命。孩子，在自然面前，人是微小的，所以有雷电的时候，我们在房间里窗户边看着它谈笑风生，明白了吗？

**师：**实际上，这时候在老师的心目中，黄河、黄河上的羊皮筏子、筏子上的艄公、筏子上的乘客，他们都成了一个——

**生：**整体。

**师：**人跟自然怎么样？

**生：**融为一体。

（师板书）

**师：**融为一体、融于自然。人类只有融于自然才能获得从容、获得快乐，人类的智慧不是去战胜自然，而是融于自然。知道吗？

**生：**知道。

**师：**我们把这一句好好地再读一读，把自己想象成那个乘客，把自己与那个黄河融在一起，好吗？

（生齐读）

**师：**好，无论你是喜欢课文还是喜欢原文，它告诉我们，作者在50年前写这篇文章的时候，是要告诉读文章的人去战胜自然。因为那时候的中国大声喊着的口号就是"与天斗、与地斗、战胜自然"，明白了吗？

**生：**明白。

**师：**现在，我们知道了在黄河面前，要怀着敬畏之心。而在你们的心里，我希望你们在自然面前把自己与它融合。只有这样，你们才能够谈笑风生。愿你们和艄公、和乘客那样的谈笑风生。

**师：**这节课就上到这儿，下课。

## 弥漫着文学气息的课堂

这是一节耐人寻味、对当今小语课堂有着冲击力的精美的语文课。以提高学生的语文修养为根本目的，课堂自始至终弥漫着文学气息，让人赏心悦目。

教师利用自己的人文气质、丰厚的文化积淀感染学生，传播文化信息。教语言文字，领着学生推敲、咀嚼精妙传神的字眼和内涵丰富的词句，让学生将原本认为不好的、多余的文字变得别有情味，成为了美好的、不可或缺的语言。关注语言表达形式，找准语言训练点，让学生品味出了语言美、人物美、自然美。课文与原文的对照，更为学生亲近文学、拓展阅读打开了大门。

（江苏省镇江市京口区教育局教师培训中心主任，特级教师　薛翠娣）

# *2.《开天辟地》: 神话的美丽*

## 《开天辟地》原文

### 徐 整

天地浑沌如鸡子①，盘古生在其中，万八千岁。天地开辟②，阳清为天，阴浊为地。盘古在其中，一日九变③。神④于⑤天，圣⑥于地。天日⑦高一丈，地日厚一丈，盘古日长一丈，如此万八千岁，天数⑧极高，地数极深，盘古极长。后乃有三皇⑨。数起⑩于一，立于三，成于五，盛于七，处于九，故⑪天去⑫地九万里。

首生盘古，垂⑬死化身。气成风云，声为雷霆，左眼为日，右眼为月。四肢五体为四极⑭五岳⑮，血液为江河，筋脉为地里⑯，肌肉为田土，发髭⑰为星辰。皮肤为草木，齿骨为金⑱石，精

---

① 鸡子：鸡蛋。

② 开辟：辟，即开。

③ 九变：多变。

④ 神：智慧。

⑤ 于：超过。

⑥ 圣：能力。

⑦ 日：每日。

⑧ 数：数字，数目。这里指天的高度；后面指地的深度。

⑨ 三皇：天皇、地皇、人皇。也指：燧人、伏羲、神农。

⑩ 起：开始；立：建立；成：成就；盛：壮盛；处：终止。

⑪ 故：所以。

⑫ 去：距离。

⑬ 垂：临。

⑭ 四极：大地四方的边际。

⑮ 五岳：东西南北中五方的高山：泰山、华山、衡山、恒山、嵩山。

⑯ 地里：即地理，指河流道路等。

⑰ 发髭：髭 zī，包括头发的各种毛发。

⑱ 金：各种金属矿物。

髓①为珠玉，汗流为雨泽。身之诸②虫，因风所感③，化为黎甿④。

——《三五历纪》、《五运历年记》

## 《开天辟地》课文（苏教版）

传说在很久很久以前，天和地还没有分开，整个宇宙混沌一团，像个大鸡蛋。

有个叫盘古的大神，昏睡了一万八千年。一天，大神醒来，睁眼一看，周围黑乎乎一片，什么也看不见。他一使劲翻身坐了起来，只听"咔嚓"一声，"大鸡蛋"裂开了一条缝，一丝微光透了进来。大神见身边有一把板斧，一把凿子，他随手拿来，左手持凿，右手握斧，对着眼前的黑暗混沌，一阵猛劈猛凿，只见巨石崩裂，"大鸡蛋"破碎了。轻而清的东西冉冉上升，变成了天；重而浊的东西慢慢下沉，变成了地。

天和地分开后，盘古就头顶天，脚踏地，站在天地当中，随着它们的变化而变化。

天每天升高一丈，地每天加厚一丈，盘古的身体也跟着长高。这样又经过了一万八千年，天升得极高了，地变得极厚了，盘古的身体也长得极长了。

这个巍峨的巨人，就像根长柱子似的，撑在天和地之间，不让它们重新合拢。

几千万年过去了，天不再升高，地不再加厚，而盘古也精疲力竭。他知道天地再也不会合拢，就含着微笑倒下了。

临死的时候，他的身躯化成了万物：口中呼出的气变成了风和云，发出的声音变成了轰隆的雷霆，左眼变成了光芒万丈的太阳，右眼变成了皎洁明媚的月光，隆起的肌肉变成了三山五岳，流淌的血液变成了奔腾的江河，筋脉变成了纵横交错的大道，皮肤变成了万顷良田，就连流出的汗水也变成了滋润万物的雨露甘霖。

就这样，盘古以他的神力和身躯，开辟了天地，化生出世间万物。

### 课堂实录一

（江苏省苏州工业园区金鸡湖学校）（45分钟）

**师**：知道今天要上什么课吗？

**生**：《开天辟地》。

**师**：你们语文书上也有一篇《开天辟地》是吧？有难度吗？读得懂吗？

**生**：读得懂！

---

① 精髓：骨髓。

② 诸：各种。

③ 因风所感：依靠着风而被感动了。

④ 黎甿：甿，méng，黎民，老百姓。

**师：**一读就懂了吧，是不是啊？

**生：**是。

**师：**我请你们徐老师又给你们发了一篇《开天辟地》。

**生：**是文言文。

**师：**文言文，以前读过吗？

**生：**读过。

**师：**你们都读过？啊，那我几乎可以不讲了，我走了。

**生：**啊，没读过没读过。

**师：**骗我呀，你们不能为了让我留下就骗我。你们应该告诉我以前读过，但是读的不是这一篇。那你们告诉我，拿到了文言的《开天辟地》之后，你们一下子看得懂吗？

**生：**能看懂，因为有注释啊。

**师：**因为有注释你们就能看懂了，那个注释是干吗用的？

**生：**能帮助我们利用现代文的解释来读这篇文言文。

**师：**能帮助我们去理解文言文，用现代文的思维去理解文言文。好，这个题目在文言文里面找到没有？是哪一句话？一起读。

**生：**天地开辟。

**师：**四个字里面哪一个字最难？

**生：**辟。

**师：**这是什么意思？

**生：**就是把一个东西劈开两半。

**师：**你看看下面的注释。

**生：**即开。

**师：**"即开"是什么意思？"辟"就是"开"，"即"，"就是"的意思，知道吗？

**生：**知道了。

**师：**"辟"就是"开"，"开"就是"辟"，"开辟"就是开了。两个一样意思的字放在一起变成一个意思的词很多，你们还能说出哪些词来？

**生：**还有"喜悦"。

**师：**哦，"喜"就是"悦"，"悦"就是"喜"，还有吗？

**生：**"欢喜"。

**师：**哦，"欢喜"，"欢"就是"喜"，"喜"就是"欢"，好，你们不断地注意这种词，下面再说到的时候告诉我，好不好？学习就是不断地发现。"开天辟地"实际上就是"天地开辟"，"天地开辟"是什么意思？

生：天地都被劈开了。

师：天地被劈开了，天地就分开来了，谁把天地分开来的？这个人是谁？

生：盘古。

师：这篇文章里面主要跟盘古关联的是两件事情，哪两件事情？

生：盘古把天地开辟了，另外一件就是过了好几万年后，他的身躯化为万物。

师：哦，一件是开了天地，一件是身躯化为万物。这两件事情中的他是一种状态吗？

生：不是。

师：天地开辟的时候是什么状态？

生：天地开辟是盘古醒来之后。

师：醒来之后，用一个字说。我们的文本里面有这个字，你们找找看。

生：生。

师：对，不就是"生"嘛。盘古生了，天地分开了，还有呢？

生：盘古死了之后，身躯化为了万物。

师：用一个字说。

生：死。

师：无非就是讲了盘古生，盘古死。盘古死了就没了，是吧。你看你们的文言文本有几段？

生：两段。

师：这两段有没有关联？

生：有。

师：哪一句话把这两段关联起来了？

生：首生盘古，垂死化身。

师："首"就是第一个，第一个生出来的盘古，他就要死了，你们要记住，有生就有死。他是第一个生出来的，他也要死，他死了吗？哪一个字说他还没死？

生：化为黎甿。

师：化为黎甿，变成了另外的人了。好，就这句话里面，有哪一个字？

生：化。

师：这个"化"是什么意思？

**生：**变成。

**师：**对，变成。还有吗？"死"前面还有一个字。

**生：**垂。

**师：**"垂"是什么意思？

**生：**临。

**师：**"临"是什么意思？临死，有没有死？

**生：**没死。

**师：**说明他还是活的吧。他快要死了，然后又变成了万物。所以不是他死了以后变成万物的，而是快要死的时候变成了万物。他还活着，知道吗？死的是变不了活的万物的。这个神话代表着中国人如何看待这个世界，如何看待人是怎么出来的，如何看待这个天地是怎么来的。中国人的思维非常缜密，他没有说盘古已死化为万物，而是盘古垂死化为万物。快要死了，还活着，变成了一个个活的世间万物。这句话理解了没有？

**生：**理解了。

**师：**这句话在文章中起什么作用？

**生：**我觉得是让我们知道世间万物是活着的，不是死的。

**师：**我问的是这句话在文章中有什么作用？

**生：**连接。

**师：**连接了什么？

**生：**连接了第一段和第二段。

**师：**对了，连接了第一段和第二段。这样这两段就成了一个整体了。你们从下面可以看出，这两段分别取自两本书，第一段取自《三五历纪》，第二段取自于《五运历年记》。但是恰恰《五运历年记》里面的这一句话，"首生盘古，垂死化身"，天然地把这两段文章连在了一起，明白了没有？这就是承上启下的一句。哪一句承上？

**生：**首生盘古。

**师：**"首生盘古"说的是哪一段？

**生：**第一段。

**师：**好，我们来看看第一段。这一段有几句话？我听你们读，我就知道你们有没有懂了，一起读读看好不好？

（生读第一段）

**师：**盘古生了以后，就怎么样？用一个字说。

**生：**变。

**师：**他就开始变了。盘古生之前，这个天地怎样啊？

**生：**浑沌如鸡子。

**师：**什么叫鸡子？

**生：**鸡蛋。

**师：**对，就是鸡蛋。就是鸡生的儿子。我们的语言就是这么好玩儿，你们不要把语文弄得那么不好玩。"浑沌"什么意思？回到你们的课文，哪一句话是说"天地浑沌如鸡子"？把这句话一起读一下。

**生：**传说在很久很久以前，天和地还没有分开，整个宇宙混沌一团，像个大鸡蛋。

**师：**混沌一团就是——

**生：**分不清楚。

**师：**哦，就是分不清楚。什么分不清楚？就是天和地分不清楚。但是这里面有一个人出现了，或者有一个神出现了，是谁？

**生：**盘古。

**师：**盘古生在其中。生下来，一年一岁，两年两岁，三年三岁。有人说生下来就是一岁，过完年两岁了。

**生：**那是虚岁。

**师：**哦，是虚岁，那盘古长了多少岁啊？

**生：**万八千岁。

**师：**万八千岁就是他活了——

**生：**一万八千年。

**师：**对，"万"前面如果是"一"，"千"前面如果是"一"，"百"前面如果是"一"，那个"一"可以省略。明白了吗？万八千岁就是一万八千年。"年"就是"岁"，"岁"就是年，那么"年岁"就是"年"呗，就是"岁"，和"开辟"一样的吧？

**生：**一样。

**师：**要学会积累。这是说的天地未开辟之前，这是整个文章的起点，而发生转变的关键的四个字是哪四个字？

**生：**天地开辟。

**师：**天地开辟。这是整个文章的转折，文章到这儿开始发生变化，原来是混沌一团的，现在天地开辟了，你们看看这个小节总共有几次变化，用笔把它标出来。聪明的孩子会发现，陈老师实际上已经帮助了你们，这个还不是最原始的文言文，最原始的文言文是没有标点的。好，第一次变化是什么？

生：阳清为天，阴浊为地。

师：对，第一变是，变出了天，变出了地。这个我们的书上已经有。第二变呢？看看后面一句是什么，读一读。

生：盘古生在其中，一日九变。

师：谁在变？

生：盘古。

师：对了，他自己也在变。变出天地，改变自己。九变是什么意思？这个"九"是不是变了九次？

生：不是，是多变。

师：这个"九"就是"多"的意思。是虚指，不是实实在在的说一、二、三……他变了好多次，甚至九九八十一次。这是第二变了。天地变出来了，盘古也在变。第三变？盘古变得怎么样了？

生：神于天，圣于地。

师："神"是什么意思？看注释。

生：智慧。

师：我们现在说一个人很聪明，一下子就把一个问题解决了，我们怎么说？你太神了！就是你太智慧了！这个盘古"神于天"，这个"于"什么意思？

生：超过。

师：也就是说，盘古比天还要神。生了以后他就变，变了以后他就神于天，什么意思？

生：智慧超过了天。

师："圣于地"的"圣"是什么意思？你们都知道齐天大圣吗？

生：知道。

师：什么意思？

生：能力很强。

师：能力和天一样强，是吧？这就是齐天大圣，大圣就是有大能力。明白了没有？这些词啊都是平时你们说的，但是你们没有好好去想，它究竟是啥意思。好，这是第几变？

生：第三变。

师：还在变吗？这一把变得好厉害哦。第四变我请一位同学读读。

生：天日高一丈，地日厚一丈，盘古日长一丈，如此万八千岁，天数极高，地数极深，盘古极长。

师：这里有两个一样的字，你为什么念得不一样？盘古日——

生：长（zhǎng）一丈。

师：为什么是长（zhǎng）？长（zhǎng）是个什么词？名词还是动词？

生：动词。

师：你为什么说它是长（zhǎng）？

生：因为前面"天日高"的"高"也是一个动词。

师：原来的"高"是个什么词？

生：名词。

师："高"是名词吗？是形容词，但在这里是形容词吗？

生：不是。

师：是什么意思？

生：是长高的意思。

师：哦，增高，变成动词了吧。还有呢，"地日厚一丈"，"厚"也是个形容词，但是在这里是什么？

生：动词。

师：什么意思啊？

生：加厚。

师：加厚。天增高一丈，地加厚一丈，所以这里的这个"长"（zhǎng）就是动词，就是长高一丈。一共经过了多少年？

生：一万八千年。

师：像这样的长啊，增高啊，增厚啊，一万八千年。最后呢？结果是什么啊？天数极高。这里的"数"是什么意思？

生：数字，数目，这里指天的高度。

师：还有呢？

生：后面指地的深度。

师：哦，天的高度，地的厚度。天的高度怎么样？

生：很高。

**师**：哎呀，我说不清楚它有多高。按理来说，万八千岁就是万八千丈，对不对？但是作者说，可能还不止，而且因为它还在长，所以实在没有办法时就说"极高"，就是非常非常高，就是极限，极限你们知道吗？不知道。有人知道极限吗？极限在哪儿？就是因为不知道才叫极限。盘古怎么样啊？

**生**：极长。

**师**：这个地方为什么是长（cháng）呢？

**生**：这是形容词。

**师**：哦，这是形容词。长（cháng）是什么意思啊？

**生**：就是高。

**师**：对，苏州人到现在还说嘛，矮子里面拔长子，就是说矮子里面拔高个儿。这个长子就是个儿高。这里保留的就是一千多年以前的长（cháng）的意思。这是第几次变化？

**生**：第四次。

**师**：第五次变化呢？"后乃有三皇"，这个"三皇"分别指的是地，人，天。地皇实际上指的就是阎罗王。人的皇上就是我们的皇帝、总统。天上的是玉皇大帝。后面我还给了你们一个注释，也指什么？（生答：燧人，伏羲，神农）对，燧人，你看是什么偏旁？

**生**：火字旁。

**师**：对了，这是我们老祖宗里第一个使用了火的人。我们说他是我们的领袖。第二个呢，是伏羲，伏羲是种了稻子的人，所以"羲"里面有一个"禾"，看到没有？神农是指尝了百草的人，你生病了，给你治病的人。总之，我们有了领袖。最后这一变，是第六变，变出什么来了？后有三皇，然后有了什么？

**生**：应该是变出了人类数数用的数字。

**师**：哦，人类数数用的数字。有了数字才有了人啊，人认识这个世界是通过数的，数从什么开始的呢？

**生**：一。

**师**：然后到三，然后到五，到七，到九。从一开始，"立"是什么意思啊？

**生**：成立。

**师**：成立，建立。一，二，三就成了。五呢？中国人认为这个世界上有五样东西，就完整了。五行，金木水火土。到了七呢，就旺盛了。到了九呢，就最大了。所以叫"处于九"。后面结果是什么？

生：天地去九万里。

**师**：那个"去"是什么意思啊？

生：距离。

**师**：天到地的距离是九万里。知道一共变了几变了吗？

生：六变。

**师**：对，我们知道，天地有了，变了六变。你们看书，听我读。一边读一边想，盘古是怎么变的？我读完以后，我要叫你们把这纸合上回忆的。

（师朗读）

**师**：把书合上，回忆。天地没有之前，哪一句话？

生：天地浑沌如鸡子，盘古生在其中。

**师**：回忆不出来的，悄悄地把它翻过来看一下，然后再合上。于是，天地开辟了，第一变？

生：阳清为天，阴浊为地。

**师**：第二变？

生：盘古在其中，一日九变。

**师**：第三变？

生：神于天，圣于地。

**师**：第四变？

生：天日高一丈，地日厚一丈，盘古日长一丈。

**师**：第五变？

生：后乃有三皇。

**师**：第六变？

生：数起于一，立于三，成于五，盛于七，处于九，故天去地九万里。

**师**：能回忆出来吗？

生：能！

**师**：好，我们把它翻开来。再读一下。一边读一边注意刚才你没有回忆起来的地方，好不好？

（生读）

**师**：怎么样？有没有检查出刚才自己回忆不出来的地方？现在把它合上，我们试着背一遍，好不好？

（生背）

**师**：太棒了！我们读一段文章，差不多用这样五遍，应该能够记住了。但是记住以后回去还得温习。我们知道了盘古生，然后盘古死，盘古死了以后就没了吗？

**生**：不是。

**师**：哪一个字表现出来？

**生**：化。

**师**："化"为万物。他都变成哪些了？我们再来看一看。你们听我读，注意我读时停顿的地方。

（师范读）

**师**：化成了几类？看看有几句话？

**生**：三句。

**师**：第一句话中"气""声""眼"，都是变成哪里的东西？

**生**：天上的。

**师**：接下来呢？

**生**：变成地上的。

**师**：最后一个写到哪里了？"发髭为星辰"，又到天上了吧？天地和谐。你们知道"髭"是哪儿吗？我们老祖宗很细致的，长在这儿（唇上）的叫"髭"，长在这儿（下巴）的叫"须"，长在这儿（两鬓下）的叫"髯"。知道关羽吗？关羽叫"美髯公"。"发髭"，指所有的毛发。我们再看下面，"皮肤""齿骨""精髓"，又变成地上的了。最后"汗流为雨泽"，这和"发髭为星辰"一样吧，又变成天上的了。天上往下落的叫"雨"，落到地上叫"泽"。这些都是万物，万物变到最后成为什么？

**生**：黎甿。

**师**：黎甿是什么？

**生**：老百姓。

**师**：对了，老百姓，就是人。人怎么变来的？哪一句话来说明？

**生**：身之诸虫。

**师**：什么意思啊？

**生**：各种各样的虫子。

**师**：哦，各种各样的虫子。你们知道人是怎样变来的吗？

**生**：猴子。

**师**：谁说的？人从猴子变来的，谁发现的？

生：达尔文。

**师：**中国人说人是什么变来的？

生：虫子。

**师：**对中国人说人是由虫变来的，猴子也是一种虫子。这个虫不仅仅指昆虫，还指所有的动物。其实这个虫就是动物，就是畜生。我们说小畜生，又叫小虫子。大虫，就是老虎。长虫，就是蛇。苏州人说"老虫"，就是指老鼠。人是动物变来的，并不局限于猴子哦，中国人是不是比达尔文更伟大呢？"因风所感"，"风"是什么？是自然吧。"感"呢，"感"是什么旁？

生：心字底。

**师：**只有人才有心吗？用"感"组词。

生：感动。

**师：**还有呢？

生：感恩。

**师：**还有呢？

生：感情。

**师：**有感是人的标志吧。这个虫子在自然中间，有了人的感情，就变成了人，人是怎么来的，知道了吗？好，我们把这篇文章再读一遍，前面试着背，后面试着回忆。

（生背诵）

**师：**好，不错。回去把这两段文章好好熟读，争取能够背诵。我们的老祖宗为什么这样认为，天地是怎么来的，人是怎么出现的？其实所有的人都在思考这些问题，不光是我们的老祖宗，我们也一直如此，一直问自己，我从哪里来，我将到哪里去？因此我希望你们多读一些像《盘古开天辟地》这样的中国神话。好，回去好好读，我们今天就上到这儿。下课！谢谢大家！

**名师评课**

## 这节课很中国，很母语

最近几年，小学语文课程从理念到教材乃至教学，引起社会各界的广泛关注和讨论，陈国安先生即是其中颇具卓识的一位。他不仅真诚鼓呼，而且亲自上阵，来到小学的课堂，用一节节可见可感的课，验证、传播他的观点。这种"行"与

"知"的一体化，当是真正的研究范式。

鉴于陈先生的学术背景与行动缘由，我冒昧揣测，他的课堂中很大一部分属于"主题先行"一类。

文学理论中，"主题先行"一直是个争议很大且遭到误解的概念，几乎是公式化、概念化、机械图解的代名词，这实在是忽视了艺术创作的丰富性和多样性。乔斯坦·贾德《苏菲的世界》被誉为 20 世纪的经典之作，我以为，这部作品就是"主题先行"的成功范例。问题的关键不在于主题是否先行，而在于主题展开的方式与表现的形式。

回到陈先生的课堂，我设想其"主题先行"的方式有这么两类。一是对应于某个观点，找到适于表达、承载的某个文本，即"观点先在"；二是面对的文本唤醒、激活了教者一贯的诉求，二者产生思想撞击得以共鸣，即"文本唤醒"。无论哪一类，具体的教法肯定都是最后考虑的内容。

基于这样的认识，观察陈先生的课堂，最好去除我们习惯的观课、评课模式，而要思考它的实验性、先锋性，思考这种探索带给现行固有模式的价值冲击。

首先是用什么文本教。

面对规定了的教学内容，绝大多数教师自然以教材提供的课文为不二选择，并天经地义地认作"最佳文本"。以我对陈先生的了解，我推测他会对既有文本追根溯源，做出新的择定。《开天辟地》是四年级教材中的一篇课文，课文是后人改编的白话，陈先生执教该课，却弃之一旁，另选了三国徐整的两则文言。何故？

这要从"开天辟地"这则神话的价值说起。"这个神话的新颖之处，在于它不同于以往的中国神话材料，带有清晰的创世性质，表现出神话讲述者、记录者对宇宙起源问题的强烈兴趣"。（谢选骏《神话与民族精神》）茅盾先生认为"这便是中国神话的第一页"。正是这个神话的独特意义，决定了教者对其重视的必要。盘古神话，最早见于三国时吴人徐整所撰《三五历纪》及《五运历年记》两书。同后人的白话表达比较，原文简洁典雅，富于音韵。作家张晓风曾把文言喻为"好的白话"的母亲。教者将两书中相关的两段文字加以组合，把这个神话的最初面貌呈现给学生，传达出尊重原典、阅读原典的取向。

当然，这样的文本选择除了取决于文化意义，还得顾及学习者的接受能力。这则文言原文尽管年代久远，但并不佶屈聱牙，相反它节奏鲜明，形象可感。从课堂反馈看，在教师指导下，学生都能理解领会，以至熟读成诵。

再看教了什么。

最重要的当然是神话的故事。时下流行一种观点，语文教学不该着眼于课文的具体内容，而应着力于课文的表达形式。对此我一直不敢苟同。一则内容与形式一体两面，难以分割，更重要的是，那些经典文本，其内容的获得本就是阅读的重要目标。《开天辟地》这样的创世神话是一个民族的文化之源、魂魄之根，它的内容本身应该成为我们的共同记忆。更兼儿童对故事最感兴趣，他们是天生的故事大王。这个神话一直活跃在人们的口耳相传中，加之读了白话课文，学生对故事已然了解。于是，教者将这方面的目标定位在内容的"精确化"理解上。

值得注意的是，教者这一内容的确定极具包容性，他很好地找到了这个突破口，内容理解既是目标又是载体，将语言、结构、情感、哲理等一一融化其中。

譬如，一般人都认为盘古是死后化作了世间万物。教者扣住"垂死化身"之"垂"的理解，让学生明白不是他死了以后变成万物的，而是快要死的时候变成了万物。"盘古日长一丈""盘古极长"两句中"长"读音的辨析，实则是理解的准确与到位。

陈老师很善于从内容的整体入手，引导学生居高临下地把握文章。他抓住"变"和"化"两个关键词，提领而顿，整个故事的情节立时清晰明朗。而抓住"首生盘古，垂死化身"一句，文章的结构、层次一目了然。

更为打动我的，是教者的母语阐释、母语理解。且看，"'辟'就是'开'，'开'就是'辟'，'开辟'就是开了。两个一样意思的字放在一起变成一个意思的词很多""'万'前面如果是'一'，'千'前面如果是'一'，'百'前面如果是'一'，那个'一'可以省略""长在这儿（唇上）的叫'髭'，长在这儿（下巴）的叫'须'，长在这儿（两鬓下）的叫'髯'。知道关羽吗？关羽叫'美髯公'"……所有这些毫不刻意，而是贴着文本内容的理解，随机渗透，水到渠成。

最后，我们看教者面对文本的态度。

陈先生曾经在一篇文章中说："'开天辟地'这个神话故事本身有着我们民族的一种精神，同时这个神话中也有着我们民族的一种世界观和价值观。"（陈国安《母乳文化：文化语文课堂的民族性追求》）因此，我起初以为，他教学这课，一定会引入大量相关信息，扩展学生的文化视野。但实际的课堂证明我的猜测错了。整个教学，他老老实实地贴着文本，几乎没有"逾越之举"。教材中的白话课文，仅与文言原文构成一种互文关系。

在当下语文课堂普遍向外（课文文本外）扩展的倾向下，这种向内（文本内）求索的做法引起了我的思考。我以为，这是由文本的性质决定的。徐整的原文是这个神话的原典，他的叙述潜藏着诸多文化密码，有着中国人特有的意识、价值、情感、哲学，短小的文本里具有开阔的文化空间，所以，就用上全部的力道认认真真地体察、揣摩吧。教者在课堂上说，"这个神话代表着中国人如何看待这个世界，如何看待人是怎么出来的，如何看待这个天地是怎么来的"，那么，这种集聚全力的阅读，正是在体察、获得我们这个古老民族的神秘、智慧、血脉。

课堂上，教者随着文章内容的教学，分做两次，引导学生记诵，这记下的，当然远不止文字。

我们的祖先将神话视作永恒的神圣，视为真实的存在。陈国安先生在这堂课的最后告诉学生说，"所有的人都在思考这个问题，不光是我们的老祖宗，我们一直如此，一直问自己，我从哪里来，我将到哪里去？因此我希望你们多读一些像《盘古开天辟地》这样的中国神话"。这句话终于"泄露"出了他的用心。

因此，我说，陈国安先生的这一课，很中国，很母语。

（江苏省南京市琅琊路小学特级教师　周益民）

### 课堂实录二

（浙江省台州市温岭教研活动）（60分钟）

**师：**谁能告诉我，今天我给你们上的课主要的内容是哪张纸？

（生指着手中的纸）

**师：**看过原文这样的东西吗？

**生：**看过！

**师：**之前有没有看过这样的东西？

**生：**看过。

**师：**看过文言的文章？告诉我看过什么？

**生：**我看过曾子说的。

**师：**哦，太棒了！记得住中间的句子吗？

**生：**忘记了。

**师：**好，谢谢。还有谁看过文言的？这篇文言文由两篇文章组成，第一篇，后面有一个书名号，叫什么？

**师生齐：**《三五历纪》。

师:《三五历纪》是一本书, 第一段取自于此。第二段呢?

生:《五运历年记》。

师: 对了。好, 这两段合在一起跟我们原来的课文是一样的吗?

生: 意思一样。

师: 意思一样, 是什么意思呢? 也就是说它们都讲了一个相同的——

生: 故事。

师: 这个故事的题目叫——

生: 开天辟地。

(师板书: 开天辟地)

师: 开天辟地, 什么意思啊? 这个"辟"是什么意思?

生: 劈开。

师: 看看下面的注释。要学会看注释啊。"辟"就是——

生: 开。

师: 对, "辟"就是"开", "开"就是"辟", 开辟就是——开呗。(生笑)那"开天辟地"什么意思啊? 就是天和地分开来了。把这个天和地分开来的这个人是谁呀? 一起说。

生: 盘古。

(师板书: 盘古)

师: 这名字好怪哟, 是吧, 盘古。我们已经没有办法知道他的姓和他的名字了, 太久远了, 是吧? 我们就用这个去称呼他, 叫盘古。这两段文字和你们的课文都说了相近的故事, 或者说相同的故事, 对不对?

生: 对。

师: 说了他什么? 说了他什么事情?

生: 盘古开天辟地的经过和盘古化身为世界万物。

师: 哦, 盘古开天辟地的经过和盘古化身为世界万物的经过, 两件事。第一件事用一个字说, 盘古怎么样? 你们看看第二段第一句话。一起读。

生: 首生盘古, 垂死化身。

师: 是不是说了这两件事?

生: 对。

师: 第一件事用一个字说是——

生: 生。

师（板书：生）：对呀，盘古生出来了，于是他就怎么样？

生：开天辟地。

师：所以有了什么？

生：天地。

师：对，有了天地。（板书：天地）好，你们再看第一段，除了有了天地，还有了什么东西，一个很重要的东西，是什么？看文言文本。"后乃有——"

生：三皇。

师：还有呢，"数起于一——"

师生齐：立于三，成于五，盛于七，处于九。

师：讲了什么东西？哪一个字？

生：数。

师：你们看，"数起于一"嘛，就是有了"数"。（板书：数）有了数字，第一个故事结束了吧？

生：嗯。

师：第二个故事开始了吧？生出来以后就必然要——

生：死。

师：对，有生必有死，人生下来就会死的，盘古也不例外吧，所以第二个故事是什么？

生：死。

（师板书：死）

师：他死了以后是不是啥都没有了呢？

生：不是。

师：变化成了什么？

生：世界万物。

师（板书：万物）：万物里面最后一个出现的是什么？化为——

生：黎甿。

师：对，黎甿。黎甿是什么？

生：老百姓。

师：对，黎民百姓，就是黎甿。甿，就是民。民就是老百姓。所以，这个民，这个黎甿，都是指的什么？

生：人。

（师板书：人）

**师：**我们用了十分钟的时间把这个故事，这张纸头全部搞定了吧？

**生：**搞定了。

**师：**你们都会了吧？

**生：**会了。

**师：**好，会啦，可以下课了吧？

**生：**不可以。

**师：**那你们还想知道什么吗？我们不能静坐吧？（做出静坐表情，生笑）还想知道什么？

**生：**盘古是怎么开天辟地的。

**师：**哦，盘古是怎么开天辟地的，没有天地之前是什么样子？看文章，哪一句？一起读。

**生：**天地浑沌如鸡子。

**师：**"浑沌"，什么意思啊？

**生：**混乱。

**师：**找找看，你们的课文里边那个"混沌"是什么意思啊？你们读读课文第一段。（举起学生手中的纸）这个叫课文。默读课文第一段，谁告诉我"混沌"是什么意思？你说。

**生：**浑浊。

**师：**噢，浑浊的。浑浊是什么意思啊？看得清楚吗？

**生：**看不清楚。

**师：**对，混成一团，黑黢黢的，看不清楚。哦，你还要补充。

**生：**天和地没有分开。

**师：**天和地没有分开，"如鸡子"，"鸡子"什么意思啊？（生纷纷举手）一起说！

**生：**鸡蛋。

**师：**"如"呢？

**生：**好像。

**师：**哦，你们知道了盘古没有生出来之前天地混沌如鸡子。盘古生了，生在哪里？生在什么地方，谁告诉我？

**生：**天地之间。

**师：**天地之间。天地之间一个混沌的像鸡子一般的那个东西里边，你也说不清楚，我也说不清楚，是不是啊？这个"其中"说的就是那个鸡子一般的、说不清楚的、混沌为一团的那个东西的里边。他生了吧？生了多少年？

生：一万八千年。

师："万八千岁"，什么意思？

生：一万八千岁。

师：岁就是——

生：年。

师：对啊，年岁年岁嘛，你多少年岁就是你活了多少年了，多少岁了。年和岁是一个意思。我们在读文章的时候，对这一类字都要学会归纳。比如开和辟，一个意思，开就是辟，辟就是开。年和岁，年就是岁，岁就是年。下面我们还会碰到这样的字。这个时候故事出现转折了，有四个字，哪四个字表现出转折？

生：天地开辟。

师：天地开辟。天地开辟是整个故事的什么？

师生齐：转折。

师：转折之后出现了新的发展。第一个发展是什么？天地开辟这一转折以后，第一个表现或者说出现的第一种情况是什么？

生：天往上升了。

师：什么往上升了？哪一个句子，你读一读。

生：阳清为天。

师：哦，阳清为天，然后呢？

生：阴浊为地。

师：哦，阴浊为地，这是相对来说的吧？是不是啊？这叫对称的句子，知道了不？好，下面还有好多这样对称的句子，你们要注意，看看谁和谁对称。第一次出现了变化，阳清为天，阴浊为地。第二个变化呢？看课文，你们要学会看课文。

生：盘古越来越聪明了。

师：越来越聪明了，哪句话？

生：神于天，圣于地。

师：这句话是什么意思？这也是一个对称的句子吧？你们看，"阳清为天，阴浊为地"。现在呼应着说了，"神于天，圣于地"，什么意思啊？

生：智慧超过天。

师：哦，"神"就是智慧了，有一个词语叫神智对吧，说"你这个人神志不清"，就是说智慧没有啦，是吧？"神于天"就是什么啊？智慧超过天，"圣于地"呢？对了，能力超过地。你们知道孙悟空叫什么吗？孙悟空叫齐天——

生：大圣。

师：那个圣是什么意思啊？能力啊，他的能力和天一样大，明白了没有？齐天，就是跟天一样。他的能力和天一样大，叫齐天大圣。

师："于"在这里是"超过"的意思。好，前面还有一个变化，那个变化是什么？盘古怎么样？

生：盘古在其中。

师：对，盘古在其中，一日——

生：九变。

师：九变是什么意思啊？

生：多变。

师：多变。这个九是不是说只有九个、九种变化啊？

生：不是。

师：这个九是虚数，知道吧，什么叫虚数，就是不用说清楚的。比如九千岁，不是只让你活九千年，你可以活很多很多的岁，你想活多久就多久。这个九变就是多变，很多的变化，变化了很多次，然后怎么样啊？

师生（齐）：神于天，圣于地。

师：好，这是第二种情况吧？天地开辟之后，第二种情况出现了。盘古生在里边，变啊变啊变，好多次以后，他的智慧超过天，他的能力超过地。有没有出现第三种情况，或者说，这个故事怎么发展的？

生：天高了上去。

师：对，天——

生：日高一丈。

师：地——

生：日厚一丈。

师：盘古——

生：日长一丈。

师：为什么这个字念 zhǎng 呢？它是个动词还是形容词？

生：动词。

师：长起来了，长大了。好，高呢，高是个动词还是形容词？

生：形容词。

**师：**对，这里做什么词？

生：动词。

**师：**你告诉我，这个高，动词是什么意思？

生：升高。

**师：**升高，增高，对不对。好，后面还有一个词，地日——

生：厚一丈。

**师：**这个厚原来是什么词？

生：形容词。

**师：**现在呢？

生：动词。

**师：**什么意思？

生：加厚。

**师：**加厚，增厚，对不对？哦，你们看，这个高，这个厚，是通过长，判断出来的吧？所以，我们读书啊，前面没有读明白，没事，往后读，到后面一下子明白了，前面的也就明白了。这就是读书的方法。明白了吗？

生：明白了。

**师：**那么这个天日高，地日厚，什么意思啊？

生：每天。

**师：**哦，每天。每天高一丈，每天厚一丈，盘古也每天——

生：长一丈。

**师：**这就是出现的第三种情况了吧？

生：对。

**师：**结果是什么啊？这个第三种情况的结果是什么啊？如此——

生：万八千岁。

**师：**也就是说，这一万八千年每天这个天都——

生：高一丈。

**师：**这个地都——

生：厚一丈。

**师：**那个盘古都——

生：长一丈。

**师**：啊呀，经过了这么久，所以结果有三个。第一个结果是什么？天——

**生**：天数极高，地数极深，盘古极长。

**师**：天数极高，哎，那个数什么意思啊？

**生**：数字。

**师**：哦，数就是数字。天数极高，这个数指的什么？

**生**：这里指的是天的高度，后面指的是地的深度。

**师**：对啦，天的高度怎么样啊，高到没有办法说了吧，所以是——

**生**：极高。

**师**：极就是——

**生**：特别。

**师**：地呢？

**生**：极深。

**师**：地的什么极深？

**生**：地的厚度。

**师**：对了，地的厚度极深。盘古——

**生**：极长。

**师**：怎么不念 zhǎng 啊？这个长是什么意思啊？

**生**：盘古的身高。

**师**：对，是盘古的身高。

**师**：你们知道我来自苏州，苏州人把个子长得高的人叫长子。那个人好长啊，就是说那个人长得好高，就是保留了很古很古以前的这个意思。我相信你们温岭话里面，肯定也有很多这样的保留了很古以前意思的词，你们回去好好问问你们的爸爸妈妈，好不好？

**生**：好。

**师**：这是第三种情况出现了吧。第四种情况是什么？一起读！

**生**：后乃有三皇。

**师**：三皇是指谁？一起把下面的注释读一读。

**生**：天皇、帝皇、人皇。也指——

**师**：哦，这个字不认识了，suì，燧人就是钻木取火的人。那是最老祖宗的一个人，就是发现了火的人，因此有火字旁。好，第二个呢？

**生**：伏羲。

师：伏羲呢，实际上是发现了植物的人，他发现稻子可以吃。后面一个是什么啊？神农。神农是发现药的人，为人治病。明白了吗？

生：明白了。

师：这几个人呢，都是最早的人。"后乃有三皇"，就是说然后有了三个伟大的人。天皇、帝皇、人皇也是这个意思，天上最伟大的那个人，是玉皇大帝。在地里边最伟大的那个人，阎罗王。在人间是皇帝，这是三皇。这是第四件事，还有没有？第五件事情是什么？出现了什么啊？（师指黑板上的"数"）

生：数字。

师：对了，出现了数字。那么，最早的数字是什么？

生：一。

师：所以叫——

生：数起于一。

师："一"出现了以后又出现了什么？

生：三。

师：对了，出现了"三"，所以说——

生：立于三。

师：然后又出现了什么啊？

生：五。

师：所以说——

生：成于五。

师：又出现了什么？

生：七。

师：所以——

生：盛于七。

师：以后数字停在了哪里？

生：九。

师：对了，叫什么？

生：处于九。

师：对啦。数字出现，人类开始认识世界，用人的思维开始认识世界，用数字去理解这个世界。从一开始，三是什么啊，立，立是什么意思啊？

生：建立。

**师：**建立。三，因为一和二是两个对立的吧，出现了三就建立了稳定的三角形，三角稳定性嘛，对吧？稳定了才立得起来吧？五呢？

**生：**成就。

**师：**成就于五。成就于五啊，这个也是中国人认识世界的一种方式，认为这个世界啊，有五种东西，叫五行。金、木、水、火、土，认为有这五个东西就成了，就成了一个世界了。明白了吧？

**生：**明白了。

**师：**七呢？盛于七。

**生：**壮盛。

**师：**壮盛是什么意思啊？就是到了最旺盛的时候。最后停在什么地方？

**生：**九。

**师：**那么终止在九上，九就是最大的单数。最大的单数是？

**生：**九。

**师：**好，那么他又说了，回到什么地方来说？（师指黑板）

**生：**天地开辟。

**师：**回到天地开辟来说了吧？结果是什么？

**生：**故天去地九万里。

**师：**那个"去"是什么意思啊？

**生：**距离。

**师：**哦，天上距离地面九万里。这是不是讲了盘古的——

**生：**生。

**师：**大家想一想，盘古的生在这一段文章里分几层来说的？用铅笔把它画下来。

（生用铅笔画）

**师：**一起来读一读，每一个部分或者说每一层，讲盘古的每一层，之间稍微停一停，让我明白，好不好？"天地浑沌如鸡子"，开始！

（学生读第一段）

**师：**读得不错。把这张纸合起来，翻过来，不准看啊，你们听我读，好不好？眼睛闭上，一边听一边想。

（师充满感情地朗读第一段）

**师：**好，刚才你们有没有跟着我的朗读想过一遍？能不能背一下？

**生**：能。

**师**：好，试试看。眼睛闭上。盘古没有开天呢，现在外面黑漆漆的，不准看啊。如果你背不出来，可以偷偷地把你的纸拿出来，用最快的速度看一下，不要让你旁边的同学发现。准备好了吗？"天地浑沌如鸡子……"开始！

（学生闭眼背第一段）

**师**：很棒。孩子们，我佩服你们哦。我没有看到有人偷看，我只发现有两个人稍微有点迟疑，有一两处地方稍微停顿了一下，一下子就跟上去了，非常棒。好，盘古如何生，你们读得很好，生而有死，哪一个地方是转折？

**生**：首生盘古。

**师**：对了，首生盘古。既是对前一个故事的——

**生**：概括。

**师**：对了，然后呢？转折转到下面一个小节——

**生**：垂死化身。

**师**：对了，这就是写文章，你写文章写到第二段的时候第一句话不要贸然地说，要有一个承上启下，对不对啊？承上用什么说？首生盘古。首就是什么啊？第一吧，第一个生下这个盘古，盘古生出来以后他也要第一个死掉，是不是啊？垂死，垂是什么意思啊？

**生**：临死。

**师**：临死，马上就要死了。然后他死了吗？

**生**：死了。

**师**：哦，死了，真死了？快死时怎么样？

**生**：化身。

**师**：对了，化身。化身就是身体发生了——

**生**：变化。

**师**：怎么变的？分一分看，第一层，你们觉得第一个部分他变成什么了？

**生**：气。

**师**：其实啊，你们看看陈老师给你们暗示了。第一次变化，或者说第一种变化，变了什么？男生读，好不好？我看看男生读到哪儿。好，开始！

**男生**：气成风云，声为雷霆，左眼为日，右眼为月。

**师**：哦，第一层，先把什么地方的东西变了？

**生**：天上。

师：变了哪几种东西啊？

生：风云、雷霆、日、月。

师：对了，变成风云，两种，雷霆，第三种，日、月，五种吧？成于五哦，天上都成了，对不对啊？这四句话知道了吗？

生：知道了。

师：哦，怎么变的？眼睛闭起来说给我听。

生（闭眼背）：气成风云，声为雷霆，左眼为日，右眼为月。

师：好，这第一次变好了，第二次又变了吧？怎么变的？女生读，好不好？我来听听女生会不会停。开始！

女生：四肢五体为四极五岳，血液为江河，筋脉为地里，肌肉为田土，发髭为星辰。

师：好，停到这儿了吧？变出哪些东西来？

生：地上的。

师：对了，除了一个是天上的，他写地的时候没有忘掉写天，（指黑板）开天辟地，地写完了他最后一个又写到天。

师：好，一共变出哪些东西来？四肢五体变成——

生：四极五岳。

师：四极是什么意思啊？

生：东南西北。

师：哦，就是大地的四个方向。这个极是指的什么？哦，极边，天边，地边，明白了吗？噢，五岳呢？

生：泰山、华山、衡山、恒山、嵩山。

师：好，你们告诉我，是不是只有这五个啊？

生：不是。

生：是世界。

师：五岳，是用五座山代替——

生：所有的山。

师：对了，用五座山代替所有的山，用四边把整个土地都圈进来了吧？好，已经变了两个吧，四极，五岳，还变了什么？

生：江河。

师：血液变成了江河。江，就是长江；河，就是黄河，以长江黄河为代表的所有的大江小河，明白了吗？噢，还有呢？还变了什么？

**生**：地里。

**师**：地里是指什么？

**生**：道路。

**师**：对了，河流、道路，对不对？还有呢？

**生**：田土。

**师**：这又是什么？

**生**：田地。

**师**：哦，田地。有了田地我们才能吃饱肚子，是不是啊？吃饱肚子才能长好肌肉哦，明白了吗？还有什么变出来了？

**生**：星辰。

**师**：星辰。是什么变出来的？

**师生**（齐）：发髭。

**师**：这个"髭"字好难写啊，回去写一下。我们老祖宗啊，把人的这个毛发分得很清楚，长在头上的叫发。长在嘴唇上面的叫髭（指屏幕）。长在上面的叫髭，长在下面的叫须，胡须。明白了吗？长在这个地方的（指自己的鬓角）叫髯（板书：髯）知道关羽吗？他是个美髯公，就是说他这个地方的胡子特别好看，叫美髯公。明白了吗？看还有什么东西变出来啦？没有了吧，哦，这一组你们能不能一个一个地说给我听听。眼睛闭上，开始。

**生**（闭眼背）：四肢五体为四极五岳，血液为江河，筋脉为地里，肌肉为田土，发髭为星辰。

**师**：不错！还变了什么？

**生**：草木。

**师**：草木，还有呢？

**生**：金石。

**师**：金石，什么意思啊？

**生**：金属矿物。

**师**：哦，金是指金属矿物。石呢？

**生**：石头。

**师**：哦，普通的石头，包括美玉。那个玉啊，就是石头里面非常透亮的，玛瑙啊，这些都算在里面了。还有什么？

生：珠玉。

**师**：哦，石头里面还有特殊的东西，宝贝吧？变出了宝贝，还有呢？

生：雨泽。

**师**：我不懂了，什么叫雨泽，谁告诉我？

生：雨水。

**师**：哦，就是雨水。雨呢，在天上叫雨，落到地上就叫——

生：水。

**师**：对了，就叫水，叫泽。好，还有什么啊？没有了啊，到这个地方是第三种变化。能不能背出来？

生（闭眼背）：皮肤为草木，齿骨为金石，精髓为珠玉，汗流为雨泽。

**师**：很好。这些都变完了以后，最后变出什么了？

生：虫子。

生：各种虫子。

**师**：有不同意见吗？哪一句话说虫子的，一起读。

生：身之诸虫。

**师**："诸"是各种、很多，"诸虫"是变出来的还是原来就有的？

生：变出来的。

**师**：是身上化为虫子吗？化在哪儿呢？有吗？哦，"身之诸虫"，这个"之"是"的"的意思（板书：的），在书上注一下，写在"之"下，不要写在"诸"下。好，这个"之"是"的"的意思，"身之诸虫"是什么意思啊？

生：身上的各种虫子。

**师**：对，身上的各种虫子，是本来就有的，这些虫子怎么样？

生：因风所感。

**师**：因风所感，什么意思啊？对了，被感动了吧？就像孙悟空吹了一根汗毛，汗毛就变成人了，吹出的一口气就像风一样，都是从这儿学来的。因风所感，这个风吹啊，盘古身上的虫子就被感动了，然后变成了什么？

生：人。

**师**：化为——

生：黎甿。

**师**：所以，变成人是最困难的吧？人是虫子变的（生笑）。达尔文说，人是猴子变的，你们看我们老祖宗早就说了，猴子也是虫嘛，虫就是动物，只不过我们老祖宗没有具体地说是哪一种虫（生笑）。我们老祖宗可厉害了，对不对啊？变化为人是最困难的，需要什么？要因风所感，要有感动。感是个心字底，就是说你要有心，有了心才能变成人，对不对？

**生：**是。

**师：**所以，这三句话要注意，这是中国人觉得人是这么来的。这三句话能说得出来吗？说给我听听。

**生：**身之诸虫，因风所感，化为黎甿。

**师：**太棒了。现在知道了吧，人是怎么变来的？

**生：**虫子。

**师：**对，人就是虫子变来的，但是要加上人的——

**生：**心。

**师：**对，所以叫因风——

**生：**所感。

**师：**风是自然的吧？哦，有了自然，有了心，就有了——

**生：**人。

**师：**天地之后，在自然中，有了心，就出现了人。明白了吗？

**生：**明白了。

**师：**盘古生了，天地开了；盘古死了，人来了。好，盘古的死，有几次变化？

**生：**三次。

**师：**第一次，一起读——

**生：**气成风云，声为雷霆，左眼为日，右眼为月。

**师：**第二次——

**生：**四肢五体为四极五岳，血液为江河，筋脉为地里，肌肉为田土，发髭为星辰。

**师：**第三次——

**生：**皮肤为草木，齿骨为金石，精髓为珠玉，汗流为雨泽。

**师：**第四次——

**生：**身之诸虫，因风所感，化为黎甿。

**师：**好，你们把书合上，听我读，边听边想，看看能不能记得住，好吗？（师有感情地读）

**师：**你们试一试，看看能不能背？背不出来的，可以偷偷地看一下。

（生闭眼背第二段）

**师**：太棒了。我们能不能连起来？

**生**：能！

（生背全文）

**师**：读书就是这么读的，我再请两位同学一起背，好吗？

（一男生一女生一起背诵全文）

（生鼓掌）

**师**：不错，稍微有一点点停顿，有点慌了，是吧？回去好好读。其实我一直觉得，你们首先应该知道的，是盘古，是夸父，是精卫，是嫦娥，是孟姜女，是牛郎织女，而不是什么格林童话，安徒生童话。你们首先要能够在盘古的世界中获得关于中国的理解。孩子们，从今天开始，多读些中国的书，好吗？

**生**：好。

**师**：今天的课就上到这儿。盘古开了天地，我们开始了精神的成长，谢谢大家！下课。

### 名师评课

## 本真 务实 灵动

一个有着深厚文学底蕴的学者，一位大学教师，面对一群懵懂稚嫩的小学生，如何讲授文言文？如何寻找适合孩子的话语系统？能否引发孩子的学习兴趣……抱着一份好奇，静心聆听、欣赏陈老师教学《开天辟地》。陈老师的课，给予我诸多震撼，钦佩陈老师丰厚的学养，睿智幽默的教学风格，更钦佩陈老师与孩子无隔的交流对话状态，润物无声的教学艺术。

1. 深入浅出，适度开掘教学内容

阅读教学内容一直是语文教学探讨的热点，"教什么"，三个字，让很多语文教师费思量。有时，教得过窄，成了文本内容的教学；有时，教得过宽，语文成了"杂货铺"；有时，教得过深，教师费尽心力，学生却一头雾水，兴味索然；有时，教得过浅，总在学生已知已会的原点徘徊，学生收获甚少。说来说去，在于"度"的恰当把握。

作为大学教师，陈老师对文言文《开天辟地》有精深的研究，应该可以作一场精彩的专题报告，然而，面对小学生，陈老师能"蹲下来"，站在小学生学习需要的角度，深入浅出，适度开掘教学资源，研制教学内容：疏通文言词句，结合语境理解词句意思；梳理脉络结构，了解故事主要内容；朗读文言文，熟读成诵。在疏通文句意思的过程中，渗透汉语言文化知识，传授多音字、多义字等辨识理解的方法，指导梳理文脉、概括内容的方法等。既没有在人物形象、古文表达特色等方面纠缠，也不展示大学老师对古文精辟的理解赏析。合理有度的删选与取舍，体现的是陈老师以"学"定"教"的教学理念。

课始，看似寻常的谈话，目的在于了解学情，了解学生对古文及本课学习内容的知晓程度，找准学生学习起点，才能准确确立教学的目标与内容。教学过程中，陈老师不时问学生，想了解什么，让学生质疑然后集体解疑。每个环节都是学生先交流表达，教师再引导点拨。教在学生有疑处，使其豁然开朗；教在学生思考肤浅处，带其探幽揽胜；教在阅读理解疏漏处，帮学生看到忽视的语言风景。给予学生充分的自主学习的空间，教师适时适度作点拨，体现了陈老师的教学智慧与大气，更折射出陈老师为"学"而"教"的理念。

基于学生学习起点与学习需求的教学，才是接地气的，才是本真的教学。

2. 务本求实，适时传授语文知识

语文是基础学科，文本是"例子"，是学习起点，学文不止于文，以文本为载体，相机传授语文知识，引导学生领悟语言规律、学习方法与规律，感受中华文化的博大精深，是学习语文的根本。陈老师的课堂诠释着小学语文教学的本质。

重语文知识学习。文言文语言简约凝练，或对仗工整，或骈散结合，音韵和谐。陈老师借助朗读、背诵引导学生体会文言文音韵节奏之美；以"阳清为天，阴浊为地"为例，认识对仗句式特点并引导在下文学习中自主发现；由"发髭为星辰"，引出"发、须、鬓、髯"等多种称谓，感受汉语言文化的魅力与意蕴；巧借"身之诸虫，因风所感，化为黎甿"中的"感"字，引导学生明白人在自然中，有心才为人……陈老师上课不带教案，一张课文纸，一支粉笔，与学生漫谈之际，巧妙渗透语文知识、文化常识与情理熏陶。胸中有丘壑，才有这份洒脱，才有这份不着痕迹的点化艺术吧。

重语文能力培养。初读整体感知，陈老师引导学生找出"首生盘古，垂死化身"来概述故事内容；进而引导学生提取"生""死"等关键字词再作更凝练的概括，并借助"变""化"梳理故事结构层次；回归全文，知晓"首生盘古，垂死化身"既概述前一个故事，又总括后一个故事，在文章结构中有着承上启下的作用。字字落实，又整体了解，有"言"又有"文"，学生的阅读理解与归纳概括能力都得到训练与培养。

学习"天日高一丈，地日厚一丈，盘古日长一丈"时，陈老师顺学情导问：为什么在这里不念"cháng"而念成"zhǎng"？学生借助生活经验明白"长"在这里是个动词，表示长高，所以念"zhǎng"。教师的引导至此并未结束，由"长"的理解引申、迁移，引导学生联系语境理解"高"和"厚"，原本是形容词，在这里也作动词，表示升高、增厚。"这个高，这个厚，是通过长，判断出来的吧？所以，我们读书啊，前面没有读明白，没事，往后读，到后面一下子明白了，前面的也就明白了"。很欣赏陈老师这样的教学语言，它折射出一种教学理念，不是教"这一个"，而是教"这一类"，不仅教理解字词句，更教理解字词句的方法与规律，教学生举一反三运用规律学习的能力。如此，学生才越学越聪明。

在教学"天数极高，地数极深，盘古极长"一句时，教师再次聚焦"长"，追问"怎么不念 zhǎng"，学生探究发现，这里的"长"是个形容词，表示身体很高，老师再用苏州方言"长子"的说法加深学生印象。一个教学细节，让我们看到陈老师强烈的"方法"意识，多音字辨识、多义字理解，历来是小学生语文学习的难点，据义定音，联系语境解词，应该是有效实用的方法。

这样的教学环节还有很多，比如对于"五""九"等虚指数字，"开辟""年岁"这类词语特点的认识等，都指向词意理解、构词特点等方法规律的指导。

一位大学老师对小学生语文素养尤其是字词理解、读书方法与规律有如此通透的了解，教学中又能高度重视、有效落实，适时授知识，导方法，润物无声，大道无痕。聆听安子老师的教学，时时惊叹于他强烈的语文课程意识与适时自然的点拨指导艺术，信手拈来，举重若轻，总在不经意间，让我们闻到语文的芬芳。

致力于培植学生的语文能力，这样的教学才有生命力，才是务实的教学。

3. 谈笑风生，智慧激发学习兴趣

很多时候，我们的小学语文课堂太过精致，雕琢味儿浓。教师问什么，什么时候问，学生该答什么，答到怎样的程度等，均精心设计，教学环环相扣，丝丝入扣，滴水不漏，按着预设的轨道行进。陈老师的课堂有一份随意，课前谈话了解学情、引导概述故事、梳理故事层次、理解故事主要内容、熟读背诵文言文等，看不出别出心裁的设计，但每一个环节都着力于提升学生的阅读理解能力，清简的教学流程，直抵语文教学的本质与核心，去芜存菁，删繁就简，这是教学的大智慧。

也有很多时候，我们的小学语文课堂拘谨有余，轻松不足。教师只关注"教"，想着教什么，怎么教，忽视"学"，无视课堂生成，或面对课堂生成不敢接招，生怕横生枝节。陈老师的课堂有一份洒脱，他似乎不是在"教"，而是在和学生"聊"、和学生一起"玩儿"。聊故事的出处、梗概，聊故事的发展、宇宙的变化，聊盘古、三皇，聊四极五岳、雷霆日月等，随心所欲，自由无拘。偶尔，老师来一两句调侃："人是虫子变的。达尔文说，人是猴子变的，你们看我们老祖宗早就说了，猴子也是虫嘛。"学生会心一笑或开怀大笑，紧张的心松弛了，被动跟学的感觉消失了，学习状态主动了，思维更活跃了。于是，课堂成了师生平等、轻松、随性交谈的"茶座"，谈笑风生。聊中学、玩中学，乐学、爱学、会学，这是教学的高境界。其实，语文教学最重要的，不在于学生学会某一篇，而在于让学生感受学习的乐趣，获得学习的方法，保有持久的学习兴趣。

播一颗乐学的种子，才是功德无量的，才是灵动的教学。

"你们首先应该知道的，是盘古，是夸父，是精卫，是嫦娥，是孟姜女，是牛郎织女，而不是什么格林童话，安徒生童话。你们首先要能够在盘古的世界中获得关于中国的理解。孩子们，从今天开始，多读些中国的书，好吗？"这是陈老师的课堂结束语。由此，我们是否可以探知，一位学术造诣深厚的大学教师，为何钟情于探索研究小学语文教学：学术理论、教材建设、课堂实践、教师发展……不是心血来潮与标新立异，而是对母语、对中华传统文化深刻的爱，是深厚的母语情怀。为着这份"绿叶对根的深情"，更加钦佩陈老师。

（江苏省苏州市教科院特级教师　许红琴）

### 教学反思

## 白话文本与文言文本的互动

苏教版《开天辟地》改写成了白话文本故事，学生一读也就懂了，教学并没有难度。于是我便找出原文两段，作了必要的注释，在上课时发给学生，作为课文。第一次在浙江台州上的，效果很好，但是我只是让学生感兴趣了，会背了。第二次在苏州园区金鸡湖小学为国培班学员上研讨课，我的思路是通过神话让学生理解我们这个民族的原始思维的美丽，课堂上我基本做到了这一点。第三次在江阴市晨光小学上的，我从文言文本独特的表达方式入手展开教学，让学生理解我们民族语言的对称式的表达，效果也基本达到。

我觉得像这类浅显的白话文本在实际教学中并无难度，学生学得未必有兴趣，教师教得也很乏味，因此我想通过两种文本，白话文本和文言文本，在课堂上的互动，形成教学的张力，使得语文教育两翼齐飞。

# 3.《清平乐·村居》：宋词的忧伤

## 《清平乐·村居》课文

辛弃疾

茅檐低小，溪上青青草。醉里吴音相媚好，白发谁家翁媪？

大儿锄豆溪东，中儿正织鸡笼。最喜小儿无赖，溪头卧剥莲蓬。

### 文本解读

## “甜甜”的忧伤

两宋词坛的辛弃疾犹如当今歌坛的刘欢，其狂放处声遏流云，辛弃疾说“醉里挑灯看剑”，刘欢唱“金色盾牌，热血铸就”；其亦刚亦柔处坚毅而多情，辛弃疾说“更能消几番风雨”，刘欢唱“天上有个太阳，水中有个月亮”；其婉约处也是柔肠妩媚，辛弃疾说“蓦然回首，那人却在灯火阑珊处”，刘欢唱“直到你掩不住春天里的眼泪，不知为谁”。有一天我在读辛弃疾的《清平乐·村居》时恰巧在听刘欢的歌《弯弯的月亮》，简直“千年等一回”了，词中情味歌中声韵竟然是那么一样的“甜甜”的忧伤。

词的上阕关键词是“醉”，几乎成了稼轩词集中的关键词。辛弃疾六百多首词中有一百四十八处用“醉”字，当然，我们所读到的“醉”字都是喝酒喝醉了的“醉”，没有一处有“陶醉”的意思。这首词中“醉里吴音相媚好”的“醉”字也是喝酒喝醉了的“醉”。辛的词中“醉里”有十六处，如“醉里挑灯看剑”（《破阵子》）、“醉里且贪欢笑”（《西江月》）、“醉里重揩西望眼”（《念奴娇》）、“醉里谤花花莫恨”（《江城子》）、“醉里和人诗”（《临江仙》）等，都是词人喝酒喝醉了。

词人为什么总是喝醉呢？一般来说，喝醉酒有两种情绪极端的状态：高兴快乐极了和忧愁伤心欲绝。而辛弃疾的词作中即便是且喜且悲的“醉”都是很少的，如“醉且摇莺凤影，浩歌莫遣鱼龙泣”（《满江红·题冷泉亭》)，绝大多数都是伤心忧愁时痛饮大醉，少有与朋友或歌姬醉欢，自斟闲饮则更绝少，那么这首词中的"醉"是否是个例外呢？

我们要看看这时的辛弃疾的生存状态。这首词作于辛弃疾寓居带湖最初的三数年内（邓广铭《稼轩词编年笺注》），也就是淳熙九年（1182年）至十一年（1184年）。淳熙九年江浙两淮大旱灾，两浙蝗灾；淳熙十年，好友朱熹被弹劾；淳熙十一年，边境误传信息，朝野慌乱。对一位有着报效国家热情和雄壮志气的词人来说，国家的灾难无疑是最令其伤悲的了。我们再来看看词人此时的心态。淳熙九年，词人四十三岁，正值壮年，而在淳熙八年的冬天，词人被落职罢官，只能闲居带湖。也许隐居对一位已经熄灭了为国效力激情的人来说是一种回归自然的惬意，而被迫隐居对一位仍然想为国尽忠、冲锋杀敌、收复失地的词人来说，无疑是无比痛楚和苦闷的了。最后，我们再看看文本的形态，这是一首词，词与诗相比，情感更婉曲，并多以"悲"为美，即使是山林隐逸词同样有一种"潜伏"的忧患意识（杨师海明《唐宋词论稿》）。

词人四十三岁之前的人生经历又如何呢？辛弃疾生于1140年，山东历城人，未出生时家乡便沦陷于金人统治，幼年丧父，由祖父抚育成长，极受祖父抗金教育的影响。1161年，二十一岁的辛弃疾举旗抗金，不久便率部投归耿京，随后因成功追捕缉拿叛徒释义端而备受义军称赞，极得耿京信任。

1161年底，辛弃疾代表耿京等义军前往南宋接洽，1162年初受到宋高宗的接见，"上大喜，皆命以官"（《三朝北盟会编》）。而辛弃疾归返义军时发现叛徒张安国已经谋杀了耿京并带部队降金了。辛弃疾则带领五十骑兵直闯济州敌营，把正与驻地金军将领酣饮的张安国活捉，绑缚上马押回义军营门。因辛弃疾大呼"王师五十万大军已经杀到"，张安国手下原来耿京的万名义军也随同立即反正，随辛弃疾冲出金营，日夜兼程返回建康，叛徒得到惩罚被斩首示众。

辛弃疾南归之后作为英雄虽然名声很大，但仍然没有受到重用。1162年，宋孝宗继位后也曾一度抗金，一年之后在北伐受挫的情况下很快就有了"隆兴和议"，南宋又开始了苟且偷安。辛弃疾先后做了江阴签判、建康通判、司农寺主簿等小吏。位卑不忘忧国，他写了《美芹十论》，充分显示了一位政治家和军事家的眼光和智慧，继而又写了《九议》，又一次地显示了一位政治家和军事家的才能和胆略。

1172年之后，辛弃疾调任滁州知州，政声遂起。1174年任江西提点刑狱，百日便平息了茶商军起义。1178年任隆兴知府，后转任湖南转运使等，创建"飞虎军"，抗金作战。1181年调任两浙西路提点刑狱公事，不久被弹劾，被迫闲居带湖。

　　经过了二十年的戎马和仕宦，四十三岁的辛弃疾虽然有苦闷，但没有萎靡，从"醉里挑灯看剑"中仍然看出他愤懑时借酒浇愁的豪迈之气，和期望重返军营的激昂情怀。既然已经置身于山林，词人自然不免会生出一些隐居的情绪，而这些隐居的情绪固然使我们读来会有些"甜甜"的气息，但仔细体味这些"甜甜"的气息，背后仍有一种忧伤掩抑不住。

　　这首辛弃疾的农村词《清平乐》就是这样一首"甜甜"的忧伤的歌行。醉眼朦胧的词人路经一所低矮茅檐，耳边传来一阵夹带酒意的呢喃话语，觉得应该是一对青年男女在嬉笑情话，哪里知道竟然是一对老夫妻在说家常！"相媚好"，既可指老夫妻情话互相媚好，也可指醉意中的词人听得软软吴语，感到无比媚好，这个场景真有一种"甜甜"的美，似乎不必介意主语一定是词人或翁媪。

　　词中另一个"甜甜"的场景是"三儿"图。当然我们不必把这三个孩子理解为翁媪的三个儿子，其实，"男儿"就是男孩子，"女儿"就是女孩子，英雄的孩子叫"英儿"，幼小的孩子叫"婴儿"，所以词下阕中的"大儿"就是大孩子，"小儿"就是小孩子，"中儿"就是不大不小的孩子。"谁家翁媪？"词人连翁媪是谁家都不知道，我们从何知道三儿均为翁媪的儿子呢？

　　虽然我们不知道这是谁家的三个孩子，但我们能感受到词人眼里这三个孩子各具特征的情态所构成的一幅恬静的乡村图景。这四句话直接从汉乐府《相逢行》化出来："大妇织绮罗，中妇织流黄，小妇无所为，挟瑟上高堂。"（俞平伯《唐宋词选释》）如果仅从这样所化之句的来源上看，《清平乐》中的"无赖"就应该是"无所为"，也就是无所事事。但"最喜小儿无赖"，加了"最喜"二字则与《相逢行》不太一样了，有了情感的渲染，所以当然也可以理解为"可爱""可喜"了。唐诗宋词中不乏其例，最有名的句子之一是"天下三分明月夜，二分无赖是扬州"。

　　词的下阕的关键词是"喜"。词人是最喜欢那个无所事事卧剥莲蓬的小儿吗？是的！他最可爱，一个"卧"字传情地将孩子的天真可爱写了出来，确实要比"看"字多三分神采，真是一个"甜甜"的孩子。词人果真是最喜欢那个无所事事的卧剥莲蓬的孩子吗？不是的！孩子在词人醉眼中激发起其心中怎样的感触呢？词人的身影与孩子的身影好像重叠了，此时的词人难道不就像这位无所事事的孩子吗？可小儿毕竟是个孩子啊，词人正值壮年，却不能像大儿中儿那样劳动——为国尽力报效，只能被迫像小儿这样的无所事事，心中的忧伤从"甜甜"的孩子的身影中溢将了出来。

　　如果我们已经看出了词人"三儿图"背后的忧伤，那么，能否把目光重新移回到"翁媪图"中呢，词人是真的羡慕、向往这对老夫妻所拥有的和乐生活吗？恐怕也未必吧！词人只能像小儿一样无所事事，不能像大儿中儿一样"工作"，而最令词人恐慌、担忧的恐怕是这样的日子会一直下去，最终也像这对翁媪一样终老于林下吧。虽然这样的结局对很多人来说是一种"甜甜"的人生落幕，而对爱国、欲报国的词人来说，何尝不是一种无奈的忧伤呢？辛弃疾临终前仍高呼"杀敌"数声，方才停止呼吸。（邓广铭《辛稼轩年谱》引《济南府志》）

当然，从这首词本身来看，起初只能读出词人笔下"甜甜"的乡村闲居图，从词人的眼中看到一幅乡村和乐图，可是在词人心底是否还有一种忧伤呢？这是否像刘欢《弯弯的月亮》中所唱的那样："故乡的月亮，你那弯弯的忧伤，穿透了我的胸膛。"

这时候辛弃疾的故乡在哪里呢？还在金人的铁骑之下备受蹂躏！他满怀一腔热血，一心想抗金复土，重归故里。可是，如今只能在吴地乡村，"直把杭州作汴州"，其心之痛、其情之哀，直可听得见心碎的声音！

我们似乎只能读出词人笔下"甜甜"的和谐美景，是因为词人已经把自己那颗忧伤的心藏得紧紧的了，姑且用这样的酒、这样的人、这样的景来安慰自己。《清平乐》成为经典名篇，我想绝不仅仅因为它是"甜甜"的，还因为它在甜甜的声调背后有着一种淡淡的忧伤，不信？你用吴地的方言（当年翁媪的"家乡话"）——现在的苏州话——或者是南昌话、上饶话等其他方言读一读，那种声音无论如何无法和高兴、快乐联系起来。汉语是世界上最美丽的音乐！汉语的声音最能直接地表达内心感情，声音最不"欺骗"人，那种淡淡的忧伤的声韵在吴地方言中会有着更为丰满而直接的表现。如果你会用吴地方言吟诵，那我就更不用多说什么了，你一吟诵，那种甜甜的淡淡的忧伤便会由唇而出，直勾人心魄。

### ❄ 课堂实录

（江苏省镇江市京口区江滨新村小学）（45分钟）

**师：**今天我们来学习一篇课文，一起来读一下（指黑板上的标题）。

**生：**村居。

**师：**什么意思啊？

**生：**就是在乡村居住的人。

**师：**在乡村居住。好，请坐，非常好！以前学过这样题材的作品吗？

**生**：以前学过清代高鼎的《村居》。

**师**：清代高鼎也有《村居》，好，你背给我听听。

**生**：草长莺飞二月天，拂堤杨柳醉春烟。儿童散学归来早，忙趁东风放纸鸢。

**师**：这首诗，一共有几句话？

**生**：四句。

**师**：每句话有几个字？

**生**：七个字。

**师**：七个字是吧，那么这个是——

**生**：七言绝句。

**师**：今天我们学习的这篇《村居》，前面还有一个题目。

**生**：清平乐。

**师**：不应该读乐 lè，乐是什么意思啊？

**生**：快乐。

**师**：刚才的那个高鼎的诗里面快乐吗？

**生**：快乐。

**师**：非常快乐，好。在乡村住着，看小孩放风筝，听听流水声，很快乐，是不？把书打开。今天我们学习《清平乐·村居》。一边看一边想，跟刚才同学背诵的《村居》有什么不同。自己先读一读，从题目到这首作品本身，思考这个问题。（学生诵读）

**师**：有什么不同？

**生**：高鼎写的那首，前面只有两个字。

**师**：那两个字叫什么？

**生**：题目。而《清平乐·村居》有"清平乐"，中间还有空档。

**师**：我加了个点。知道这个叫什么吗？

**生**：词牌名。

**师**：对了，我们今天学习的是词。这个就是词牌，招牌。明白了吗？真正的题目在哪里？在后面，跟高鼎的一样。好，还发现什么不一样了吗？小姑娘，你说。

**生**：高鼎的诗每一句字数都一样，而这个字数不一样。

**师**：字数不一样就是有长也有短，叫长短句，所以我们又把长短句叫做词。好，还发现什么不一样？

**生**：原来的诗句有四句话，这个清平乐有八句话。

师：好，清平乐有八句话，原来的有四句话，有四句话的叫——

（学生议论）

师：绝句，是吧？如果说有格律，按照格律来写，这个叫做绝句。但是也有八句话的诗。有格律的，叫律诗。诗和词还有很多的不同。今天我只讲这么两个不同，随着积累，以后你们就会越来越明白。这个问题我们先放下。今天我们学这首词，我只想大家跟我讨论三个问题。一是写了什么景？二是这些景表达了作者怎样的情感？高兴，非常的快乐，带着忧伤，还是有着痛苦？三是他是怎么写的？一边想这三个问题一边读，我们齐读一遍好不好？

（学生齐读）

师：好，有几个字要注意，"醉里吴音相媚好"，"媚"第几声？

生：第四声。

师：相媚好什么意思啊？

生：相媚好的意思是互相夸奖对方。

师：媚好就是互相讨好，带着媚笑。相，就是互相。明白了吗？很容易的，不要觉得好像那么不可理解。没事的，你们放松一点。还有一个字，最后一句，溪头卧——

生：剥（bāo）。

生：剥（bō）。

师：查字典没有？谁查字典了？

生：查了，应该读 bāo。

师：对，学会查字典。学课文之前，自己读的时候，自己不肯定的字，先猜一猜，然后一定要查字典，证实自己猜的对不对。这是一种良好的学习习惯。好，这两个字大家一定要注意。大家读得还不错哦，同学们的阅读水平很好。有同学知道作者是谁吗？

生：辛弃疾。

师：对了。辛弃疾看到了怎样的景？自由读，想好了你就举手示意。

（学生诵读）

生：写了乡村五口人家平日的生活。

师：哪五口人？

生：一个老人。

师：老人叫——

**生**：翁。

**师**：还有谁？

**生**：媪。

**师**：媪是——

**生**：媪是年老的妇人。

**师**：还有呢？

**生**：还有大儿。

**师**：还有呢？

**生**：中儿，小儿。

**师**：对吗？你们都同意吗？

**生**：同意！

**师**：老师有个问题不明白，你们凭什么说他们是一家人？把相关的句子读一读。哪一句写大儿的，哪一句写中儿的，哪一句写小儿的，哪一句写他们翁媪的。读一读。

（学生诵读）

**师**：写一家五口的首先是哪一句？

**生**：白发谁家翁媪。

**师**：谁家什么意思？

**生**：是哪一家的意思。

**师**：哪一家的意思又是什么意思？作者知道不知道哪一家？

**生**：知道。

**师**：知道哪一家，还问哪一家？

**生**：不知道。

**师**：对啊。谁告诉你们他们是一家？作者连这一对老夫妻是哪一家都不知道，你还知道他们是一家吗？动脑筋想一想？再把这一句话读一读。

（学生读）

**师**：要把那个疑问读出来啊。我不知道是哪一家的老夫妻在聊天啊，"醉里吴音相媚好，白发谁家翁媪？"

**师**：首先肯定他们不是一家吧。你们为什么说他们是一家？

**生**：因为他们在一起感觉很和谐。

**师**：你从哪里知道和谐啊？和谐的就是一家人？我现在跟你们很和谐哦，我们是一家吗？你从哪一个词看出他们是一家的？

**生**：相媚好。

**师**：相媚好只能说明翁和媪是一家的，是不是啊？还有呢？

**生**：儿。

**师**：哦，你们都被骗了。男儿是什么？

**生**：男孩子。

**师**：女儿呢？

**生**：女孩子。

**师**：大儿呢？

**生**：大孩子。

**师**：中儿呢？

**生**：中孩子。

**师**：不大不小的孩子。小儿呢？

**生**：小孩子。

**师**：所有的小孩子都是他们家的？被骗了吧。明白了没有？很好，作者看到了有这么五个人，还看到什么？大家都要开动脑筋啊。

**生**：作者还看到了一个小茅屋。

**师**：哦，有一个小茅屋，词里怎么说的？

**生**：茅檐低小。

**师**：茅檐低小是一个怎样的画面？用自己的话说说看。茅檐是高楼大厦，钢筋水泥做的吗？

**生**：不是，茅檐是很小的茅草屋。

**师**：这个檐怎么样？

**生**：很低小。

**师**：对啊，那个屋子也就小了嘛。屋檐都很小，那个屋子会高吗？

**师**：把这句词用自己的话再说一说。

**生**：辛弃疾看到村子里有一个很小很小的茅屋，茅屋的檐很低。

**师**：对，好，请坐。还看到什么景色？

**生**：还看到了有很多的青草。

**师**：青草长在哪里？

**生**：长在溪上。

师：把这句话读一读。

生：溪上青青草。

师：好啰嗦哦。青草就是青草，还青青草，拿掉一个"青"怎么样？好不好，为什么？

生：不好，加上一个"青"字可以突出这个草是绿色的，而且显得生机勃勃。

师：后面一句话才是最重要的。好，你大声地再告诉大家一遍。

生：如果没有这个"青"字，大家就不能看出这个草生机勃勃。如果把这个"青"字放进去，就可以突出这个草很旺盛。

师：好像每个草叶都要把满身的青色凸显出来一样，把这种感觉读出来好不好？

（学生们诵读）

师：好，溪上就是溪的岸边。不要理解为溪水上面啊，溪水上面的叫浮萍。还看到什么？

生：还看到了五个人做的事情。

师：五个人分别做了什么事？

生：老爷爷和老奶奶在互相地夸奖对方。

师：哪一个词？

生：相媚好。

师：相媚好，用怎样的方式来夸奖？那句话怎么说的？

生：用好话。

师：夸奖别人当然说好话喽。把这句话读一读。

（学生们诵读）

师：这个"醉"很不错，我得把这个字拿出来。这么重要的字等会再说。吴音知道吗？指的是吴地的方言。吴地知道吗？吴国的地方。我们当时也是吴国，我们是楚国和吴国的交界的地方。辛弃疾这时候在江西的上饶。这一年辛弃疾四十三岁。上饶也是楚国和吴国交界的地方。那里说的话就是吴国的话。那么吴音怎么样呢？现在的代表就是苏州话。你们想象一下，苏州话，北方话，或者山东话有什么不同。用一个词告诉我你们的感受，苏州话——

生：怪，听不懂。

师：是软还是硬，是强硬的还是柔软的？

生：强硬的。

师：苏州话？你好，苏州话是"乃嗨"。

**生**：有点软。

**师**：柔软的。山东话呢？强硬的。理解到这里就可以了。吴音，是一种软软的，柔软的话。互相打趣儿，这是一对老夫妻做的事情，还有呢？

**生**：大孩子锄豆溪东。

**师**：不大不小的孩子在干吗？

**生**：织鸡笼。

**师**：还有呢？

**生**：最小的孩子在溪边剥莲蓬。

**师**：怎么样剥？

**生**：卧剥莲蓬。

**师**：哦，卧是什么意思？

**生**：躺着。

**师**：四脚朝天也叫躺哦，这个"卧剥"是侧着身在那儿剥。这句话辛弃疾是学别人的，你们看。（板书：大妇织绮罗；中妇织流黄；小妇无所为，挟瑟上高堂。）大妇就是年纪大的妇女。绮罗就是丝绸啊，色彩斑斓的。流黄也是丝织品，黄色的。小的那个女子怎么样，无所为，挟着一个琴上高堂。辛弃疾是从这儿仿写的吧。他是怎么写小儿的呢？把这句话读一下。

（学生们诵读）

**师**：这个小孩用了一个什么词？

**生**：无赖。

**师**：无赖是什么意思？

**生**：就是调皮的意思。

**师**：你们都同意是吧？

**生**：我说无赖就是不讲道理。

**师**：不讲道理。小无赖，是吧？好，请坐。还有什么意思啊？

**生**：我认为是可爱的意思，无所事事。

**师**：可爱，无所事事。可爱和无所事事是不是一回事？无所事事，你是从哪里知道的？看看黑板上老师给你的，辛弃疾学来的这句话，一起读："小妇无所为，挟瑟上高堂。"辛弃疾在这首词里换成了哪个词？

**生**：无赖。

**师**：无赖就是无所事事，什么事都没有。还可以理解为没有能力做事。好了，用了哪一个字表达了作者的情感。

生：喜。

师：两个字我都写出来了（喜和醉）。显然这个字（醉）也表达了作者的心情。告诉我"醉"是什么意思。

生：陶醉。

师：醉是陶醉的意思。最简单的那个意思是什么？

生：沉醉和陶醉。

师：沉醉比陶醉还厉害。醉是什么意思，看看什么偏旁？这就是酒，另外半边念"卒"，"卒"就是喝到最后。酒喝到最后，喝醉了。明白了吗？醉就是喝醉了，不要理解到那么深。谁喝醉了？

生：辛弃疾喝醉了。

师：好，你告诉我辛弃疾喝醉了是怎样的？你把这句话读一读。

生：醉里吴音相媚好，白发谁家翁媪？

师：用自己的话说一说，这两句话是什么意思。

生：辛弃疾喝醉了之后，无意之间看到了两个老人在那里互相夸奖。然后觉得很有意思，就写成了这句诗。

师：非常好。谢谢。还可以是谁醉了？

生：还可以是翁媪醉了。

师：你把这句话读一读。

生：醉里吴音相媚好，白发谁家翁媪？

师：你把这个理解说一说。

生：老翁和老妇人喝醉了，他们在互相用柔美的语言去夸奖对方。

师：好，非常好。谢谢。能不能都喝醉了啊？

生：可以。

师：对啊，为什么不可以啊。一起读一读这两句话。想一想，一个喝醉了的辛弃疾看到一对喝得醉醺醺的老人互相用着柔美的吴方言在打趣儿，说着对方的好呢。想想这个画面，再读一读。

（学生们诵读）

师：我们可以理解为辛弃疾喝醉了，也可以理解为翁媪喝醉了，还可以理解为他们都喝醉了。有问题吗？你能说我哪一种理解不对吗？都可以吧。人喝醉了心情是什么样的？

生：我认为人喝醉了是非常快乐的。

师：辛弃疾喝醉了有一个词也表示他快乐，你们找一找。

生：喜。

师：喜，当然是快乐。人除了快乐而喝醉还有可能怎么样喝醉？

生：被美丽景色陶醉了。

师：哦，太欣赏了。说得太好了，不过这还是快乐啊。

生：还有可能是非常伤心，借酒来……

师：借酒怎么样，借酒来消愁。人喝醉基本上是这两种情况。高兴，疯狂，喝醉了。伤心，难过，郁闷，忧愁，借酒浇愁，喝啊喝，醉了。对吧？我们看辛弃疾属于哪一种？你们再把这首词读一读，看一看辛弃疾是真的高兴吗？辛弃疾是所有文学家中，武艺最高强的。他曾经一个人骑着一匹战马到万军营中把一个叛徒抓了回来。他二十三岁从沦陷区到了南方，来到了镇江，在镇江结婚了。娶了镇江的一个姓范的女子，他的老丈人叫范邦彦。他想为这个国家出力，打仗，所以他管着当时镇江所有的士兵，相当于现在军备司令部的司令。可是皇帝不要他干，把他贬了，把他的官拿掉了。他是一个想为国办事的人，可是他现在无所事事。所以他是真的高兴吗？

生：不是。

师：你们用镇江话把这首词读一读。镇江话都不会说啦？镇江人不会说镇江话啦？你们父母都把你们教成不是镇江人啦？想象一下你爸爸妈妈是怎么读这首词的，爷爷奶奶是怎样读这首词的，辛弃疾那个时候是没有普通话的。读读看。

（学生们诵读）

师：好玩吗？有没有同学自告奋勇地用镇江话读一读？

（学生用镇江话读词）

师：很好，给点掌声。

（同学们鼓掌）

师：你们发现没有，用普通话读这首词的时候你们读得非常高兴，很欢快。镇江话，你们刚才听出来没有，比普通话读得要低，而且节奏慢。每个人再用镇江话在心中默默读一遍，看看你能不能读得高，读得快，读得高兴？开始。

（学生们诵读）

师：想不想老师用苏州话读给你们听听？

生：想！

（老师用苏州话吟诵）

**师：**你们听出了什么？

**生：**听出了他很忧愁而且带有哭腔。

**师：**对了，忧愁带着悲伤，声音是偏冷的，是自然的。好，可是他又写道"最喜"。这种写法叫——

**生：**反衬。

**师：**反语。你们想象一下，一个可以为国家干事的人，辛弃疾，四十三岁，壮年，可以打仗，但他又不能为国家干事，一个想做事不能做事的人看到一个无法做事的小孩在剥莲蓬，他会觉得自己怎么样？

**生：**像。

**师：**像什么？很像那个无所事事的小孩，对吗？一下子投射过去。把自己和小孩的影子重叠了。长大了以后，他可能就变成了翁媪，这是辛弃疾愿意的吗？在乡村终老？

**生：**不愿意。

**师：**他想干什么？

**生：**为国杀敌。

**师：**正是这样一个愿意做事却无法做事的人在乡村居住，写下了这首很有名的《清平乐·村居》，他用的是说反话的方法。事实上这个"喜"字上有忧愁，有悲，还有什么？有办法吗？

**生：**没有。

**生：**无赖。

**师：**对了，无赖。我们一起再把这首词读一读，读出这首词中的一种忧愁，无赖，也无奈，暂且用农村安静的生活安慰自己，这个情感很复杂，是吧。尤其是说反话，要把说反话读出来很难是吧？试试看。

（学生们诵读）

**师：**好，读出点味道了。这节课就到这里。回去你们可以找辛弃疾在镇江写的《永遇乐·京口北固亭怀古》这个"乐"念 lè，那可是一首气势高昂的词，代表了他主要的一种文学风格，回去把这首词找来看看那又是一个怎样的辛弃疾，好吧。谢谢大家，下课。

**师：**同学们再见！

**生：**老师再见！

## 呼唤更多的陈国安

认识陈国安老师纯属偶然。

大约是 2010 年秋季吧，我到四川成都讲学，入住宾馆，遇到了祝禧老师和陈国安老师。经介绍知道安子（陈国安老师昵称）是苏州大学文学院的博士。一位大学教师为小学教师上观摩课，我是第一次遇着。我从心里对安子有了几分好奇和敬佩。

晚饭后，我们 3 人一同游玩了成都的老街，安子兴致很好，侃侃而谈，说古论今，让我情不自禁联想起"遥想公瑾当年，小乔初嫁了，雄姿英发"和主席"恰同学少年，风华正茂；书生意气，挥斥方遒。指点江山，激扬文字"的豪情与才情。

遗憾的是那次未能聆听安子的讲座，失去了一次很好的学习机会，内心一直期待补上这次缺憾。

今年暑假，安子打电话约我给他评课，说是把自己的课堂教学实录结集出版。我听了甚是欣慰，终于有了一次认真向安子学习的机会。但内心不安的是，7 月份我自己正在写一本对话体著作，已和陶继新总编约好了时间。就这样，这篇评课拖到 8 月上旬，内心一直对安子充满愧疚。我想安子会谅解我的。

大学老师就是大学老师，安子对《清平乐·村居》的解读与我们不一样。大部分老师从《村居》中读到的是作者对农村和平、宁静生活的向往和赞美。作者用白描手法，对农家生活、劳动情景作了动态速写，生动传神，充满了生活的情趣。全词充满了人与自然的和谐，人与人的和谐，这种和谐安宁的生活也正是辛弃疾所憧憬的吧。

安子独具慧眼，他从和谐、宁静中读出了"甜甜的忧伤"。"词人果真是最喜欢那个无所事事的卧剥莲蓬的孩子吗？不是的！孩子在词人醉眼中会激发其心中怎样的感触呢？词人的身影与孩子的身影好像重叠了，此时的词人难道不就像这位无所事事的孩子吗？可小儿毕竟是孩子啊，词人正值壮年，却不能像大儿中儿那样劳动——为国战争尽力报效，只能被迫像小儿这样的无所事事，心中的忧伤从'甜甜'的孩子身影中溢将出来了"，安子这样的解读可谓别出心裁，与众不同，让人有一些新奇甚至另类之感。

正因为安子对本词的基调定为忧伤，"甜甜"的忧伤。因此，这个课堂也充满了一些"甜甜"的忧伤。

　　我欣赏安子对本课三个问题的设计："1. 全词写了什么景？ 2. 这些景表达了作者怎样的情？ 3. 作者是怎样写他的感情的？"这三个问题从根本上把握了文本，这叫"提领而顿，百毛皆顺"，这叫"纲举目张"。如果说"诗言志"，那么"词主情"，安子教学从景走向情，走向人物的内心世界，这样"披文入情"显然是契合宋词教学的规律的。

　　安子的别具一格不仅表现在对词基调的确定上，还表现在教学的各环节之中。如对大儿、中儿、小儿的理解，如对词中 5 人是否是一家人的判断，如对"醉"字的别样阐释等等。细读安子的课堂实录，处处体现了他教学的独特性和创造性。这也许是底蕴深厚、思想独特的教师在教学中的自然流露吧！

　　行文至此，刚好手边有刘小川的《品中国文人》一书，随手翻开，摘录几段话，我想对安子和我们会有启发的：

　　苏轼通判杭州三年，虽有新法之苦，却不是愁眉苦脸过日子。此人先天快乐，后天快乐，要让他不快乐，除非阻断他的呼吸。今天他的故乡眉山有了口号："东坡老家，快乐眉山。"（P21）

　　引用这段，我想说明人有极大的丰富性和多面性，在逆境中我们也会有喜笑颜开。

　　从官场扑向青山绿水，乃是古代文人共同的姿态。最典型的就是陶渊明："归去来兮，田园将芜胡不归……乃瞻衡宇，载欣载奔。"这文化符号其大无比，或者说心理结构固若金汤。"真正的英雄哪有末路。官帽正了，风景来了。或问景去何处？答曰：景在心间。"（P230，232）

　　引用这两句，我想说明真正的文人是有精神归属的，大自然就是他们永远的精神家园。

　　这是我的一孔之见，与安子分享。

　　我常感慨，中国高等教育的学者有几人对基础教育怀有真挚的情感？有几人能像安子一样走入小学，走入小学课堂？太少太少了！正因为稀少，更觉安子的宝贵与可贵。愿中国教育界出现更多安子式的教师吧！

　　　　　　　　　　　　　　　（江苏省南京市北京东路小学校长，特级教师　孙双金）

# 4.《爱之链》：小说的阅读

### 爱之链（人教版）

在一条乡间公路上，乔依开着那辆破汽车慢慢地颠簸着往前走。已是黄昏了，伴随着寒风，雪花纷纷扬扬地飘落下来。飞舞的雪花钻进破旧的汽车，他不禁打了几个寒颤。这条路上几乎看不见汽车，更没有人影。乔依工作的工厂在前不久倒闭了，他的心里很是凄凉。

前面的路边上好像有什么。乔依定睛一看，是一辆车。走近时，乔依才发现车旁还有一位身材矮小的老妇人，她满脸皱纹，在冷风中微微发抖。看见脸上带着微笑的乔依，她反倒紧张地闭上了眼睛。

乔依很理解她的感受，赶紧安慰她说："请别害怕，夫人，您怎么不呆在车里？里面暖和些。对了，我叫乔依。"

原来她的车胎瘪了，乔依让她坐进车里，自己爬进她的车底下找一块地方放置千斤顶。他的脚腕被蹭破了，因为他没穿袜子。为了干活方便，他摘下了破手套，两只手冻得几乎没有知觉。他喘着粗气，清水鼻涕也流下来了，呼出的一点点热气才使脸上的各种水分没有冻上。他的手蹭破了，也顾不上擦流出的血。当他干完活时，两只手上沾满了油污，衣服也更脏了。

乔依扣上那车的后备箱时，老妇女摇下车窗，满脸感激地告诉他说，她在这个荒无人烟的地方已经等了一个多小时了，她又冷又怕，几乎完全绝望了。老夫人一边打开钱包一边问："我该给你多少钱？"

乔依愣住了，他从没想到他应该得到钱的回报。他以前在困难的时候也常常得到别人的帮助，所以他从来就认为帮助有困难的人是一件天经地义的事，他一直就是这么做的。

乔依笑着对老妇人说："如果您遇上一个需要帮助的人，就给他一点帮助吧。"

乔依看着老妇人的车开走以后，才启动了自己的破汽车。

老妇人沿着山路开了几公里，来到了一个小餐馆，她打算吃点东西，然后回家。

餐馆里面十分破旧，光线昏暗。店主是一位年轻的女人，她热情地送上一条雪白的毛巾，让老妇人擦干头发上的雪水。老妇人感到心里很舒服。她发现这位女店主的脸上虽然带着甜甜的微笑，可掩盖不住她极度的疲劳。更重要的是，她怀孕至少八个月了，尽管如此，她还是忙来忙去地为老妇人端茶送饭。老妇人突然想起了乔依。

老妇人用完餐，付了钱。当女店主把找回的钱交给她时，发现她已经不在了。只见餐桌上有一个小纸包，打开纸包，里面装着一些钱。餐桌上还留有一张纸条，上面写着："在我困难的时候，有人帮助了我。现在我也想帮帮你。"女店主不禁潸然泪下。

她关上店门，走进里屋，发现丈夫不知什么时候已经倒在床上睡着了。她不忍心叫醒他。他为了找工作，已经快急疯了。她轻轻地亲吻着丈夫那粗糙的脸额，喃喃地说："一切都会好起来的，亲爱的，乔依……"

### 课堂实录

（广东省深圳市南山区中央教科所实验学校）（80分钟）

**师**：在西方，冰淇淋归为甜品，那么在我们所读的书中，书可以分好几类，你们的教科书啊，它属于维生素，维生素是一种药啊，缺了就补，所以你们是吃药长大的。那今天啊，陈老师可是给你们带来一个甜品，像冰淇淋一样的甜品——小说。小说是书中的甜品。今天我介绍大家读一篇小说（板书题目：爱之链），"爱之链"是什么意思？用现在的话来说说看。

**生**：疼爱的链子。

**师**：这个"链"是什么玩意儿？

**生**：链子。

**师**：链子，还有呢？链条，链条什么形状的？一环一环地把它环出来（板书：画链条）。这样的吧，是吧？比你们几何老师画的圆还差一点啊。爱的链条，表面上看这句话就是爱的链条，实际上，要翻译成现代的话，不是这么译，怎么翻译？谁用一个比喻句把它说出来？

**生**：爱像一个链条一样连续循环。

**师**：哦！爱像一个链条一样连续循环，这句话再倒过来说，这是一个什么样的"爱"？

**生**：连续循环的。

**师**：对！连续的，如链条一般的连续的爱，所以这里的"之"是"如……样的……"，这是很特殊的，"爱之链"不是"爱的链条"而是"如链条一样的爱"，像这样的词汇在现代汉语中间还有很多，大家知道不知道，江苏有一种名酒叫"洋河"，"洋河"里面有一个品牌叫"海之蓝"，大家想一想"海之蓝"是什么意思？和"爱之链"在译法上是一样的吗？

**生**：如海一样蓝的酒。

**师**：哦！如海一样蓝的酒，海之蓝，"蓝"是什么意思？

**生**：蓝色。

**师：**蓝色？

**生：**天空。

**师：**哦！蓝天。海像什么？

**生：**蓝天。

**师：**对！这句话怎么说？

**生：**如蓝天一样的海。

**师：**如蓝天一样的海洋是博大的，像链条一样的爱是延续的，我们来看一看这篇小说，大家都读过吧，谁来复述一下，说说这个故事。小说小说就是小小地说个故事，苏州人叫说书，谁来说？好，小姑娘，你说。

（生复述课文）

**师：**文章最后说那个女店主是——

**生：**乔依的妻子。

**师：**那个失业工人，这个人名叫——

**生：**乔依。

**师：**在乡间公路上他帮助了一个需要帮助的老妇人，老妇人继续往前开车，帮助了他妻子。这个故事中有几个人？

**生：**三个。

**师：**三个人分别出现在哪三个地方？

**生：**第一个是在乡间公路上。

**师：**乡间公路上？还是旁边？

**生：**旁边。

（师板书：乡间路边）

**师：**有谁啊？

**生：**乔依、老妇人。

（师板书）

**师：**好了，这是第一个地点，故事到这儿有没有完？

**生：**没有。

**师：**继续往前，地点换了没？

**生：**换了。

**师：**换到哪儿了？

**生：**餐馆。

**师：**哪里的餐馆？

**生：**山路边。

（师板书）

**师：**山路边，路边餐馆。这个地方出现了谁啊？

**生：**老妇人。

**师：**还有呢？

**生：**女店主。

（板书：老妇人、女店主）

**师：**帮助完了女店主，故事结束吗？

**生：**没有。

**师：**地点有没有换呢？

**生：**换了。

**师：**换到哪儿了？

**生：**里屋。

**师：**哪里的里屋？

**生：**餐馆的里屋。

（师板书）

**师：**里屋里有谁啊？

**生：**乔依和女店主。

（师板书）

**师：**三个地方，三个人，一个一个地往前走，把这个故事演完了，对吧？故事是清楚了，那么在整个故事中最吸引你的是哪个场景？

**生：**餐馆、里屋。

**师：**为什么？

**生：**因为在一开始说乔依帮助了老妇人，可是到最后老妇人留下钱走后，等女店主进了餐馆的里屋的时候才知道，原来她是乔依的妻子。

**师：**哦！原来那个女店主就是乔依的妻子。每个人都读读，看看你读出什么来，什么感受？这个里屋环境怎么样？人物怎么样？你为什么喜欢？读小说啊，一定要能打动你感动你，哪一句话最感动你？大声读。

（学生读）

**师：**有那么点意思了，还没有读进去，读小说要读进去，跟里面的人啊一起高兴、一起快乐那才可以。里屋的环境用两个字来概括或者用一句话,是怎样的?

生:环境恶劣。

师:环境恶劣。还有呢?

生:简陋。

师:环境简陋。还有吗?在小说中可以找到些词。

生:破旧。

师:破旧。还有吗?

生:昏暗。

师:昏暗。还有吗?再找,这篇小说的作者了不起,常常把一些词隐藏起来,有一个词虽然没有直接写环境,但是其实是在写环境。

生:小餐馆。

师:小餐馆是地点,环境怎么样?

生:凄凉。

师:凄凉!在哪儿?

生:在第一段。

师:把那句话读读看。(学生读)你们又是学生腔的读法了,就像手枪点射一样,哒哒哒,那样不是读小说,是读你的思想汇报。(老师范读)凄凉出现在第一小节还是在最后一小节?

(板书:凄凉)

生:第一小节。

师:为什么到最后一小节,我说的那个环境,你还用第一小节的词来说呢?你从里屋这一段是怎么读出凄凉来的?再来读一读,我们一起读。

(学生齐读)

师:哪儿是凄凉的?

生:这里讲他为了找工作已经快急疯了,而第一段写乔依工作的工厂在前不久倒闭了,他的心里很是凄凉,这里就把它前后呼应了。

师:哦!太棒了,前后呼应这样的术语都用上了。他为了找工作已经快急疯了,你读到这里,想到第一段的哪一句话?

生:乔依的工厂在前不久倒闭了,他的心里很是凄凉。

师:一个是走在路上开着车的凄凉的乔依,一个是躺在床上已经不知什么时候睡着了的乔依,这里完全是通过作者的旁白来写他为了找工作已经快急疯了,没有直接地去写乔依，是不是？同时又好像那个女店主怎么样？

生：好像女店主自己说的。

师：对了，女店主自言自语也好，旁白也好，都在渲染一种怎样的环境？

生：凄凉。

师：凄凉，从哪里你还能看出凄凉？

生：她轻轻地亲吻丈夫粗糙的脸颊。

师：哦！粗糙的脸颊。通过这个粗糙的脸颊可以看出凄凉。如果这时候是杨贵妃那样的大美人，你还能看出凄凉来吗？如果刘德华躺在那儿也不行，是吧？从"粗糙的脸颊"中读出了一种凄凉，那是备受生活折磨并且在脸上都已经看出来了的凄凉。还从哪儿可以看出来凄凉？

生：她怀孕至少有八个月了。

生：她关上店门，走进里屋，发现丈夫不知什么时候已经倒在床上睡着了。这说明乔依很疲惫。

师：对，好像这人啊，走进门就上了床就睡着了。这三个动作是合在一起完成的，对吧？累极了，还从哪里看出来？

生：最后一段话，她轻轻地亲吻丈夫那粗糙的脸颊，接着说"一切都会好起来的，亲爱的，乔依"。这段话是她对丈夫的鼓励，虽然说她丈夫找不到工作，但也不能绝望，还是要继续前进。

师：她丈夫现在好不好？

生：不好。

师：所以她才说——

生：一切都会好起来的。

师：太棒了！这是咱们中国人的话语方式，只有在不好的时候才会说一切都会好起来的，如果你现在非常棒，亿万富翁，你会说吗？你们看这个小说的时候最感动的是哪一句话？

生：最后一句。

师：好，最后一句话，一起读读看（学生齐读，老师板书）。"一切都会好起来的"，当我第一次读到这句话的时候太感动了，眼泪夺眶而出。在那样不好的时候，这句话是多么珍贵啊。中国有句老话叫无巧不成书，就是这样一种巧合才演绎了一个一个人的命运。如果躺着的那个人不是乔依，你还会喜欢这个故事吗？

生：不会。

师：为什么？

生：前面是讲乔依帮助了一个老妇人，后面讲老妇人又帮助了女店主，女店主刚好是乔依的妻子，如果最后讲的是另一个人的话，首尾就不呼应了。

师：你觉得是首尾不呼应了，那么她帮助的时候你知道吗？

生：不知道。

师：你读到哪里才知道？

生：最后。

师：哦！你读到最后才知道，是不是？乔依知道吗？

生：不知道。

师：乔依太太知道吗？

生：也不知道。

师：哦！你们喜欢是因为你们知道结局才喜欢的？现在再把这个故事读一遍，看看哪些是你知道的？哪些是乔依不知道的？哪些是老妇人不知道的？哪些是乔依太太不知道的？他们都不知道的，你都知道了，又是哪些？哎哟！这么一串，听不明白了吧？实际上说的是，在某一个故事发生的定格的画面中，谁知道什么？谁不知道什么？你知道什么？明白了没有？好！自己读，读完以后，你选择一个自己喜欢的小说的画面，告诉我，小组可以互相讨论一下，看看你们读小说、吃甜品的能力如何。这个小说精彩啊，你们喜欢就是因为看到最后全明白了，而小说中有的是伏笔。你们这组讨论的是哪个画面？说说看。

生：我们讨论的是第六自然段，这一段差不多概括了这篇小说的主要内容，然后说帮助人是天经地义的事，不应该得到回报，然后我们遇到需要帮助的人，也应该帮助他们。

师：这一段，我觉得依我来看，干脆删掉算了，多简洁啊，老妇人一边打开钱包一边问，我该给你多少钱？乔依笑着对老妇人说，如果您遇上一个需要帮助的人，就请您给他一点帮助。

生：这一段好像也是乔依的心理活动。

师：心理活动？

生：他知道了帮助别人是一件天经地义的事，然后遇到需要帮助的也应该帮助他。

师：乔依只是出现在第一个画面中吗？

生：最后一个画面中。

师：在这之前，有没有谁帮助过乔依？

生：有，他以前最困难的时候也常常得到别人的帮助。

师（板书）：就一个人帮助过他吗？

生：不是，有很多人。

师：最后一句话怎么说的？

生：他说他以前在最困难的时候也常常得到别人的帮助，所以他也认为帮助有困难的人是一件天经地义的事，他一直就是这么做的。

师：他一直就是这么做的，他还——

生：他还希望那个老妇人也帮助别人。

师：他自己呢？

生：也帮助别人。

师：还会这样做下去吗？

生：会。

师：对！如果把这一小段拿掉的话，前面的，后面的，就少了联系，前看不见头，后看不见尾。好！这一小节还没完呢，我还要问你们，这时候为什么要写这一小节？除了这个原因之外为什么要写这一小节？

生：更突出了下面一段老妇人也帮助了别人。

师：嗯，除了这个心理描写以外，还突出了老妇人又去帮助别人，乔依知道吗？

生：不知道。

师：乔依不知道老妇人还会帮助别人，只知道自己现在在帮助谁？

生：老妇人。

师：对了！好，你请坐。从这一小节，这个画面看，老妇人知道之前有人帮助过乔依吗？

生：不知道。

师：为什么？从这一小节你看出来了吗？乔依有没有把这个话说给老妇人听？

生：没有。

师：所以老妇人根本不知道乔依受过别人的帮助，所以才一边——

生：一边打开钱包一边问，"我应该给您多少钱？"

师：为什么写这段啊？

生：它这样写为后文做了铺垫。

**师：** 哦！为后文做了铺垫，怎么铺垫？铺垫在哪？为谁铺垫？

**生：** 为文章后面老妇人帮助女店主做铺垫。

**师：** 为老妇人帮助女店主做铺垫，这事乔依——

**生：** 不知道的。

**师：** 哦！这一小节你又知道了一个乔依不知道的事。还有呢？实际上这一小节，更重要的是，从表层来看，解释了乔依为什么——

**生：** 解释乔依为什么去帮助老妇人，帮她把车修好，脚腕都蹭破了，他没穿袜子，然后也顾不上擦流出的血，当干完活时，两只手上都沾满了油污，解释他为什么这样竭力地帮助老妇人。

**师：** 太棒了！解释了他为什么会这样去帮助老妇人，是不是？因为他在这之前受到过别人的帮助，别人帮助完了以后有没有收钱？

**生：** 没有。

**师：** 所以——

**生：** 所以乔依帮助完老妇人之后也不收钱。

**师：** 最表层的原因就是告诉我们乔依为什么不收钱，是不是？老妇人知道吗？

**生：** 不知道。

**师：** 那你怎么知道的？哦！你看了这一句就知道了。乔依在你面前把心底的话悄悄地告诉了你，对不对？看到这个画面，我知道老妇人，乔依知道吗？乔依太太知道吗？这一小节啊，我觉得，如果把它拿掉啊更好哦。你看，老妇人一边打开钱包一边问："我该给你多少钱？"乔依笑着对老妇人说："如果您遇上一个需要帮助的人，就请您给他一点帮助吧。"紧凑，语言的对白之间那么紧凑，和谐啊！如果你写的话，你会把这段写上去吗？

**生：** 会。

**师：** 哦，你会写上去。说说为什么。

**生：** 因为如果不写上去，没有作铺垫地写出来，后面它就没有那么精彩。

**师：** 哦，没有那么精彩。其实这个小结啊，在整个文章当中是一个停顿。我不知道如果拍电影的那个镜头，它会停在乔依的脸上多久。如果你来拍电影你打算停多久，这时候老妇人又是怎样的表情？镜头停在乔依身上多久？

**生：** 十秒钟吧。

**师：** 哦，十秒钟，数十下也挺不容易。这时候老妇人会怎么想？

**生：** 她也许在想，她以前怎么帮助别人的，别人怎么帮助她的。

师：结果呢？

生：结果，那个乔依就帮助了他。

师：结果乔依帮助了她，她也要帮助别人，这时候老妇人就知道吗？哎，乔依那句话说了没有？

生：没有。

师：所以这时候她知道吗？

生：不知道。

师：哦，所以，这时候老妇人想到这个了吗？

生：没有。

师：想到什么？

生：她可能在想乔依这时候又在帮助人。

师：那个镜头停在乔依脸上十秒钟啊！十秒钟，可以想多少东西！哦，小姑娘，好，你说。

生：老妇人可能在想该怎样报答乔依。

师：已经表现出来没有？

生：应该表现出来，很感激。

师：把这个前后的动作弄清楚啊。首先是老妇人一边——

生：一边打开钱包一边问："我该给你多少钱？"

师：她知道怎么报答了吗？

生：知道。

师：噢，知道了，她就不想了吧，已经做了吧？她在想什么？

生：她在想乔依会不会收他的钱。

师：乔依会不会收她的钱？还有呢？

生：说不定她以前帮助别人的时候，别人给过她钱，所以她想这样报答乔依。

师：哦，老妇人帮助别人的时候，别人给过她钱，她接受了吗？

生：应该接受了吧。

师：为什么？

生：不然的话，她也不可能会把钱拿给乔依的。

师：哦，她想，我帮助过别人，别人给过我钱，我就拿了钱，现在别人也帮了我。我也要把钱给别人。这十秒钟很长啊，乔依没有任何动作啊！老妇人还想了什么？

生：在想乔依会不会收她的钱。

师：哦，在想乔依会不会收她的钱。如果除此之外，她还担心什么？

生：该给乔依多少钱？就是，担心给的够不够。

师：哦，担心给的够不够，还有呢？

生：她应该会想，乔依会管她要多少钱。

师：很棒！如果你去演那个老妇人的话，要表现出这些心理活动啊！好，我们休息一下。（授课四十分钟）

＊　　　　＊　　　　＊

师：你们还可以找出很多的小说情节的画面，你们去分析一下，就学着我刚才教你们的那个方法，来分析这个小说，来读这个小说。其实我刚才跟大家讲了，为什么我喜欢这个小说。我一直在问自己，这个小说真的是在写一个爱的故事吗？爱之链实际上是作者标志的一个旗帜，还是放出的一个烟雾弹呢？还记不记得你们最感动的那一句话？

生：最后一句。

师："一切都会好起来的"。我在读的时候，我的感动，并不是一个得到爱以后的感动。我们读小说，能够看到人物的性格。这个乔依，他的性格好吗？不好吧？回来以后也没有跟太太打个招呼。我们一般回去总要跟家人打个招呼吧？设想一下，如果乔依走进来以后，到了店堂前面，跟他的太太打个招呼，就会碰见老妇人，一切就会改变。而乔依太糟糕了，连跟太太打个招呼的精力都没有，而他的太太又恰好——

生：在照顾老妇人。

师：她为什么要照顾老妇人？无偿地？

生：有偿地。

师：有偿地？为什么？因为她是一个——

生：店主。

师：这个店里有多少人？

生：就她一个。

师：第二个画面是哪几个小节？

生：九到十一。

师：你能看到乔依的影子吗？

生：不能。

师：乔依在这个现场吗？

生：不在。

师：在吗？读一读。

（生读：老妇人沿着山路开了几公里……尽管如此，她还是忙来忙去地为老妇人端茶送饭。老妇人突然想起了乔依。……餐桌上还留有一张纸条，上面写着："在我困难的时候，有人帮助了我。现在我也想帮帮你。"女店主不禁潸然泪下。）

师：乔依在吗？那个凄凉的乔依在吗？那个不好的乔依在吗？

生：在。

生：不在。

师：认为在的是什么理由？他在哪？

生：虽然说他不在现场，但是他的影子在那儿。

师：你从哪儿看出他有影子的？

生：纸条上面写着："在我困难的时候，有人帮助了我。现在我也想帮帮你。"

师：这个"有人"是谁？

生：乔依。

师：你怎么知道的？

生：上一句"老妇人突然想起了乔依"。

师：哦，老妇人突然想起了乔依。乔依帮助老妇人的经过，你知道吗？

生：知道。

师：哦，你看过了所以你知道，乔依太太知道吗？

生：不知道。

师：好，这个"有人"，乔依太太不知道。如果老妇人这么写："在我困难的时候，有一位叫乔依的人帮助了我，现在我也想帮帮你。"

生：她就知道了。

师：乔依太太知道了吗？

生：知道。

师：可能会猜到吧。同名同姓的也有，是吧？她就会疑惑。好，乔依还在哪儿？

生：里屋。

师：他的影子在哪里？

生：餐馆的大堂里。

**师**：从哪儿还能看出来？小说在这个地方省略了一句话。"更重要的是，她怀孕至少有八个月了"。下面还省略了一句话，孩子下个月就要出世啦，生活会很艰难。

**师**：乔依在吗？

**生**：应该是在，日子会很艰难，就是说如果她的丈夫也有工作的话，那日子应该不会很艰难。可是他的工厂又倒闭了，所以呢，下个月生孩子会很艰难。

**师**：对，下个月生孩子以后，花钱就要——

**生**：更多。

**师**：爸爸妈妈把你们养这么大，不知道要花多少钱。一百块一张，垒起来比你们身高还高。所以，乔依的孩子下个月就要出世了，生活会很艰难。乔依的夫人，女店主怎么样？

**生**：她没有休息。

**师**：哦，为了什么？

**生**：为了自己的孩子。

**师**：还有呢？

**生**：为了丈夫。

**师**：哦，为了乔依。如果乔依现在拥有一个价值千万的公司，她需要这么做吗？

**生**：不需要。

**师**：嗯，好。乔依在这里，乔依的影子在这里，正是这个影子告诉我们，女店主一定要——

**生**：坚持工作。

**师**：她愿意吗？

**生**：不愿意。

**师**：哪一句话看出来？

**生**：她发现这位女店主的脸上虽然带着甜甜的微笑，可掩盖不住她极度的疲劳。

**师**：这句话太有意思了，读到这句话的时候，我觉得心啊会揪痛。这个甜甜的微笑，真的那么甜甜吗？你想想，她现在是什么状态？书上用了哪一个词？

**生**：疲劳。

**师**：前面还有一个词。

生：极度。

师：极度的疲劳。如果像我这样的人极度疲劳，没问题，可是她是一个——

生：孕妇。

师：而且——

生：怀孕八个月了。

师：至少八个月了。小说中有五个字很重要，是用逗号逗开的。哪五个字？你们看到没有？

生："更重要的是"。

师：就在这"更重要"的背后，乔依的影子就在那儿对不对？一个这样极度疲劳的人，一个这样极度疲劳的孕妇，一个这样极度疲劳的下个月就要做妈妈的孕妇，脸上却带着甜甜的微笑。为什么？她心底有这样的一句话，一起读。

生：一切都会好起来的。

师：一切都会好起来的，所以，她即使一个人在这个店里，即使只接待一位顾客，也是脸上带着——

生：甜甜的微笑。

师：此外还怎么样？

生：热情地送上一条雪白的毛巾。

师：如果在咱们华侨城的星级酒店，服务员送一条雪白的毛巾，你会不会感动？

生：不会。

师：把这句话读一下。

（生齐读：餐馆里面十分破旧，光线昏暗）

师：好，有没有读出凄凉？再读。

（生再齐读）

师：里屋写凄凉是通过心理描述，而这里呢？

生：环境描写。

师：仔细的环境描写吗？工笔画还是写意画？

生：写意画。

师：对了，大笔渲染，一句话，实际上只有八个字。

生：十分破旧，光线昏暗。

师：对，在这样一个凄凉的环境里，这个下个月就要做妈妈的极度疲劳的孕妇，却热情地送上雪白的——

**生**：毛巾。

**师**：带着甜甜的——

**生**：微笑。

**师**：她心里面装着"一切都会好起来的"这样的念头。这个路边餐馆的环境怎么样？

**生**：凄凉。还有环境凄凉的地方吗？

**生**：有。

**师**：有吗？哪里？里屋，凄凉的地方，凄凉的餐馆。

**生**：凄凉的乡间路边。

**师**：怎么样的凄凉？好，你来读一下，请你把第一段读一下。

（生朗读）

**师**：有没有读出凄凉？

**生**：没有。

**师**：你觉得他没有读出凄凉？那你推荐一个？好！

（生朗读）

**师**：乔依工作的工厂在前不久倒闭了，他的心里很是凄凉。这句话跟前面的景物描写好像没有什么相关。

**生**：衬托出他的凄凉。

**师**：衬托出他的凄凉。还有吗？

**生**：环境的侧面描写。

**师**：还有吗？这也是借景抒情。这是什么样的环境？

**生**：恶劣的环境，凄凉。

**师**：人是会被感染的。如果说，写里屋的凄凉用的是心理描写，写餐馆的凄凉用的是大笔的渲染，那写乡间路边——

**生**：用景色。

**师**：一笔一笔地仔仔细细描绘，像工笔画，是不是？好好读，把自己放进去读，不要放过一个字。在一条乡间公路上，乔依开着那辆破汽车慢慢地颠簸着往前走。已是黄昏了，伴随着寒风，雪花纷纷扬扬地飘落下来。飞舞的雪花钻进破旧的汽车，他不禁打了几个寒战。这条路上几乎看不见汽车，更没有人影。乔依工作的工厂在前不久倒闭了，他的心里很是凄凉……哪些让你读出了凄凉？

**生：**飞舞的雪花钻进破旧的汽车。

**师：**怎么样写雪花？

**生：**钻进。

**师：**是那种一点点的雪吗？

**生：**不是，是很多。

**师：**什么样的雪花？

**生：**飞舞的。

**师：**"钻"说明这个雪下得柔和还是猛烈？

**生：**猛烈。

**师：**还说明什么？

**生：**还有寒风，他很冷，所以他才会打几个寒战。

**师：**你们体会一下。寒风，大雪，猛烈的大雪，纷纷扬扬的大雪。想到哪两个字？

**生：**凄凉。

**师：**还有吗？

**生：**有句话。

**师：**哪句话？

**生：**这条路上几乎看不到汽车，更没有人影。

**师：**是啊，正是这个凄凉的乔依却给了别人温暖的爱，虽然是平常的爱，但我们失去久远了，所以尤其显得高尚、高贵，大家回去不妨想想，今天我们丢失了多少像乔依这样给老妇人的普普通通的爱呢？这是读这篇小说给我的思考，孩子们，你们回去也想想，好吗？今天的课就上到这里，下课。

### 名师评课

## 小说的密妙与教小说的密妙

大学教师研究小学语文的，虽然为数不多，倒也算不上稀罕；研究小学语文又能下水上课的，就有些稀罕了；不但下水上课，而且乐此不疲、玩出名堂来的，则是稀罕中的稀罕了。

安子（圈内对陈国安老师的昵称）就是这个稀罕中的稀罕。他曾经邀我跟他来个同课异构，他说你是名师，他是死猪不怕开水烫的，要跟我切磋切磋语文教学，这明摆着是要 PK 我的意思。我呢，还真是怕了他，他有底，我没底，最后此事就被我拖来拖去的，不了了之。

现在细读安子的课堂实录，更证明了自己当初的判断，也为自己最终不跟他 PK 深感庆幸。安子执教的《爱之链》，率性、洒脱，没有一丝一毫的文艺腔、教授腔，精心营构却难觅雕琢之痕，行云流水却不失波澜起伏，就小说教学而言，真是稀罕！

小说教什么？这其实是一个大问题。小语界有相当一段时间，对文体语境置若罔闻，仿佛课文就是课文，童话是课文、小说是课文、诗歌是课文、散文是课文，目之所及，除了课文还是课文。导致的结果之一，便是抹杀文体的语用特征，千课一面、千篇一律。这两年风向有所改变，文体意识开始在语文教学中慢慢苏醒。安子的《爱之链》教学，对于小说这一文体语境，不但苏醒，而且彻底。

我们细读他的课堂实录，便不难窥见小说教什么的堂奥。

其实，教小说的风险极大，理由无它，因为小说最夺人眼目的便是情节的生动，一波三折也好，悬念迭起也好，引人入胜也好，曲折离奇也好，总之，读小说让你爱不释手的往往就是它的内容本身。因此，教小说就极易滑向内容分析的泥沼。正如朱光潜先生所指出的那样："不爱好诗而爱好小说、戏剧的人们，大半在小说和戏剧中只能见到最粗浅的一部分，就是故事。"

不过话又说回来，既然"小说小说，就是小小地说个故事"（安子课堂用语），那么，教小说就不能撇离故事而大谈小说的叙事形式，否则，那样的小说教学既有违小说本身的文学价值，也有悖学生阅读小说的基本心理特征。因此，小说教学的难处就在于既要不离故事，又要不执故事。本着这一基本原则，对小说教什么的梳理和把握，就有了方向和尺度。我们来看看安子的《爱之链》是如何"不离故事却不执故事"的：

第一，在复述故事中把握故事的链状脉络。用安子的话来说，《爱之链》这篇小说，"三个人物、三个地点，就把故事一步一步演完了"。因此，在复述故事中，清楚地把握三个人物在三个地点中的关系，以及三个人物在整个故事发展中的关系，就成了小说教什么的第一要务。安子显然早已敏锐地发现并鉴别出小说在叙事脉络上的与众不同，这个与众不同就是故事叙述上的"链状脉络"：从第一场景的"乔依和老妇人"到第二场景的"老妇人和女店主"构成了链状叙事的第一环，这一环中"老妇人"是链接的枢纽；从第二场景的"老妇人和女店主"到第三场景的"女店主和乔依"构成了链状叙事的第二环，这一环中"女店主"是链接的枢纽；更有意思的是，第一场景和第三场景构成了链状叙事的回环，这个回环都是因为"乔依"，这就使整个叙事脉络成为一个封闭的回路。如果学生看不出这样一个链状的叙事脉络，那么，小说《爱之链》的内涵和深意于学生而言也就在云里雾里了。这也再次印证了这样一个观点：形式绝不仅仅只是一个形式的问题，形式是一种更高级的内容。

第二，在感受故事中顿悟故事的巧合结构。当学生普遍将故事的第三个场景锁定为最吸引人的地方之后，安子便不露声色地将学生的阅读触角慢慢引向小说的最后一句话"一切都会好起来的，亲爱的，乔依……"。这句话，正是小说的文眼所在。一方面，这句话升华了爱的内涵和力量，爱给人温暖，爱让人永怀美好的希望；另一方面，这句话完成了小说作为链状结构的最后一环，释放出看似巧合、实则必然的巨大的爱的张力。安子用"无巧不成书"作为铺垫，用"一切都会好起来的，亲爱的，乔依……"作为对比，煞费苦心地将小说的这一巧合结构擦亮了，让学生看清楚、看明白。所谓巧合，不仅是一个叙事技巧，它也在阅读心理上极大地满足了读者的审美期待：希望好人有好报。这种心理非常古老、非常朴素，却每每让人感念不已。形式的背后，总隐含着作者深刻的创作意图。而这意图，正是一种更高级的学习内容。

第三，在探问故事中厘定故事的叙述角度。在安子的教学中，有这么一段指令性的教学用语："好，现在再把这个故事读一遍，看看哪些是你知道的？哪些是乔依不知道的？哪些是老妇人不知道的？哪些是乔依太太不知道的？他们都不知道的，你都知道了，又是哪些。哎哟！这么一串，听不明白了吧？实际上说的是，在某一个故事发生的定格的画面中，谁知道什么？谁不知道什么？你知道什么？明白了没有？"这段话说得那个绕啊，简直就是"绕口令"。不明就里的人，以为安子的这个指令是多此一举；也有的觉得如此纠结的提问，只会让课堂变得更加纠结，纯粹是没事找事、自讨苦吃。其实，这个引导指令的真实用意，在于让学生留心并试着理清小说中实际存在的各种叙述角度。这个叙述角度，在以往的课堂教学中从未被提及，更遑论落实了。但正是这个叙述角度，蕴含了小说创作和解读的重大密妙。一般而言，小说的叙述角度大致存在两种类型：一是借助小说人物的视角进行叙述，一是从叙述者的视角进行叙述。在安子的教学话语中，"乔依知道不知道、老妇人知道不知道、乔依太太知道不知道"，都是从小说人物本身的叙述视角进行分析，而"他们都不知道，你都知道"，其实是从叙述者视角进行解读。读小说，廓清叙述角度，并从中体会各种叙述角度的冲突、叠加、分裂、交叉等，既能深入体悟小说的创作旨趣，也能充分享受小说在形式上带来的美学趣味。

第四，在改编故事中揣摩故事的章法节奏。在《爱之链》的教学中，安子从容地依据学情，抓住小说的第六小节，不仅引导学生从人物心理刻画、情节之间的逻辑关联等角度深入细读，更大胆地将这段文字置于小说的全景之中加以审视。安子说："我不知道如果拍电影的那个镜头，它会停在乔依的脸上多久。如果你来拍电影你打算停多久。这时候老妇人又是怎样的表情。"这就将学生的解读焦点由原来的情节、内容分析不露声色地转移到对小说章法形式的品味上来。从情节推进的角度看，第六小节的确可以删除，删除不但不会影响叙述逻辑，反而会使叙述本身更简洁、更紧凑。安子也是从这个角度对故事做了改编，但在改编后学生依然启而不发的状态下，他迅速调整了启发策略，引入"电影镜头"这样一种生动感性的解读工具，疏导学生的认知障碍，化解学生的阐释矛盾。"镜头会在乔依的脸上停多久"是整个感性解读的关键所在。10秒也罢，更长也罢，学生在想象老妇人的心理活动中，以及这种心理活动的拉长时间感中，渐渐揣摩出故事叙述节奏的章法——停顿。停顿是为了强调，为了引起更大的关注，为了给情感和思想一个释放的空间，为了营造一种形式上的美学张力。

第五，在串读故事中类化故事的环境描写。在小说《爱之链》中，前后出现了三次环境描写，正好对应三次场景的更迭。第一次是在乡间路旁，环境描写的手法是工笔刻画；第二次是在路边餐馆，环境描写的手法是写意渲染；第三次是在餐馆里屋，环境描写的手法是心理烘托。三次环境描写指向一个共同的特点，那就是"凄凉"，在这里，"凄凉"不仅形容人物所处之景，更折射人物所怀之情，是景与情的交融。安子的厉害，正在于处理这一类环境描写的教学节奏上。首先，他没有按照小说的三次环境描写的先后次序来设计教学，相反，他颠覆了小说的顺序来处理，就整个课堂教学的进程而言，最后一次放在最先处理，第一、第二次殿后处理。之所以这样安排，纯粹是出于学情的生成。以学定教、顺学而导，这是一位大学教师在小学语文课堂上"玩"出的真名堂。其次，当教学进入对第二场景中环境描写的品读时，安子迅速将第三场景和第一场景的环境描写也引入其中，通过归类比较，使学生领会到三者在具体手法和写作意图上的异同。要知道，如果不是胸有成竹，如果不是慧眼识金，如此老到、练达的教学机智，是无论如何也生成不了的。

小说教什么？这就是安子的回答。小说怎么教？这就是安子的追求。链状脉络、巧合结构、叙述角度、章法节奏、环境描写，这些当然不能穷尽小学的教学内容，但是，我们从中不是已经窥见了个中的堂奥吗？正如宗白华先生所言："艺术的内容……生命的表现……却须在这'形式'里面渲染得鲜艳动人，热闹紧张，富有刺激性，为悲剧，为喜剧，引人入胜。"但是，"这不是常人所注意，也不是他们所能了解的。"安子显然不是"常人"，他的光芒正在于要将常人所不注意的地方照亮起来！

安子是有底的，他才敢这么"玩"语文。

（浙江省杭州市拱宸桥小学校长，特级教师　王崧舟）

**教学反思**

## 一个教材三种程度

很多老师上这一篇课文会一味地抓住要付出爱，每个人都要付出爱，最后就像在网上看到的，把歌曲《爱的奉献》放一放。我觉得老师不能这样教，我不是太主张语文教成这样，我主张回归到原有的文学的角度。所以呢，我尝试着在三个不同的年级上这个同题异质课。在五年级，我完全是抓语言背后的情感，你读了这句话以后，你会有怎样的情感。对五年级的学生，你应该教他们规范地理解语言背后的情怀，透过语言，体会情感。在六年级，我抓细节描写，人物的细节描写。细节描写是小说非常重要的一个方法，透过细节看人物。比如说乔依"没穿袜子""背蹭破了""冻得几乎没有知觉""几乎""喘粗气""清水鼻涕""热气""手蹭破了""手上沾满了油"，用这样一连串的词来写这个人物，精工细作地来修饰人物的丰满程度。如果拍电影的话，这串动作就是特写。但是在初一呢，我舍弃了这段，在五年级我也舍弃了，我放在六年级来关注，教学生读小说要关注细节，细节是人物命运的一种集中的体现。乔依在这个时候凄凉，沮丧，本来他可以不管了，赶紧回家，因为他累极了，快急疯了，工作又没有了，心情又糟糕，又是冬天还下着大雪，但是他没有，这一串的动作做得非常仔细，帮老妇人解决了车胎瘪了的问题。几个细节一抓以后，孩子们读这个小说就没问题了。五年级的教学就是关注语言之后的小说的感情，六年级的教学是关注细节背后的人物的命运，初一的教学我想从小说的结构着手。

小说的结构，与其说它是意外，不如说是巧合，无巧不成书。一开始我就跟孩子们讲了，你们要看其中的巧合。实际上有一个环节今天我没来得及讲，就是看到"满脸感激地告诉他说，她在这个荒无人烟的地方已经等了一个小时了"这句话以后，想到了小说中的哪几句话，还能想到什么。通过结构中的任何一点，来理清这个小说的结构，来思考这个小说中人物的命运。

在初一的时候我要求达到的目标是，孩子能够透过情节思考人物的命运。因此，整个课堂的结构我从这三个场景开始，我看孩子最关注哪一个。我想过他们可能会关注第一个，或第二个，第三个。最后孩子说，他关注最后一个。而这个呢，正是我最希望的。因为整个小说我以为根本不是写什么爱的链条，如链条一般的爱，它实际上是写人在任何时候都应该有"一切都会好起来"的信念，无论你当下怎样，这样你才会感到这个世界充满着爱，如果没有这个，你是感觉不到这个世界充满着爱的。

乔依不知道老妇人帮助了他，乔依的夫人也不知道是因为她热情地招待了老妇人才得到老妇人的帮助，老妇人也不知道乔依是得到过别人的帮助才不收她的钱，帮助了她。所以爱在小说中实际上是不存在的，存在的恰恰是乔依夫人最后说的这一句话。爱只是一个表层，是作者放出的"烟雾弹"。在任何平凡人的平凡生活中，在任何逆境中，在任何凄凉的人生中，心里边应该装下这句话，所以我一直要孩子读这句话，读到最后我能感受到孩子们读明白了，跟第一次读的感觉是不一样的。这就是我为什么强调要读出凄凉来，为什么强调读出凄凉来以后再读这句话，这就是我在初一要达到的目标。

在这样一个年龄，我主要是想用读小说的方法来建构课堂，用小说的语言来教孩子读小说，关注小说的语体，关注小说的文体，关注小说中人物的命运、环境的描写、人物的细节。这是我对文学教育某一种文体的思考，笼统地讲文学教育意义不太大。我现在正在做的工作就是分文体教学，这是一种语文的回归。中国的文学跟西方文学很大程度上的不一样就是文体分类极其细微。中国是文体意识最强的一个国家，从汉代就开始，到六朝就成熟了，一直到现在，越来越丰富了，所以我想透过这样一个视角来看基础教育的文学教育，这只是我的一个尝试。

这节课我上下来以后，自己也不是太满意，还没有达到我的期望。我的期望是孩子能够从任何一个环节进入以后关注人物的命运，也就是我一直很关注的一个问题，"你读到这里以后会想到小说中的哪几句话，你还会想到什么"。这个问题解决得不是太好，但是基本的小说阅读方法还是教给学生了。

# 5.《海燕》(《燕子》)："生物挂图" 与 "文学语境"

## 《海燕》原文

### 郑振铎

　　乌黑的一身羽毛，光滑漂亮，积伶积俐①，加上一双剪刀似的尾巴，一对劲俊②轻快的翅膀，凑成了那样可爱的活泼的一只小燕子。当春间二三月，轻飔(xùn)③微微的吹拂着，如毛的细雨无因④的由天上洒落着，千条万条的柔柳，齐舒⑤了它们的黄绿的眼，红的白的黄的花，绿的草，绿的树叶，皆如⑥赶赴⑦市集者似的奔聚而来，形成了烂熳⑧无比的春天时，那些小燕子，那么伶俐可爱的小燕子，便也由南方飞来。加入了这个隽(juàn)妙⑨无比的春景的图画中，为春光平添⑩了许多的生趣。小燕子带了它的双剪似的尾，在微风细雨中，或在阳光满地时，斜飞于旷(kuàng)亮⑪无比的天空之上，"唧"的一声，已由这里稻田上，飞到了那边的高柳之下了。再几只却隽逸⑫的在鹣鹣⑬如縠(hú)纹⑭的湖面横掠着，小燕子的剪尾或翼尖，偶沾了水面一下，那小圆晕便一圈一圈的荡漾了开去。那边还有飞倦了的几对，闲散⑮的憩(qì)息⑯于纤细⑰的电

---

① 积伶积俐：非常聪明，非常灵活。

② 劲俊：强而有力并且清秀好看。

③ 轻飔 ：就是"轻飔"，"轻风"的意思。

④ 无因：没有原因。

⑤ 齐舒：一齐伸展。

⑥ 皆如：都像……。

⑦ 赶赴：赶着去。赶赴市集者，赶着去市集的人。

⑧ 烂熳：烂漫，颜色鲜艳明亮而美丽。

⑨ 隽妙：美丽而意味深长。

⑩ 平添：自然而然的增添。

⑪ 旷亮：宽阔明亮。

⑫ 隽逸：美丽安静而快乐。

⑬ 鹣鹣：水很明净。

⑭ 縠纹：有皱纹的纱。

⑮ 闲散：无事可做又无所拘束。

⑯ 憩息：憩，休息。

⑰ 纤细：非常细。

线上，——嫩蓝的春天，几支木杆，几痕细线连于杆与杆间，线上是停着几个粗而有致①的小黑点，那便是燕子，是多么有趣的一幅图画呀！还有一家家的快乐家庭，他们还特为我们的小燕子备了一个两个小巢，放在厅梁的最高处，假如这家有了一个匾（biǎn）额（é），那匾后便是小燕子最好的安巢（cháo）之所。第一年，小燕子来住了，第二年，我们的小燕子，就是去年的一对，它们还要来住。

"燕子归来寻旧垒（lěi）②。"

还是去年的主，还是去年的宾，他们宾主间是如何的融（róng）融泄（xiè）泄③呀！偶然的有几家，小燕子却不来光顾，那便很使主人忧戚④，他们邀召不到那么隽逸的嘉宾⑤，每以为自己运命的蹇（jiǎn）劣（liè）⑥呢。

这便是我们故乡的小燕子，可爱的活泼的小燕子，曾使几多的孩子们欢呼着，注意着，沉醉着，曾使几多的农人们市民们忧戚着，或舒怀⑦的指点着，且曾平添了几多⑧的春色，几多的生趣于我们的春天的小燕子！

如今，离家是几千里！离国是几千里！托身⑨于浮宅⑩之上，奔驰于万顷海涛之间，不料却见着我们的小燕子。

这小燕子，便是我们故乡的那一对，两对么？便是我们今春在故乡所见的那一对，两对么？

见了它们，游子们能不引起了，至少是轻烟似的，一缕（lǚ）⑪两缕的乡愁么？

海水是皎洁无比的蔚蓝色，海波是平稳得如春晨的西湖一样，偶有微风，只吹起了绝细⑫绝细的千万个鄰鄰的小皱纹，这更使照晒于初夏太阳光之下的、金光烂灿的水面显得温秀⑬可喜。我没有见过那么美的海！天上也是皎洁无比的蔚蓝色，只有几片薄纱似的轻云，平贴⑭于空中，就如一个女郎，穿了绝美的蓝色夏衣，而颈间却围绕了一段绝细绝轻的白纱巾。我没有见过那么美的天空！我们倚（yǐ）在青色的船栏上，默默的望着这绝美的海天；我们一点杂念也没有，

① 有致：有情趣。
② 旧垒：原来的墙壁，这里是指原来的窝。
③ 融融泄泄：和睦（mù）快乐。
④ 忧戚：伤心，忧伤。
⑤ 嘉宾：尊贵的客人。
⑥ 蹇劣：不顺利。
⑦ 舒怀：开心的样子。
⑧ 几多：多少。
⑨ 托身：寄身，身体依托在……，这里指身处在船上。
⑩ 浮宅：轮船。
⑪ 一缕：一丝。
⑫ 绝细：非常细。
⑬ 温秀：温柔美丽。
⑭ 平贴：平静，没有皱纹。

我们是被沉醉了，我们是被带入晶天<sup>①</sup>中了。

就在这时，我们的小燕子，二只，三只，四只……在海上出现了。它们仍是隽逸的从容的在海面上斜掠着，如在小湖面上一样；海水被它的似剪的尾与翼尖一打，也仍是连漾了好几圈圆晕。小小的燕子，浩莽<sup>②</sup>的大海，飞着飞着，不会觉得倦么？不会遇着暴风疾雨<sup>③</sup>么？我们真替它们担心呢！

小燕子却从容的憩着了。它们展开了双翼，身子一落，落在海面上了，双翼如浮圈似的支持着体重，活是一只乌黑的小水禽，在随波上下的浮着，又安闲，又舒适。海是它们那么安好的家，我们真是想不到。

在故乡，我们还会想象得到我们的小燕子是这样的一个海上英雄么？

海水仍是平贴无波，许多绝小绝小的海鱼，为我们的船所惊动，群向远处窜去；随了它们飞窜着，水面起了一条条的长痕，正如我们当孩子时用瓦片打水漂在水面所划起的长痕。这小鱼是我们小燕子的粮食么？

小燕子在海面上斜掠着，浮憩着。它们果是我们故乡的小燕子么？

啊，乡愁呀，如轻烟似的乡愁呀！

## 《燕子》课文（人教版）

一身乌黑光亮的羽毛，一对俊俏轻快的翅膀，加上剪刀似的尾巴，凑成了活泼机灵的小燕子。

才下过几阵蒙蒙的细雨。微风吹拂着千万条才展开带黄色的嫩叶的柳丝。青的草，绿的叶，各色鲜艳的花，都像赶集似的聚拢过来，形成了光彩夺目的春天。小燕子从南方赶来，为春光增添了许多生机。

在微风中，在阳光中，燕子斜着身子在天空中掠过，唧唧地叫着，有的由这边的稻田上，一转眼飞到了那边的柳树下边；有的横掠过湖面，尾尖偶尔沾了一下水面，就看到波纹一圈一圈地荡漾开去。

几对燕子飞倦了，落在电线上。蓝蓝的天空，电杆之间连着几痕细线，多么像五线谱啊，停着的燕子成了音符，谱出一支正待演奏的春天的赞歌。

---

① 晶天：明亮的天空。

② 浩莽：浩茫，广阔无边。

③ 暴风疾雨：大而急的风雨。

### 课堂实录

（江苏省吴江市盛泽实验小学）（60分钟）

**师**：预习过课文了吗？

**生**（齐声）：预习了。

**师**：感觉怎么样？这篇短短的文章写得怎么样？好不好啊？

**生**（齐声）：好。

**师**：老师还给你们发了一篇文章是不是？

**生**（齐声）：是。

**师**：长吗？

**生**（齐声）：长。

**师**：你们原来读过这么长的文章吗？

**生**（齐声）：没有。

**师**：喜欢吗？

**生**（齐声）：喜欢。

**师**：怎么都喜欢，有没有不喜欢的？

**生**（齐声）：没有。

（众笑）

**师**：哎呀，我们的孩子真可爱。这篇文章非常有意思，我第一次读这篇文章的时候，大概和你们一样，是三十年前了，我忘了那时读的感受了。但是，这次给你们上课，我一开始读了两三遍，之后，我再拼命地读，读了十遍，觉得没什么意思，就像生物老师挂了一幅图，这不是语文老师的课，所以我把原文印出来给你们读。预习以后有没有不懂的字？

**生**（齐声）：没有。

**师**：陈老师猜想下面的老师可能还有不认识的字，你们都明白了？

**生**（齐声）：明白了。

**师**：刚才，陈老师教给你们一个字了，如果不是这篇课文，你一辈子都不可能见到这个字，而且所有的字典里都没有这个字，陈老师是从《康熙字典》里找出来的，而且没有解释，是在角落里有这个字，这个字是……

**生**（齐声）：靅。

**师**：靅是什么意思？

生（齐声）：清风的意思。

师：就是在这样的清风中间，我们的作者看到了一群海燕（板书：海燕）。作者是——

生（齐声）：郑振铎。（师板书：郑振铎）

师：查过这个"铎"字什么意思吗？（生哑然）你们看看，刚才我还告诉你们有问题问我，你们都不问，现在我问你们了。查过没？就看一下这个字怎么念，没有看一下这个字什么意思？孩子们，读书啊，一个字都不能放过，明白了吗？这个字是木铃的意思，一个铃铛啊。现在社区里面也有摇铃铛的，"收垃圾啰"，摇着个铃铛，见过吗？这就是"铎"，"振铎"，"振"是什么意思？

生：振动。

师：振铎就是摇铃铛啊。以前摇铃铛的人是诗人，他取这个名字就是这个意思，明白了吗？

生（齐声）：明白。

师：每个人的名字都有个意思。这位诗人在 1927 年 6 月 25 日，在茫茫的大海上乘船从上海出发，船驶过香港，开始向法国前进，他突然看到了海上的（指课题，生齐声说"海燕"）对，海上的燕子，海燕。这篇文章主要写了什么？

生（齐声）：燕子。

师：对，燕子（师板书：燕子）。刚才我问过你们，这篇文章最好的一个词，或是作者最想说的一个词是什么？

生（齐声）：乡愁。

师：哦，乡愁（板书：乡愁）。同学们，有谁出过远门？出过远门的举手，你到过哪？

生：我到过无锡。

生：我到过黄山。

师：哦，黄山最美的就是山峰。从黄山回来，就不用去看五岳了。

师：你们还去过哪？

生：我去过香港，香港的夜景很美。

师：哦，维多利亚港是吗？有去过更远的吗？出去的时候想不想家？

生（齐声）：想。

师：你们都没出去过，怎么想啊？在中国的文学中，有一种情感是中国人最温润的，用课文中的一个词叫——温秀，找到这个词了吗？温秀什么意思？

**生（齐声）**：温柔，美丽。

**师**：温柔，美丽。所有的中国人将来或者说你们再过十年，你们就会有这样温柔的乡愁。下面我们来读课文，再读一遍。读的时候注意陈老师说的两个问题：第一，作者写了怎样的燕子？还有这是一种怎样的乡愁？我们用五分钟左右的时间来读一遍课文，好吗？跟下面的老师比赛，他们可是刚刚拿到文章，你们已经读了三五遍了，你们回答不出来，我就让他们回答，给他们一个机会，好，读吧。

（生读课文，师在学生中巡视）

**师**：不错，不过我感觉到你们在用一个平均的速度、不变的语调来读这样一篇优美的文章，没有把自己放进去，我们学习一个小时，然后我希望最后的时候我们再读课文，你们能把自己放进去，例如，最后一句话写得多棒："啊，乡愁呀，如轻烟似的乡愁呀！"就好像一个人在海上，什么都看不到，只有几只小燕子伴随着如此孤寂的作者，他伸长了脖子向远处望去，希望望见自己的家乡，望见自己的妈妈。我们把自己和这样一个在海轮上的游子靠近，向他靠近，他看到了什么？这是什么样的燕子？用自己的话说。

**生**：凑成了那样可爱的活泼的一只小燕子。

**师**：凑成了那样可爱的活泼的一只小燕子（板书：可爱，活泼）。作者用了一个怎样的词？

**生**：凑。

**师**：凑成了。凑，总归不好吧？你们读出什么样的感情？作者对小燕子有怎样的感情？为什么会用这个词？

**生**：积伶积俐。

**师**：这些都被作者来用"凑成"，为什么用"凑成"？体会一下作者写这个词的时候，他脸上露出的笑容。比如陈老师说，一双眼睛晶亮晶亮的，一个高高的鼻子，灵巧的嘴巴，凑成了一个俊小伙。喜欢他吗？

**生**：喜欢。

**师**：喜欢还不够，用一个词，怎么样喜欢？

**生**：非常喜欢。

**师**：就像写自己儿时的伙伴。那只可爱的、活泼的小燕子，是他看到的吗？

**生**：是。

**师**：这小燕子在哪里啊？他看到的小燕子在哪里？

**生**：海面上。

师：他看到了海面上的燕子，想到了什么？

生：乡愁。

师："乡愁"不是他看到的，"乡愁"是他感受到的，想到的是什么？

生：家乡的小燕子。

师：对，他开始想家乡的那一对小燕子，儿时看到的那一对小燕子，在春天看到的那一对小燕子，我们带着这样的情感，再把第一段读一遍，然后你们告诉我，作者看到的是家乡的小燕子，还是海上的小燕子？

（生齐读第一段）

师：在这篇文章一开头，作者写的燕子是看到的吗？再读读看（师范读："还有一家家的快乐家庭……第一年，小燕子来住了，第二年，我们的小燕子，就是去年的一对，它们还要来住。"）写的是海面上的燕子还是故乡的燕子？

生：故乡的燕子。

师：故乡的燕子是怎样的？（师指板书）

生（齐声）：可爱的，活泼的。

师：用作者的话来说是"凑成了那样可爱的活泼的燕子"。现在，你们知道作者说"凑成了"所蕴含的感情吗？

生：知道了。

师：作者是不是很得意？假如你写了一篇很得意的文章，会是什么样的表情？

生：自豪的表情。

师：自豪的表情，还有呢？

生：很高兴的表情。

师：你是苦着脸，还是微笑呢？

生：微笑的。

师：露出了一点点的微笑，不让别人看到心里乐开了花，为什么却用了这么一个词呢？比如：现在老师提了一个问题，你回答了，老师表扬了你，你脸上露出一点点的微笑，作者就是这样的，明白吗？我们再来读，然后用自己的话来告诉我，这是怎样的故乡的小燕子？带着感情读。

（生自读）

生：伶俐、可爱的小燕子。

师：伶俐是什么意思？

生：聪明、灵活的意思。

师：对，伶是聪明，俐是灵活。伶俐是聪明灵活的意思。还有吗？

生：活泼、可爱的。

师：全是形容词啊！怎样的燕子，这燕子长成什么样？

生：尾巴似剪刀的燕子。

师：读，书上是哪一句话？

生：加上一双剪刀似的尾巴。

师（做出剪刀形手势）："加上一双剪刀似的尾巴"，看过吗？所以我们就叫这样形状的为燕尾。还有吗？

生：乌黑的一身羽毛，光滑漂亮。

师：这句话写得多棒啊！告诉我语文书上是怎么写的？

生：一身乌黑、光亮的羽毛。

师："一身乌黑、光亮的羽毛"，比较一下原文"乌黑的一身羽毛，光滑漂亮"，哪句好？

生：乌黑的一身羽毛，光滑漂亮。

师：这句话好，为什么？

生：这句话写出了燕子的美丽。

（师再读两句话，引导学生比较）

师：有节奏吧？你们喜欢扯着嗓子"呜"地一下子（做上扬的手势），还是喜欢有起伏、有节奏的歌（做波浪高低起伏状）？

生：喜欢有节奏的。

师：我们要突出这样的节奏来，把这句话再读一下。

（师示范读，生齐读）

师：后面还有个词是什么？

生（齐声）：积伶积俐。

师："积伶积俐"，读这两个词，节奏怎样啊？（师做手势，高低起伏状）我们再来读，要像听音乐读一样。

（生齐读第一句话）

师：读文章一定要读出文章这样的起伏节奏。故乡的小燕子，在作者如此起伏的描写中显得更加活泼，更加可爱，这就是故乡的小燕子。作者放在哪儿来写的？在什么背景下？用作者的话说。

生：海面上。

师：春间二三月什么意思？以前有人这样说过吗？春间二三月是什么时候？

生：二月、三月。

师：二月、三月是春天的开始？还是结束的时候？

生（齐声）：开始。

师：开始的时候，叫什么春？

生：初春。

生：早春。

师：春间二三月间就是初春、早春的时候，这是一个怎样的时候呢？看看作者写了什么。注意下面的句子，用自己的话告诉我。体会一下作者的节奏，自己读。

（生自读第一段中相关句子）

师：读好了告诉我，这是一个怎样的春天？

生：烂漫无比。

师：烂漫无比，什么意思？

生：颜色鲜艳，明亮而美丽。

师：颜色鲜艳，明亮而美丽，烂漫无比。无比是什么意思？知道吗？

生：没有什么可比的。

师：没有什么可比，如此的春天颜色艳丽，明亮而美丽。还有呢？

生：美丽。

师：怎样美丽的春天？有什么？

生：有花，有草。

师：作者怎么写的？读一读。

生：红的白的黄的花，绿的草，绿的树叶。

师：作者为什么不写"红的白的黄的花，各色的花，各色的草"，写在一起，不是更简洁吗？为什么这样写啊？

生：这样写体现出春天的美丽。

师：哦，体现出春天的美丽。你有什么感觉？春天好像在哪里？（师用手在眼前晃一圈）

生：春天好像就在眼前。

师：这个春天还有什么？看作者还写了什么？

生：千条万条的柔柳，齐舒了它们的黄绿的眼。

（师示范读这句话）

师：齐舒什么意思？

生：一齐舒展。

师：一齐舒展是什么意思？（师做舒展动作）

师：是很紧张地展开，还是很轻松地展开？

生：轻松地展开。

师：轻松地、放松地展开，一齐展开了。咦？柳树有眼睛吗？

生（齐声）：没有。

师：作者怎么说它有眼睛呢？

生：这是它的嫩芽。

师：哦，这是它的嫩芽，太棒了。作者把嫩芽比作——

生（齐声）：眼睛。

师：齐舒了，就像人睁开眼睛，这是什么手法？

生（齐声）：拟人句。

师：既用了比喻，又用了拟人。千条万条的柔柳，为什么不说千万条柳？多简洁啊！你们听，千万条柳丝，千万条柳条，千条万条柔柳，感受到了什么？

生：因为这样写说出了柳树的美丽。

师：怎样美丽？

生：非常的柔软。

师：非常柔软，对，非常柔美。好，我们再来读，读出作者那种温柔的感觉来。

（生齐读）

师：在这样的春天，这样的燕子，这样的故乡的可爱的、活泼的燕子，它们怎样呢？把描写春天故乡的小燕子的样子的那些句子找出来，自己读，然后用自己的话说给我听，行吗？

生（齐声）：行。

（生自读）

师：读好了，想好了，就举手。春天里的小燕子都在干什么？

生：小燕子在飞来飞去。

师：飞来飞去，在哪儿？

生：在天空中飞。

师：它是怎么飞的？在哪儿飞的？读出来。

生：小燕子带了它的双剪似的尾……飞到了那边的高柳之下了。

师：她这样读你们满意吗？能不能读得更好些呢？把小燕子轻快地、飞来飞去的感觉读出来，每个字啊，它都有节奏，读出来，好吗？

（生重读一遍）

师：满意吗？有点意思了，是吗？

生（齐声）：是。

师：阳光满地什么意思？

生：阳光照在大地上。

师：大地到处都是阳光，晴朗的春。好，微风中的细雨是什么意思？

生：天空中吹着微风，下着毛毛雨。

师：哦，那是春天吹着微风，不是刮风；下着毛毛雨，不是暴雨。明白了吗？

生（齐声）：明白了。

师：在这个时候，它"斜飞于旷亮无比的天空之上"，旷亮什么意思？

生：宽阔，明亮。

师：无比呢？

生：没有再比这个宽阔了。

师：哦，没有再比这个宽阔了，没有再比这个明亮了，在这样的天空中，作者用了一个什么字来写它的飞？

生：唧的一声。

师：唧的一声，写出了小燕子的什么？

生：小燕子的叫声。

师：飞的速度怎样？

生（齐声）：很快。

师：然后又停在了——

生（齐声）：停在了高柳下了。

师：对了，所以第一句话写得特别短，后面这句话写得特别长。前一句话，我们读的时候，要读得快一些。后一句话我们读的时候，要读得舒展一些，慢一些。读读看。

生（齐读）：唧的一声，已由这里稻田上，飞到了那边的高柳之下了。

师（做手势，飞出去了）：飞出去了，这种声音飞出去了。再读一遍。

（生齐读）

**师**：小燕子还有怎样的动作？

**生**：还在飞。

**师**：怎样飞？

**生**：在湖面上。"在粼粼如縠纹的湖面横掠着。"

**师**：粼粼什么意思？

**生**：水很明净。

**师**：縠纹呢？什么意思？

**生**：有波纹的湖。

**师**：这是怎样的湖面呢？

**生**：平静的湖面。

**师**：对，这是平静的湖面，不是大风大浪的，但又不是像镜子一样的？有什么？（师做手势，呈波浪状）

**生**（齐声）：有波浪。

**师**：对，那波浪大吗？

**生**（齐声）：不大。

**师**：小燕子在湖面上横掠过，速度快不快？

**生**（齐声）：快。

**师**：是不是飞来飞去？

**生**（齐声）：是。

**师**：书上是怎样描写的？小燕子的剪尾——

**生**（齐读）：或翼尖，偶沾了水面一下，那小圆晕便一圈一圈地荡漾了开去。

**师**：小圆晕便一圈一圈地荡漾了开去。闭上眼睛，想象是怎样的画面，然后说给我听。

**生**：一圈比一圈大。

**师**：是不是越来越明显？

**生**：越来越不明显。

**师**：到最大圈时，还看得见吗？

**生**（齐声）：看不见。

**师**：带着这样的感觉，我们再读一遍。

**生**（齐读）：再几只却隽逸的在粼粼如縠纹的湖面横掠着，小燕子的剪尾或翼尖，偶沾了水面一下，那小圆晕便一圈一圈地荡漾了开去。

**师**：还有的小燕子在干吗？停在哪儿？

**生**：还有几只飞倦了的小燕子，"闲散的憩息于纤细的电线上"。

**师**：闲散，什么意思？

**生**：无事可做，又无所拘束。

**师**：它们在干吗？作者是怎样写的？一起读下。

**生**（齐读）：那边还有飞倦了的几对，闲散的憩息于纤细的电线上。

**师**：嫩蓝的春天，往下读——

**生**（齐读）：几支木杆，几痕细线连于杆与杆间，线上是停着几个粗而有致的小黑点，那便是燕子，是多么有趣的一幅图画呀！

**师**：作者的眼睛睁得大大的，眼睛一亮，这小燕子停在哪儿？

**生**（齐声）：停在纤细的电线杆上。

**师**：纤细什么意思？

**生**：很细。

**师**：作者怎么说？几痕细线，痕什么意思？说明线怎样？（师做手势）

**生**：笔直的。

**生**：很平的。

**生**：很细的。

**师**：很细的，作者说这是——

**生**（齐声）：纤细。

**师**：非常细，所以说是纤细，所以说是几痕细线。小燕子在上面停着，作者用了一句话来描写，它们几个是怎么样的？

**生**（齐声）：粗而有致的小黑点。

**师**：有致是什么意思？

**生**：有情趣。

**师**：小燕子是有致的小黑点，多么有趣的一幅图画啊！这就是作者想到的故乡的小燕子。那么作者看到的小燕子是怎样的呢？看看小燕子在哪里？

**生**：海上。

**师**（板书：海上）：作者看到的小燕子是海上的，想到的小燕子是故乡的，所以他有了——

**生**（齐声）：乡愁。

**师**：对，是乡愁，我们把作者的最后一句话齐读一下。

**生**（齐读）：啊，乡愁呀，如轻烟似的乡愁呀！

**师**：我们在很远的地方，离家几千里，离国几千里的海面上，我们有着乡愁，有着轻烟似的乡愁，所以是这样的乡愁使得作者写故乡的小燕子，写得那么温秀、可喜。因此，我们在读的时候，要把小燕子温秀、可喜的样子读出来。至于海上的小燕子，那就要课后你们自己去读了。看看你们能不能读出乡愁来，好吗？今天，陈老师就是带小朋友们读这样一篇文章，希望能帮助你们学会读散文，明白吗？

**生**（齐声）：明白。

**师**：回去再读，好吗？今天的课就上到这儿。

### 名师评课

## 阅读就是散步

健身的方式很多，散步是最悠闲的一种。阅读文学作品，就是一种心灵的散步，于闲适中获得精神的滋养。然而，现时的语文阅读教学，过于追求课堂的"效率"，把"散步"改成了"跑步"。为有效达成既定的教学目标，阅读时行色匆匆，作品中满目的风景与别样的情趣，几乎无暇顾及。如此，阅读教学难免日渐寡味。在这样的困窘中，安子老师"下海"试水，一课原汁原味的《燕子》，让孩子们重新放慢了脚步，潜心阅读，用心感受，受益良多，也让观课的老师收获了一路的思考。

1. 用原文还是用选文？

安子老师上课时选用的是郑振铎的原文《海燕》，而不是教材中选编的《燕子》。对此，安子老师是这么说的"……读了十遍，觉得没什么意思，就像生物老师挂了一幅图，这不是语文老师的课，所以我把原文印出来给你们读。"《海燕》是一篇经典的散文，那种淡淡的乡愁让读者萦绕心头，久久不能散去；而改编后的《燕子》俨然成了一篇状物文章，作品篇幅缩短了，个中滋味变淡了，读到的仅仅是一只伶俐可爱的小燕子。很显然，原文较之选文，可以给予人更为丰富的精神营养。

作为小学教师的我们都有这样的担心：原文这么长，涵义这么深远，字词这么繁难，阅读障碍这么多，不适合三年级学生阅读。于是，在原文基础上删减改编的"普通文"（叶圣陶先生语），自然成为我们教学的凭借。遵循学生学习语文的年龄和心理特点，选择适合学生的语言作品，是语文教学的规律之一。《海燕》这样的经典散文，是否适合三年级学生阅读？我们不能想当然，而应该用教学实践来证明。安子老师的教学表明，三年级的学生完全可以读得懂，而且还读出了味道。尽管只读了前半部分，但足以看出学生喜欢阅读这样原汁原味的作品，也有足够的阅读理解力。

你看，原文中生僻的字词，难以理解的字词，安子老师都一一作了注解，学生完全可以凭借注解自己去尝试着理解；对于原文中重要的字词，安子老师给学生一一娓娓道来。比如"温秀""凑""痕"等陌生或者寻常的字眼，在安子老师的讲解中，生发出无限的韵味，让学生有一种豁然开朗的感觉。就连我们都担忧的"乡愁"，安子老师用三个问题就引发了学生的共鸣：谁出过远门？到过哪里？有没有想家？拉家常式的谈话，散步式的读读讲讲，学生在轻松愉悦中，就读懂了原文。

事实上，学生的阅读能力正是在具有一定阅读难度的挑战中发展起来的，一味降低阅读难度，看似适应学生的年龄特点，但好心未必办好事，削足适履，无意中却迟滞了学生的发展。原文篇幅很长，却可以培养学生的阅读速度；原文生字词很多，却可以增加学生的识字量；原文中的"乡愁"，正是学生精神世界中需要补缺的营养……如此，选用原文，让阅读教学具有理智的挑战，具有思维的含量，只要方法拿捏得当，难易分寸把握准确，就可以促进学生阅读能力的发展。

2. 重感受还是重解读？

安子是大学文学院的老师，看作品有其独到之处，因而他的教学是从教孩子阅读文学作品的视角展开的，侧重于"阅读感受"，而不是"阅读理解"。我以为，文学作品的阅读正应该引导学生用心体察，浸润其中，感同身受。如此，才能真正体会作品中作者的思想、情感，乃至作者写作时的情态与思绪，还原作品生成的本来面目。于是，阅读就变得厚实了，"书"就读厚了。一旦把文学作品改变成普通文章，自然就用理解的方式去阅读，写了什么？怎么写的？为什么这么写？理性的眼光把文章解析得清清楚楚，"书"就读薄了。

其实，感受性阅读和理解性阅读，是两种不同的阅读方式，文学作品的阅读，自然用"感受性阅读"比较合适。安子老师的教学中，时时处处都体现了"感受"。

讲到"凑"字，安子老师说："这些都被作者来用'凑成'？为什么用'凑成'？

体会一下作者写这个词的时候，他脸上露出的笑容。比如陈老师说，"一双眼睛晶亮晶亮的，一个高高的鼻子，灵巧的嘴巴，凑成了一个俊小伙。喜欢他吗？"之后他又说："作者是不是很得意？假如你写了一篇很得意的文章，会是什么样的表情？"一个"凑"字，引发了学生无限的遐想，体验了作者写作时独特的心境与表情，多么细腻，多么有趣，多么富有文学的气息。这和我们日常的教学实在有很大的差别。用文学的方式阅读文学作品，我想安子老师这样的感受性启发，正是文学阅读的方式吧！

至于朗读，安子老师的教学又和我们的截然不同。在教学生朗读燕子外形的语段时，安子老师说："有节奏吧？你们喜欢扯着嗓子'呜'地一下子（做上扬的手势），还是喜欢有起伏、有节奏的歌（做波浪高低起伏状）？""'积伶积俐'，读这两个词，节奏怎样啊？（师做手势，高低起伏状）我们再来读，要像听音乐读一样。""读文章一定要读出文章这样的起伏节奏。"你看，安子老师在这里教的是"节奏"，用比较的方法，用动作手势，具体、生动地阐释了"节奏"及其朗读要领。没有空泛的说教，也没有高深的要求，就是那么自然、妥帖的示范和解说，有节奏的朗读就"落地"了。

我想，感受性阅读就像散步，教师走在学生的身边，和学生一起散步，一起聊天，遇到风景或者沟坎，随意地指点一二，然后继续相伴着往前走。如果变成了理解性阅读，就像是练习跑步，教师成了冷静的教练，阅读也就不再好玩了！

### 3. 教课文还是教语文？

叶圣陶先生说"教材无非是个例子"，我们要用教材教语文，而不是教教材。此言甚是，然不同的教材（课文）有不同的教学价值，"例子"只是其中的一种价值。王荣生教授曾经按照课文的教学价值分类为：定篇、样本、例文、用件。"定篇"的材料应该是一篇完整的、没有经过任何删改的经典作品，目的是"使学生彻底、清晰、明确地领会作品"，这种方式生成的课程内容（或课堂教学内容）就是"文化、文学学者对该作品的权威解说"。学生重点学习经典作品的"丰厚内涵"，这种"丰厚内涵"以最权威的解说为主，并且这些解说要想方设法固定下来，让每一批、每一代的学生都掌握。

《海燕》就是这样的经典散文，应该作为"定篇"来教，作品本身就是教学内容，而不能截取其中的一个部分或者一个视角，作为阅读教学的目标。所以，作为"定篇"的经典作品，教学时间不能局限于几个课时，而应设计为一个完整的教学时段，或一周，或两周。学生经过这样细致而反复的阅读揣摩，对经典的作品就会有一番"见识"，其阅读功底自然就与众不同了。由此，安子老师的教学，正好印证了这样的设想，作品中随处可以发现值得学生学习的资源。比如对"郑振铎"名字的解释："铎"是"木铃"的意思；"振铎"就是"摇铃铛"；"以前摇铃铛的人是诗人，他（郑振铎）取这个名字就是这个意思"。谁也不曾想过，作者的名字还有如此丰富有趣的内涵。安子老师一讲，顿时让人眼前一亮。什么叫语文？这就是！

要把课文教成语文，没有点真功夫，是断然没有底气的。难怪乎我们的教学常常在人所共知的内容上兜圈子，讲的都是准确的"废话"，很少有货真价实的学识、见识，甚至常识。安子老师文学功底深厚，对文中的寻常字词、语句，常常有独到而深刻的解读，给学生讲解时又能深入浅出，显得大气而又睿智。不仅学生喜欢听他的课，就连观摩的老师也听得入神。所以，优秀的语文教师，本身就是语文。安子教的语文，就是教的自己！

于是，安子的阅读教学，就是一种散步。不用刻意去教什么，就已经实现教的目的了。

（江苏省吴江市盛泽实验小学校长，特级教师　薛法根）

## 教学反思

### 最好使用原文教学

这次之所以这样来上《燕子》，缘于我四五年前对另一篇课文《珍珠鸟》的印象，读了冯骥才《珍珠鸟》原文才知道冰心的评论是多么的妥帖，这是从修改过的课文《珍珠鸟》中无法获得的感受。因此我便开始以一种审慎的目光看待经过改编的课文了，这些年比较对读的结果是——最好使用原文教学，经过改编的课文往往会让语文老师身处尴尬。

尽量使用原文进行教学，这是我近年来对小学语文教学的一种认识。我以为小学语文教育当前面临的最大问题之一就是教材问题，教材改编原文之后"不忍"读绝非一篇两篇的问题。在教材编写中，用糟糕的语言改写了优美的语言，翻译文本病句连连，不恰当的斩头去尾，莫名其妙的应景时文，这些都成为现在小学语文教育非常突出的障碍。

　　小学生的母语学习不同于外语学习，过分担心小学生的理解力实在大可不必，因此我以为用原文进行教学是一种重要的尝试，同时也应该是一种语文教学的趋向。其实 20 世纪五十年代之前用作语文（小学生的国语或是中学生的国文）教材的课文基本未做过修改，五十年代之前的传统语文教育就更没有过修改的课文了。

　　就课文《燕子》而言，如果打个未必恰当的比喻，经过修改后的课文《燕子》几乎是生物课老师讲鸟类"燕子"时的一幅挂图，没有背景也没有情感的生物课教具图。当然原文很长，似乎不适宜小学课堂教学，但是否一定要在课堂上将一篇文章的每个字都教给学生？这似乎是我们的一个误区，语文阅读教学课堂应该教什么，这是个重要问题，似乎在这短短千字中无法阐释清楚。我尝试选择原文，提前一天让学生预习。为了帮助学生读通原文，我为原文《海燕》作了 34 个注释，有这些注释，学生读通这篇文章应该是没有问题的！当然在注释时我非常仔细地核对了原文，比如后来选这篇文章一直出错的一个字"骞（xùn）"，就连《郑振铎全集》也弄错了，我查了《康熙字典》予以纠正。

　　用了原文，学生有了整体感知，燕子，海上的燕子，故乡的燕子，带着乡愁的燕子，学生的情感才被调动起来。虽然学生未必理解带着乡愁的燕子是故乡的燕子和海上的燕子"凑成"的，但学生知道这样的燕子不是一个没有感情的被说明的对象，于是这篇文章也就不是一篇单纯的说明性文字了，而是一篇饱含感情的散文了。

　　用了原文，我当然没有放过经过修改的课文，我让学生比较"一身乌黑光亮的羽毛"和"乌黑的一身羽毛，光滑漂亮，积伶积俐"这两句话，显然原文的节奏感是多么的强烈生动而改变后的课文则很是平直，"乌黑的一身羽毛"，节奏缓缓一起，"光滑漂亮"，节奏略略一顿，"积伶积俐"，节奏又是一伏一顿，这是多么美丽的句子啊！汉语文学文本很重要的特点是声音美，这样的音律美就应该在母语教育的开始阶段潜移默化地渗透到教学的每一个环节。

　　用了原文，在课堂上我试图领着学生通过语言文本靠近作者，通过文学审美理解作者的感情，其中我最为用心的是让孩子体会文中"凑成"的意味，甚至让学生去想象作者在写下这样一个得意的词时脸上露出的浅浅的笑容。在这一环节我花了很多的时间，虽然结果没有我所期望的那样完美，但我至少让孩子有了自己去文学地体味文章中一些关键词语的意识，不是简单地记住一个词在字典上的意思，而是在阅读中体悟这个词的活力和温度。

　　通过原文，我试图让学生去靠近那位被迫远离家乡、在茫茫大海上看到一群极像家乡春燕的海燕时生出惊喜和愁思的作者，为什么把春天写得如此的烂漫无比，为什么把燕子写得如此的伶俐可爱，不靠近作者，这样一种特定的环境是无法理解的。理解了作者当时的情绪，才能读"活"文章中那种轻松的笔调和浪漫的气息及温馨的情味，学生才能理解那个"唧"字的速度和轻盈，才能理解"那小圆晕便一圈一圈的荡漾了开去"的舒缓而优雅的节奏。

最后说说我之所以这样呈现《海燕》的初衷：用原文——文学作品——作为文学的文本，进行文学教育。我以为语言教学和文学教育"分家"是语文教育将来的方向，是语文教育的回归和必然！语文教育走到今天这样一个境地（也不能一概地说"坏到极点"的地步）根本不是什么"工具性""人文性"的相悖问题，工具性和人文性的悖论问题本身就是一个归因错误的假命题！这是一个漫天迷障！

语言和文学的工具性与人文性（姑且把它叫做"人文性"，有另文详论）本身就是不言自明的客观现实，两者在不同的语文教育阶段当然会显现出有所偏重的状态。张志公曾提出过两种分开：写字和识字分开；语言和文学分开。这是一种睿智的构想！此问题非本篇主旨，不在此赘述。

我在课堂上基本采用的是文学赏析贯讲的方法，虽然失之琐碎，但文学教育的尝试还是比较成功的，如"千条万条的柔柳，齐舒了它们的黄绿的眼，红的白的黄的花，绿的草，绿得树叶"处的赏析，学生就"生成"得非常好了。那时已经是课堂的"下半时场"了，看来到半节课时学生就已经从语言教学的频道换到文学教育的频道上来了，我当时很高兴。我真心期待我们的语文教育从一个轨道单行尽快转换成语言教学和文学教育双轨并行，那将是更高兴的事情。因为汉语是这个世界上最美丽的音乐！汉语文学文本是世界上最美丽的乐章！

# 6.《饿水》(《水》)：语言背后的文学

## 《饿水》原文

马朝虎

　　我出生在北方一个缺水的地方，记得那时候我们一个村子的人吃水，都要到十公里之外的一处很小的泉眼里去挑，经常要排上几个小时的长队，才可以不深不浅地挑上一担回家，"水落石出"的成语我是这样知道的。为了水，邻里之间隔三差五地要闹出一些磨擦。特别是到了夏秋断水的季节，村里的关系就更加紧张了。"请我喝酒不如请我喝水。"这是村里人说得最多的话。

　　下雨天是村子里每个人都期盼的日子，也只有在这样的日子里，大家才可以心平气和地相处。那时候，家家户户都建有水窖，用以在下雨天里储藏今后很长一段时间的家庭用水。

　　也只有在下雨的日子里，大家才可以心平气和地相处，才可以痛痛快快地洗上一回澡。先是像我们这样的孩子全身脱得光溜溜地在雨里奔跑跳跃、大呼小叫，尽情地享受水带给我们的抚摸与清凉，还仰起头，张大嘴巴，去接来自天空的水。继而，大人们也加入到了洗澡的行列里来，只是他们远没有我们这样的无遮无挡——男人们穿着短裤，女人们则穿着长衣长裤，远没有我们那么的畅快。

　　洗过澡后，大家碰了面，相互都会吃上一惊，一个人说："啊呀，你怎么胖了？"一个人说："啊呀，你原来是这样白。"

　　就像过节一样，这样美好的日子在我们那里毕竟太少了，更多的是干燥和炎热，特别是在夏天，在骄阳下做了一天农活之后，无论是男女老少都有一种将要被风干的感觉。储藏于水窖里的水显得更加的珍贵了，母亲用一把大锁锁住了我们对水的渴望，而挂在她腰带上的那把钥匙，象征着权威以及幸福和痛快。我们等待着那一刻的到来。

　　我们四兄弟，像四根将要被晒干的狗尾巴草一样的孩子，从大到小、一丝不挂地排在了母亲的跟前。母亲轻轻一笑，从腰带上取下钥匙，打开了水窖。一缕水的气息扑面而来，我们都倒抽了一口凉气。然后，母亲一手从水窖中打起一勺水，从我们的头顶缓缓地倾注下来，一手拿着一把麦秆扇往我们身上扇风。顿时，藏于地下的水的清凉，再加上缕缕轻风，让我们都舒服得啊啊大叫了起来。

　　从头顶倾注而下的水滑过了我们的脸，像一条小溪流，顺着脖子缓缓地滑过了我们的胸和背，然后又滑过了我们的大腿和膝盖……在水的滑动中，我听得到每个毛孔张开嘴巴的吸吮声，我感觉得到血管里血的流动在加快。水，它不多不少，在抚摸过全身的每一寸皮肤后，刚好能够润湿脚板，地上几乎没有一滴被浪费掉的水。一勺水都被我们的皮肤喝光了。有时候，母爱是那么的吝啬而又均匀。

母亲锁上水窖，笑着对我们说："你们真的饿坏了。"

这是我至今为止唯一听到的将"渴"说成是"饿"的话。

《江南时报》( 2004 年 07 月 23 日 第三十一版 )

## 《水》课文（苏教版）

我出生在一个缺水的地方。记得那时候我们一个村子的人吃水，都要到十公里之外的一处很小的泉眼里去挑，经常要排上一个小时的长队，才可以挑上一担回家。水，成了村子里最珍贵的东西。"请我喝酒不如请我喝水"，这是村里人说得最多的话。

下雨天是村子里每个人都期盼的日子。那时候，家家户户都建有水窖，用来在下雨天储水，以备今后很长一段时间使用。只有在下雨的日子里，大家才可以痛痛快快地洗上一回澡。先是像我们这样的孩子，全身脱得光溜溜的，在雨中奔跑跳跃，大呼小叫，尽情地享受水带给我们的抚摸与清凉，还仰起头，张大嘴巴，去吃来自天空的水。然后大人也加入到了洗澡的行列里来，只是他们远没有我们这样的无遮无挡——男人们穿着短裤，女人们则穿着长衣长裤。

就像过节一样，这样美好的日子在我们那里毕竟太少了。更多的是干燥和炎热。特别是在夏天，在骄阳下忙了一天之后，男女老少都有一种将要被风干的感觉。储藏在水窖里的水就显得更加珍贵了，母亲用一把大锁锁住了水窖，也锁住了我们对水的渴望。而挂在她腰带上的那把钥匙，则象征着权威、幸福和痛快。我们都盼望着水窖打开的那一刻的到来。

我们四兄弟，像四根将要被晒干的狗尾巴草一样，从小到大，排在了母亲的跟前。母亲轻轻一笑，从腰带上取下钥匙，打开了水窖。一缕水的气息扑面而来，我们都倒抽了一口凉气。然后，母亲一手从水窖中打起一勺水，从我们的头顶缓缓地倾注下来，一手拿着一把麦秆扇往我们身上扇风。顿时，藏于地下的水的清凉，再加上缕缕轻风，让我们都舒服得"啊啊"大叫了起来。

从头顶倾注而下的水滑过了我们的脸，像一条小溪流，顺着脖子缓缓地滑过了我们的胸和背，然后又滑过了我们的大腿和膝盖……在水的滑动中，我听得到每个毛孔张开嘴巴的吸吮声，我感觉到血管里血的流动在加快。水，它不多不少，在抚摸过全身的每一寸皮肤后，刚好能够润湿脚板，地上几乎没有一滴被浪费掉的水。

母亲锁上水窖，笑着对我们说："你们真的饿坏了。"这是我至今为止唯一听到的将"渴"说成是"饿"的话。

### 文本解读

## 小说中的母爱与苦难

在现在中小学语文教材中，这类文章带有普遍意义，这样的文章叫时文。所谓时文，就是当代人所写的，带有时代气息的文学作品，而这些文章在科举时代主要指的是科举文，制艺文，所以在科举的语境里，时文又指制艺文。

首先，这篇文章的基本定位是一般文学作品，不是一篇像《桂花雨》那样的经典而精致的文本。其次，这篇文章的文体界定比较复杂。此文首先发表在《江南时报》2004 年 7 月 23 号的文学版。《江南时报》类似于《姑苏晚报》，文学创作的形式比较庞杂。不过，大家基本上把它认定为散文。讨论文体，对作者的了解也是一个突破口。本文作者马朝虎是浙江常山人，从未离开过常山，做过工人、记者，90 年代开始文学创作，创作了大量当代小说、散文。在我看来，他的作品中写得最好的是《我的丑娘》，是一篇带有自传性质的小说。据此，可以判别这一文本并非单纯意义上的散文，而是情节淡化的散文体小说。散文体小说在文体的特征上有着不一样的价值取向。文章的典型环境与作者的人生际遇无关，这篇小说的典型环境是北方一个缺水的地方，在一个艰苦的时代，一个艰苦的地方，一群饱受艰苦的人，借此展现出他们的精神状态，这一背景与作者的现实生活并无关联，只是作者创造的一个文学世界。因此，在文体上此文也就更加接近小说。小说的核心要素是情节，可是这篇小说(姑且把它认定为小说)在情节上是淡化的，是一篇带有散文文体特征的小说。这种手法沿袭了孙犁、汪曾祺这批现代小说家创作的散文体小说，带有浓厚的乡土气息。

这篇文章中第一个小节的典型环境，奠定了文章的基调，即在默默的苦难的叙说中渗透人类的温情。第一句话很长，最后结束在"'水落石出'的成语我是这样知道的"。这样的一种表述手法很独特。"'水落石出'的成语我是这样知道的""请我喝酒不如请我喝水""'你们真的饿坏了。'这是我至今为止唯一一听到的将'渴'说成'饿'的话"，整篇文章里面，这样三个句子，前紧后松，跌宕有致，在语言表述的结构上，它们有前后呼应的美。这几句话作为"骨架"撑起了整篇小说。

小说的骨架一般用以下几种方式撑起：一是相近的语言的表述，在这篇小说中"我是这样知道的""说得最多的话""至今为止听到"这三句话撑起了整篇文章。二是反复运用同一种场景，有一篇名叫《老妪》的小说，讲述一个卖茶鸡蛋的老妪在冬天不叫卖，只是低头煮蛋，有着一种凛然的尊严。"我"去买茶鸡蛋，买完以后没有要找零就离开了。可是当"我"回来的时候，发现她还在那儿等着找钱给"我"，这时候"我"感到内心的羞愧。同一场景在小说中出现了三次，用三个同样的场景构建了小说的骨架。三是同样的情感描述，情感相似又不尽相同，如毕飞宇的《地球上的王家庄》，是通过相近的三次情感的描述把这篇小说支撑起来的。所以，在《饿水》这篇文章中，这三句带有支撑小说"骨架"功能的语句，必须获得足够的重视。

文章的第一句话刻画了干旱的北方这一典型环境。一开始直接使用成语"水落石出"的表层意义，在语言上表现出不一样的张力。这一表层意思恰恰是小说的背景，这句话奠定了整篇小说的背景基调，看似平静，实际上带着辛酸的眼泪。跟这句话呼应的是"我出生在北方一个缺水的地方"，这句话用北方和缺水互相形成张力，这样去理解"水落石出"就更能感受到干旱的程度之深。

"记得那时候我们一个村子的人吃水，都要到十公里之外的一处很小的泉眼里去挑"，这里使用了和一般习惯不同的"吃水"一词，如果说"吃茶"带有生活趣味，"吃水"就是实事求是的表述。"十公里之外"在这里强调距离之远，"都要"强调全部，呼应前面"一个村子"，"一处"强调唯一性，泉水小的程度在这里用了"泉眼"，"很小"强调水少，强调缺水。在这句话中，"都"呼应村庄之大，"十公里之外"表现路途之长，"一处"表现水源的唯一性，再加上"很小""泉眼"，缺水之甚不可言，这一字一句之间就表现出了北方缺水的典型环境。

"经常要排上几个小时的长队"这句话中，"经常"表现出在缺水的北方，一个村子的人经常要到十公里之外的泉眼去挑水，而且只有那里有一处，因而去的人会多，去的人多了等的时间就长，于是说"几个小时"，排队代表那个苦难的日子中一种有秩序的情绪状态。到十公里之外去挑水的结果同样发人深省，一定要满足前面所有的条件，"经常""排上几个小时""长队"，"才可以"有这个结果，即"挑上一担水回家"。不是挑上很多担水，只是一担，而这一担水也不是满满的，而是"不深不浅"的。这里"不深不浅"带有希望它挑满的意思，但是却只能是"不深不浅"的。在这句话中，作者非常用力去描写典型环境，几乎每个短语作者都下了功夫去刻画那个缺水的北方。

文章的第二句话，在这个典型环境中出现了典型情节，"为了水，邻里之间隔三差五地……"这里"磨擦"一词，把朴实的人与人之间的关系写得具有人情味。"为了水"一词把一切的人类情感放在这一特定的背景中，并且围绕这一背景开始展开情节描写，把前文中展现的简约、模糊的群像归结在一起。这篇小说有三组群像，第一组就是一村子的人到十里之外的泉眼里去挑水，这个群像是简括的，模糊的，是整个小说的基调，是简写。第二组群像是雨天洗澡，这个群像是清晰的，是反写。最后一组群像表现了一个水窖里的五个人，一个母亲和四个孩子，这一组群像是精致的，注重细节刻画，是细写。

在模糊的群像描写之后，作者说"为了水，邻里之间隔三差五地要闹出一些磨擦"，"邻里之间"限定对象范畴，"隔三差五"说的是多，但是这里的多和频繁并不令人讨厌，然后说"特别是到了夏秋断水的季节"，这句话又是接着"为了水"来说的，"缺水""为了水""断水的季节"，层层递进，如同"一定要把闹钟的发条不断地上紧"。第一小节不断地上紧发条，"北方缺水"已经很特殊了，"为了水"有"磨擦"更加特殊。然后，作者逐渐把整个小说推进到情绪的高潮处，"特别是到了夏秋断水的季节，村里的关系就更加紧张了"，人与人之间表现出互相的紧张与戒备，这一切是因为缺水。

断水，缺水，为水，接着作者不再描写紧张和苦难的程度，相反把笔调抬了起来。在此之前，节奏一直是下压的，"我出生在北方缺水的地方"，起笔节奏就不高不快，然后一直往下压，"泉眼""排上几个小时的长队""水落石出"一直往下压，压到"闹出一些磨擦"，到"断水"，到"更加紧张"，节奏情绪压到了最低处，唯最后一笔却一下子上扬了起来，"请我喝酒不如请我喝水"。前面缺水、吃水、为了水、断水这几个词前后关联，而这里用了一个普通的词"喝水"，这个普通的词与另一个普通的词"喝酒"放在一起，获得了并不一样的意义，很幽默，当然我们总是认为"喝酒"比"喝水"尊贵，可是在这里他说还不如"喝水"，可见"喝水"比"喝酒"更尊贵。

这句话之后，作者用另外一句话搭建了一个语义桥梁，"这是村里人说得最多的话"，那村里人都在什么时候说这样的话呢？即"下雨天是村子里每个人都期盼的日子"。在小说中，作者始终不厌其烦地讲"一个村子""整个村子""村子里每个人"，实际上是在强调所有的人都在缺水的背景之中，那么"下雨天是村子里每个人都期盼的日子"，就被烘托而出了。

这篇小说借鉴了孙犁的《荷花淀》，当然还是存在差距的。场景的转换在孙犁那里就非常圆润，水生很晚从外面回来，妻子坐在家里编竹席，把手刺破了，那个场景的描写很棒，一下子再转换到今天村里讨论的事情，非常的圆润，这篇文章就远不如了。作者另起一段，"下雨天是村子里每个人都期盼的日子"，仅仅从字面上联系了一下，而在整个精神上、笔调的内在意蕴上却有所欠缺。

"也只有在这样的日子里"，进一步强调"只有"，而且用"也"强调。副词强调副词，在小说和散文中都是通例，副词修饰副词的句子，一定要带学生去体味它的语法意义和情感意义。这个虚词有语法意义，甚至有语法情意。虚词的魅力在古诗里也有，"路上行人欲断魂"，这个"欲"是虚词，表示将要，用将要去说断魂的状态，表现出非同一般的语法意义。这里也是如此，"也只有在这样的日子里""大家才可以"，"也只有""才可以"说明的是唯一性，在这里使用了反接的方式联系下文，前面是不断紧张"往下跑"，这里是"只有这种时候才能避免这种情况"，"心平气和""更加紧张"是对举反接的地方。

"村里的关系就更加紧张了""大家才可以心平气和地相处"，作者在此宕开一笔，但是这一处闲笔又是一处伏笔。解读文学作品，闲笔需要引起重视，不是把每一个段落、每一句话都派上"主将"的作用，闲笔就是那个敲锣打鼓的人，甚至是个马童，少了闲笔文章就显得生硬。文章要写得婀娜生姿，很重要的就是要有闲笔。作者心思缜密，处理伏笔同样非常重要。"那时候家家户户都建有水窖，用以在下雨天储藏今后很长一段时间的家庭用水"，"很长一段时间"和"排上几个小时"是一处对比，"只有在这样的日子里""用以在下雨天里"，这之间的叙述似乎不是紧接着"心平气和地相处"往下，这里的水窖为最后的五人群像做了铺垫，这就是一处伏笔。

第三段第一句"也只有在下雨的日子里"，呼应"也只有在这样的日子里"，两个小节关联起来了，也是沿着"心平气和"继续推进。"才可以心平气和地相处"这一句话几乎没有变化地重复了第二段过渡到第三段的话，无非就是强调这样的日子就是下雨的日子，进一步地说下雨的日子是给大家带来心平气和的条件。心平气和地相处，也并不是关了门之后在雨里悠哉地散步，闲适地聊天，而是接下来的"才可以……"。"才可以"一词在整篇文章中出现了三四次，"才可以不深不浅""才可以心平气和""才可以痛痛快快"。在这篇文章中，用词在语法结构上的相似成了重要的叙述方式的特征。"才可以痛痛快快洗上一回澡"其中"一回""痛痛快快""才可以"这三层强调他们心平气和地相处的特殊方式。

"雨"这个意象在中国文学中是非常丰富的，南宋词人蒋捷写过一首很有名的《虞美人·听雨》："少年听雨歌楼上，红烛昏罗帐。壮年听雨客舟中，江阔云低、断雁叫西风。而今听雨僧庐下，鬓已星星也。悲欢离合总关情，一任阶前、点滴到天明。"这首词非常雅致，词人把下雨跟人生结合起来。而在这篇文章中，根本没有听雨的儒雅，温润，相反却是无比的热烈朴实。听雨是雅的，而在雨中狂欢却是俗的，而这种俗的雨中的狂欢恰恰是那个缺水的地方断水的季节中最热闹的光景，这一组群像的描写非常热烈，这种热闹反衬出平时缺水的艰难。

"先是像我们这样的孩子全身脱得光溜溜地在雨里奔跑跳跃、大呼小叫"，这并不是一般的洗澡，而是雨中的狂欢，是对自然膜拜的热烈情绪，作者用了"光溜溜""奔跑跳跃""大呼小叫"来写孩子的群像，这里紧紧扣住前面缺水很艰辛，断了水更加紧张，有了水心平气和，有了水尽情享受，体现出对比的层次。

作者用了"抚摸与清凉"来表现享受的对象，这个句子比较特殊，抚摸与清凉不在一个层面上，抚摸是雨对"我"拟人化的表现，清凉是"我"感到的清凉，当然也可以说这是雨水给"我"的清凉，但是从这个句子的表述上看，显然是"我"感到的清凉。实际上这个句子有点杂糅，这就是现代作家在文辞上的不纯净。语言的纯净是现代母语教育培养出来的人很难做到的。

"尽情地享受水带给我们的抚摸与清凉，还仰起头，张大嘴巴，去接来自天空的水"，显然这里他说的是自己的一种内心感受，他在享受雨带给自己的触摸的快感，肌肤的快感，但是这还不够，从心平气和到奔跑跳跃，到大呼小叫，再到尽情享受，他把尽情享受的动作定格在"仰起头""张大嘴巴""接来自天空的水"。这个群像写得最精致的就是孩子。

一个群像的描写不是平均用力的，有花有叶有枝，孩子的群像衬托的是大人们的群像，"大人们也加入到了"，似乎是大人们看着孩子们欢快地大呼小叫，也忍不住加入进来，原本紧张的、现在心平气和的大人也热烈起来，他们也加入进来了。"也加入"这个"也"字很有意思，带着一种时间的停顿。接下来作者写道，"只是他们远没有我们这样的无遮无挡"，就把孩子的群像和大人们的群像区别开来了，孩子是光溜溜的，大人们是"没有无遮无挡"，这里为什么不说"大人们仍然穿着衣服"，相反沿着"脱得光溜溜"这个语义往下说，我们是"无遮无挡"，他们是"远没有我们无遮无挡"，这句话很有意思。大人们真的是完全的有遮有挡吗？如果这样的话那个"远"字还要吗？"没有无遮无挡"和"远没有无遮无挡"意味着有不同，也就是说能不遮挡的都不遮挡，必须遮挡的都遮挡着的。一方水土养育一方人，马朝虎的小说带有浙派文学的"小精致"。在清代，浙派词、诗总是在微妙处演绎得非常精致。像这个地方加了一个字"远"，就把大人们和孩子们在雨里尽情享受的样子描述出来了。

大人们又分两类：男人们穿着短裤，女人们则穿着长衣长裤。"远没有我们那么的畅快"，两次"远没有"，似乎作者就是这个孩子群像中的一员。这个小说的叙述视角就是孩子的视角，这个孩子的视角在这个地方还不够模糊，而模糊的是在第一个场景中。其实第一个场景中那些排着队等着打水的人就是在这个雨天穿着短裤的男人和穿着长衣长裤的女人们，甚至还有脱得光溜溜的孩子们。这两个场景中所有的人都是一样的。第一个场景是极其模糊的，同时又是宁静的，甚至带着苦涩的，而这个场景是欢快的，热闹的，响亮的，快乐的，因此这个场景中最亮的群体就是孩子。孩子们在第一个场景中可以忽略，因为孩子们不可能去挑水，也许不能体味这种缺水的苦涩。第二个场景中孩子们却最大限度地把有水的快乐、畅快表现出来了。两个场景中的人物基本接近，但是情绪状态完全不同。大家如此畅快，场景也写到最高潮。

　　小说总是到达高潮之后迅速回落，到高潮就结束的这一方式是好莱坞电影的方式，中国人接受不了，中国人总是喜欢慢慢地到高潮，再慢慢地回落，然后结局又很清楚，毫无异议。文章在这里达到顶峰，没有马上回落，"洗过澡后，大家碰了面"，接上文"远没有我们那么的畅快"，这里的处理并不柔和，有点生硬。"相互都会吃上一惊"这个口语化的句子很好。"你怎么胖了"是北方人见面时候常说的一句寒暄话，这里又一次的幽默了，原因就是刚痛痛快快地洗过澡。"你原来这样白"，是因为在雨中把原来的尘埃都洗去了。小说写到这里，回落的结构不是那么精致，而这个结构又过渡到下一个场景。

　　读作品不仅是把优点读出来，有时候也要把缺点读出来。小说在前面两个场景过渡性、轮廓性的描摹之后，一个是远镜头，一个是近镜头，下面就转入一个特写镜头，这个特写镜头开启之前，作者用了一个小节去联系，"就像过节一样，这样美好的日子在我们那里毕竟太少了"。这句话承上启下，"这样美好的日子"接着前面下雨的日子，这个日子之前作者加了一个修饰语"美好的"，然后用"毕竟"告诉读者这个美好的日子的描写已经告一段落。下面的日子更多的是干燥和炎热，"特别是在夏天"，这样就进入断水季节的描写。

　　"在骄阳下做了一天农活"，作者用句子层层叠加的方法把从"缺水"到"断水"的环境描摹得更加全面。"做了一天农活"是一个条件，"无论是男女老少都有一种将要被风干的感觉"，这个感觉是断水的感觉，把原来潜伏的那句话挖掘出来，"储藏于水窖里的水显得更加的珍贵了"。更加珍贵的是家庭用水，即饮用的水，其他的几乎不在家庭用水的范畴。

　　写到这儿，作者并没有沿着水的珍贵继续写水，而是滑出一笔，逸出一笔，文学上把这样的笔法叫逸笔——逃出去的一笔，写道"母亲用一把大锁锁住了我们对水的渴望"。锁住的不是水窖的门，锁住的是对水的渴望，这句话带有抒情色彩，是散文体小说中常用的笔调。小说强调的是刻画入微的语言，而这里他用的恰恰是写意式的笔法。"而挂在她腰带上的那把钥匙，象征着权威以及幸福和痛快"，在前文已经领略到痛快，在这里感受到的是权威，唯有幸福还留了一个空。

读者等待着那一刻的到来，等待着权威的消解，痛快的回忆，幸福的享受。

"我们四兄弟，像四根将要被晒干的狗尾巴草一样的孩子"这个句子是一个病句，改成"我们四兄弟，像将要被晒干了的四根狗尾巴草一样的孩子"，这句话就对了。"一丝不挂"和前面的"全身脱得光溜溜"呼应，"排在了母亲的跟前"和前面排上几个小时的长队一样。小说在三个场景上前后照应，构筑起小说的主要框架。"母亲轻轻一笑"，非常温婉而优雅，"从腰带上取下钥匙，打开了水窖"，这一连串的动作描写，非常温润，很有质感。"一缕水的气息扑面而来，我们都倒抽了一口凉气"，这是清凉的气息，在我们晒得快像干枯的狗尾巴草的时候，感受到的一口凉气。

这个场景描写到此时没有停止，而是继续向前推进。"然后，母亲一手从水窖中打起一勺水"，一般打水总是打一桶水，而这里竟然是打一勺水，这是典型的用大词说小事，用重词说轻事。"母亲一手"，看似就很轻松，一个"打"字把这个动作写得很沉重。"从我们的头顶缓缓地倾注下来"，"缓缓"，因为只有一勺水，所以非常认真地、精心地浇注。"倾注下来"，带有神圣感，这和母亲前面"轻轻一笑""一手打起"是和谐的，都是重词中带着轻松，带着宁静，甚至还带着一些神圣的意味。她是从头顶倾注的，一边倾注，另一只手"拿着一把麦秆扇往我们身上扇风"，这个细节很难理解，作者为了让读者理解这个动作，下面连着两句话，把一手倾注一勺水，一手扇风的结果表述出来，"顿时"，表示这个结果来得很快，和前文"等待着那一刻的到来""倒抽了一口凉气"这样的动作是和谐的，是不假思考、不及提防的。

到这里，作者给我们留出的"幸福"一词，慢慢地显露出来了。由天而降的是痛快，降到地下就是幸福。这一句话扣牢的是"一手从水窖中打起一勺水，从我们的头顶缓缓倾注下来"。而后一句话，"再加上缕缕清风"，缕缕清风扣牢的是什么呢？"一把麦秆扇往我们身上扇风"。而"缕缕清风"和"轻轻一笑""一缕水的气息扑面而来""倒抽了一口凉气"，既形成对比，又互相衬托。"让我们都舒服得啊啊大叫了起来"，这个地方写得棒极了，"让我们"，显然不包括母亲，只是"我们四兄弟"，但是，母亲那双眼睛在那里。这个地方作者没有加引号，这也是那个年代的人通常的行文方式。如果加个引号，"让我们都舒服得——'啊啊……'——大叫了起来"，这个句子就生动了。两个破折号，把"啊啊"叫的这个情状延续了，而且这种叫和前面大呼小叫、奔跑跳跃的样子呼应起来。用引号强调这个细节的场景感，用省略号表示这个情绪不断高昂，那么，这个场景便是一个最动人的场景。这个细节是小说中最精妙的一个地方。作者拉近放大，然后加以特写，对这一镜头精雕细琢。

"从头顶倾注而下的水滑过了我们的脸"，"滑过"，水快但不多，像一条小溪流，溪流的水当然就不迅猛，不像从天而降的雨那样的畅快。"顺着脖子缓缓地滑过了我们的胸和背，然后又滑过了我们的大腿和膝盖"，这是把前面的特写镜头进一步地扩大，进行了雕琢。"我们"的脸，胸和背，大腿和膝盖，通通都在这一勺水中了。如果说漫天的雨让"我们"畅快，那么这一勺水给了"我们"宁静、清凉和温暖。这是两种不同的审美，这是两种不同的镜头，这个镜头推进得非常缓慢。作者写的这些词都很轻柔：滑过，顺着，缓缓地，又滑过。而作者写在雨中的畅快，如：奔跑，跳跃，大呼小叫，尽情地享受。选择不同的词去描摹整个场景不光是语义的问题，还涉及语调，不同的语调就要我们好好地去体味了。

"从头顶倾注而下的水，滑过了""缓缓地滑过了""在水的滑动中"，重复地写这种宁静是为了积蓄一种情绪。"在水的滑动中，我听得到每个毛孔张开嘴巴的吸吮声"，这里运用了想象的手法，看到的是张开嘴巴，听到的是吸吮声，又交杂着通感。"我感觉得到血管里血的流动在加快"，好像水是让血液流速加快的东西，是要写畅快呢，还是要写在宁静中享受这种美内心有些激动呢？这句话是需要斟酌的。"水，它不多不少，在抚摸过全身的每一寸皮肤后，刚好能够润湿脚板"，强调脚板是为了强调地上几乎没有一滴被浪费掉的水。此处，并不是为了表达节约水资源，而是表达母亲的倾注是如此的恰到好处，在那个缺水的北方，这样一勺水是多么的重要，能改变我们四个人的心情，改变我们四个人的生活状态、生存状态、精神状态。这与简单意义上的节约水资源，没有任何关联。喝水的不是嘴巴，是整个身体，从头顶到脚板、全身的每一寸皮肤都在喝水，"一勺水都被我们的皮肤喝光了"，这一句话是最好的解释。

"有时候，母爱是那么的吝啬而又均匀"，这一句话水到渠成。水窖是一直被锁着的，"我们"等待那一刻的到来犹如等待下雨天的痛快。因此母亲腰间的那把钥匙不仅仅是权威，还是吝啬。而吝啬的母亲恰恰在"我们"将要被晒干的时候给予了"我们"最需要的东西，这种吝啬才是最珍贵的。这里吝啬的母爱事实上就是这样一种珍贵的爱。母亲的那把钥匙成了吝啬的象征，这吝啬一旦给予"我们"的时候又是均匀的。因此四兄弟实际上是一个重叠在一起的脸庞，他们共同的名字都叫儿子。因此这一句话是非常关键的，正是这句话改变了文章的主旨。

读这篇文章常常会被指向"以苦为乐"。以苦为乐是一个心理概念，不是生理概念。不是一切的苦都可以变成乐的,苦变成乐是有条件的。所以我们反对简单地把这篇文章变成以苦为乐的文章。我们在读文本的时候不要简单标签化。这里说的是,在那个缺水的艰苦的岁月里,有了母爱,才会变得无比的温馨,幸福,痛快。有了人的情感,在苦难的岁月里共同相处的情感,无论是闹些磨擦,还是和平相处,这种情感才能够让苦变成乐。

"母亲锁上水窖",这直接关联的是母爱的吝啬,"笑着对我们说:'你们真的饿坏了。'"这句话写得真好,真幽默,像看四个孩子狼吞虎咽地把一碗饭吃完了,说:"你们真的饿坏了。"作者说,"这是我至今为止唯一一听到的将'渴'说成是'饿'的话",这就扣牢了标题的"饿水"。一般我们说口渴想喝水是说渴水,而这里的饿不是指的口渴,而是整个身体的渴,不是只有嘴巴才有这种缺水的感觉,是整个身体都有这种缺水的感觉,因此才说饿。在整个标题中,题眼是饿,不是水,但我们的课文把"饿"去掉了,真是"买椟还珠"。这里的饿是对一种情感的呼唤,不但有家外的人与人之间的情感,还有家里的那种最神圣的情感——母爱。作者其实指向了这一主题——在自然资源恶劣的时候,人的情感就更加宝贵。

所以在这部作品中,可以看到作者的一种思考,一种由血缘情感衍生出来的自然情感的呼唤。自然与人的情感变化,这是人类的永恒命题。在不同的时代,不同的作品都会渗透出对这个命题的思考。对这个命题的思考是每个作家穷追不已的寻问,《饿水》就是这样一篇寻问的小说。

### ✿ 课堂实录

(江苏省镇江市中山路小学)(45分钟)

**师:**"饿水",看过这样的题目吗?

**生:**没有。

**师:**我让你们回去把这个文章读五遍。读了没?

**生:**读了。

**师:**感觉如何?

**生:**非常的心酸。

**师:**感觉非常的心酸,你可以学文学了。还有吗?

**生:**感觉很累。

**师:**感觉很累,还有吗?

生：要珍惜水资源。

师：要珍惜水资源，那如果没有资源就谈不上珍惜，这个感觉有问题，还有什么感觉？

生：不好过。

师：缺水的日子非常不好过，对了，知道多少天不吃饭你就完蛋了吗？

生：7 天，10 天，13 天……

师：多少天不喝水你就不行了？

生：3 天。

师：如果让你选择不吃饭还是不喝水，你选择？

生：不吃饭。

师：都要喝水？

生：嗯。

师：这篇文章讲了几个没水喝的场景？

生：3 个。

师：3 个，都知道吗？归纳一下，说给我听听。

生：一个是没有水喝要去十公里之外的一处很小的泉眼里挑水，要排上几个小时的长队。

师：哦，要排上几个小时的长队，还要到十公里之外的地方去挑水。（板书：挑水）

师：远还是近？

生：远。

师：（板书：远）：远什么？添一个字。

生：远方。

师：喔，远方、远路、远处，从中挑一个，挑什么？好，给你个机会。

生：远程挑水。·

师：喔，你又换了一个字，好，谢谢。还有什么场景？

生：因为这个地方长期缺水，人们没有水来洗澡，所以下一次雨，男女老少都聚集在雨中洗澡。

师：洗澡，在什么时候洗澡？

生：在下雨天。

师：简单一点。

生：雨天。

师：雨天（板书：雨天）。还有一个场景，你知道吗？

生：就是在四兄弟十分热的时候，母亲用一勺水为他们四兄弟解暑纳凉。

师：哦，解暑纳凉，用一勺水为他们四兄弟解暑纳凉，这个场景发生在哪里？

生：家里。

师：在家里？在家的哪里？

生：水窖里。

师（板书：水窖）：注意啊，"窖"上面是一个穴字头，一个洞一样的东西，最早的窖是洞里边的那个地方叫窖。在水窖里干吗？

生：在水窖里舀水纳凉。

师：舀水纳凉，纳凉是坐着不动。

生：用一勺水为"我们"解暑。

师：母亲是怎样用这一勺水为"我们"解暑的呢？

生：用一勺水从头上浇下来，然后水由上往下滑。

师：这个给它一个名字，叫什么？

生：倾注。

师：倾注，水窖里边倾注？

生：我觉得是淋浴。

师：哦，淋浴（摇头），太老百姓化了，能不能换一个更好听点儿的词？让我满足一下。

生：浇灌。

师：哦，把人当成花了，我们人在干吗？冲——

生：冲凉。

师：冲凉（板书：冲凉）。向你们要这两个字好累啊！整篇文章就这样三个场景。你们看了原文没有？

生：看了。

师：更喜欢哪一篇？

生：课文。

师：好，我们来比较一下。

师：翻开你的课文，拿出我给你们的原文，仔细对照一下，哪些地方作了修改？这样修改，你感觉好不好？给你们五分钟，可以出声地读，也可以静静地思考。

**师**：你们不要不敢批评你们的课文啊，课文没有什么了不起的，老祖宗告诉我们"尽信书，不如无书"，最后我要你们把课文都收起来。

（学生默读，思考）

**师**：怎么样？好，我们一个一个场景来说，看作者马朝虎是怎样写这三个场景的，我们的课文又是把它改成怎样的。从第一个场景开始，第一句话就有不一样的地方吧？原文是——

**生**：我出生在北方一个缺水的地方。

**师**：课文"我出生在一个缺水的地方"，"北方"这两个字能不能少？

**生**：不能。

**师**：这句话最重要的两个字是什么？

**生**：北方。

**师**：不是删掉的这两个，是什么？

**生**：缺水。

**师**：对，这句话最重要的两个字是"缺水"，那是红色的警报。我们南方缺水吗？

**生**：不缺。

**师**：马朝虎是个南方人，浙江人，这篇文章是像写小说一样写出来的，明白了吗？所以北方是这篇文章的背景，这两个字能少吗？

**生**（摇头）：不能。

**师**：否则这句话就没有背景了吧，我们的课文不好吧。

**生**（摇头）：不好。

**师**：用自己的脑袋想问题，说自己的话，从小就要学会这样一种意识。现在我们再往下读。

**师**：记得那时候我们一个村子的人吃水，都要到十公里之外的一处很小的泉眼里去挑，经常要排上——

**生**：几个小时。

**师**：课文上是——、

**生**：一个小时。

**师**：我认为这样改得不好，说说看为什么。

**生**：他把真实的时间改掉了，这样就不真实了。

**师**：真实的时间都不真实，小说都是假的，文学都是假的，说得像真的一样才是文学。很重要一个问题是，第一小节他要写什么？

**生**：缺水。

**师**：哪一个词更能表示缺水？

**生**：我觉得"几个小时"更能表示缺水，不过我觉得课文这样写的话，也许害怕我们接受不了。

**师**：对了，我们的课文这样改，是害怕我们接受不了这样的现实，现实就是那么残酷。所以，如果说要表现缺水的话，是几个小时好，还是一个小时好？

**生**：几个小时。

**师**：从这一段话中，我们还能看出哪些地方写了缺水？是怎样的缺水？对没有改过的，我们也要说哦。

**生**："到十公里之外的一处很小的泉眼里去挑"，从这句看出了缺水。

**师**：十公里之外是多远？你们操场一周多少米？算它200米。一公里是多少米？

**生**：一千米。

**师**：十公里是——

**生**：一万米。

**师**：去了以后又回来呢？

**生**：两万米。

**师**：绕操场跑多少圈？远吗？

**生**：远。

**师**：感受到远了吗？

**生**：感受到了。

**师**：到那么远的地方去挑水，为什么？

**生**：因为他们村子里没有水喝，必须要到十公里以外去挑。

**师**：好，还有吗？还有哪些地方？

**生**：经常要排上几个小时的长队，才可以不深不浅地挑上一担回家。

**师**：这句话，哪几个词你比较关注？

**生**：几个小时。

**师**：几个小时，时间长吧？

**生**：长。

**师**：为什么？水大吗？

**生**：不大。

**师**：水很小，人又很多，所以是几个小时。还有呢？

**生**：长队。

**师**：好，这句话还有个词，谁关注了？

**生**：经常。

**师**：经常，什么意思？

**生**：不止一次，去了很多次。

**师**：在这一段里还有一个词表示经常的，找找看。四个字。

**生**：隔三差五。

**师**：对了，我们读书就是要这样会联系，明白了吗？好。隔三差五，经常，一个月挑一次叫经常吗？（生摇头）

**师**：为什么要经常？

**生**：缺水。

**师**：好，还有吗？

**生**：记得那时候我们一个村子的人吃水……

**师**：好，你等一等，一个村子，是三家五家？

**生**：不是。

**师**：那么所有的人都——

**生**：到一处地方。

**师**：对，所有的人都到了一处地方去挑，两个字的原因——

**生**：缺水。

**师**：好，"我们一个村子的人吃水"，我们只说吃酒，吃饭，你说吃水吗？

**生**：我说喝水。

**师**：作者为什么说吃水？所以还是两个字的原因——

**生**：缺水。

**师**：对了，后面还隔着一句话，里面的词还藏在那儿呢，把它挖出来。

**生**："才可以不深不浅地挑上一担回家"，这句看出来，去挑水不能挑一满担水，只能是不深不浅地挑上，可能是半担，可能是三分之一担回家。

**师**：为什么不把它挑满呢？

**生**：因为要挑水的人非常多，然后你的时间不够，你只可以挑半担或三分之一担回家。

**师**：还可以看出那个地方的人——

**生**：那个地方的人都要挑水。

**师**：善良不善良？

**生**：非常的善良，想早一点让别人挑水。

**师**：好，还有吗？

**生**：我从"请我喝酒不如请我喝水"中看出来，这个村子的人很缺水。因为酒是很珍贵的东西，比水要珍贵得多，但他说喝酒不如喝水，可以看出来很缺水。

**师**：太珍贵了，对不对？为什么？

**生**：缺水。

**师**：这一段里，描写缺水的地方还有很多，有的被课文删掉了，有的留下了，我只是和大家举几个例子，这个场景我们就读到这。最后一句话，"'请我喝酒不如请我喝水'，这是村里人说得最多的一句话"，齐读一遍，把缺水的感觉读出来，开始。

（生朗读）

**师**：喝水呢，除了要去挑水之外，还要再怎么样？等着什么？

**生**：下雨。

**师**：等着下雨，"下雨天是村子里每个人都期盼的日子"这句话有没有被删掉？

**生**：没有。

**师**：可是删掉了后面一句话，"也只有在这样的日子里，大家才可以心平气和地相处"，这句话和前一个小节哪一句有关系？

**生**：为了水，邻里之间隔三差五地要闹出一些磨擦。

**师**："磨擦"，什么意思？

**生**：矛盾。

**师**：前面我们还说到一个词，表示他们那样的善良，关系不紧张，矛盾了吗？

**生**：矛盾。

**师**：这些矛盾都是因为——

**生**：缺水。

**师**：下雨了还缺吗？

**生**：不缺。

**生**：大家都心平气和地相处。

师：好，一共几个小节写了这个场景？它们是怎样联系起来的？比如说，"也只有在这样的日子里，大家才可以心平气和地相处""也只有在下雨的日子里，大家才可以心平气和地相处"，这两句话是一个意思，删掉行不行？

生：不行，因为更看出了水的珍贵。

师：看出了水的珍贵，同时把这两个小节怎么样？有没有把它串起来？

生：有。

师：否则这两个小节就分开了（做手势），你们阅读文章一定要注意，每个小节之间用一根链条把它连起来，这样的句子就是链条。在雨天洗澡的这几个小节中，还有哪些地方是链条？哪些地方被课文删掉了？第一小节和第二小节是怎么联系的？第二小节和第三小节怎么联系的？后面的几小节又是怎么联系的？哪几句话啊？找找。带着这些问题大家来齐读。

（生齐读）

师：三个小节彼此之间是怎么联系的？第一个小节和第二个小节之间的联系，刚才我举了例子被删掉的那个小节用哪一句话去联系？

生：洗过澡后。

师：对，洗过澡后，整个小节被删掉了吧？

生：嗯。

师：这一小节，好吗？

生：好。

师：为什么好？为什么你喜欢？

生：因为这一小节有一个人说："啊呀，你怎么胖了？"一个人说："啊呀，你原来是这样白。"这说明他们洗过澡后，身上已经变干净了，不像以前干农活的时候，全身都脏兮兮的，洗完澡后身上就干净了。

师：对了，不像干农活的时候脏兮兮的，哦，后边还有干农活的，又联系起来了吧？这小节还写出了在雨天洗澡的心情，怎样的心情？

生：很幸福。

师：太棒了，我喜欢这个词，幸福。还有吗？

生：痛快。

师：痛快，还有吗？

生：愉快。

师：愉快，还有吗？

生：喜悦。

师：还有很多很多的词能表达这样一种雨天洗澡的心情，但是这一个小节是怎么写的呢？"洗过澡后，大家碰了个面，相互都会吃上一惊"，好像在这个时候才互相看了看啊，为什么？

生：因为大家都忙着洗澡。

师：都自顾自地洗澡吗？为什么这样？

生：很少下雨，所以他们太珍惜了。

师：对了，太珍惜了，来不及管别人，只管自己洗得舒服，洗得愉快，洗得幸福就可以了，对吧？洗完了，看看成果，相互都会吃上一惊。一个人说："哎呀，你怎么胖了？"一个人说："哎呀，你原来是这样白。"好像洗完澡才白的，我这样的人估计洗一百遍都不会白啊。是不是？读到这句话，你有什么感受？

生：感觉十分好玩。

师：写得真不真？

生：真。

师：写得太真了，文章就要写成这样。好，这样一个幸福的日子，这样一个愉快的日子，是隔三差五的吗？是经常的吗？

生：不是。

师：哪一句话把这个画面又转移到了另一个画面？

生：就像过节一样，这样美好的日子在我们那里毕竟太少了。

师：更多的是——

生：更多的是干燥和炎热。

师：特别是——

生：特别是在夏天，在骄阳下做了一天农活之后，无论是男女老少都有一种将要被烘干的感觉。

师：这一句话，把前一个画面转移到了另一个画面。这就是文学了。你们写作文，第一件事写完了，第二件事是这样的，第三件事开始说了，好玩吗？太不好玩了，像一个木讷的人，对不对？所以，我们写文章一定要注意小节与小节之间的链条，还要注意段落与段落之间的链条。明白了吗？

生：明白。

师：这个像过节似的美好的日子在"我们"那里毕竟太少了，更多的是什么？

生：干燥和炎热。

师：怎么办？"我们"最向往什么地方？这句话在哪里还写到过？

生：那时候，家家户户都建有水窖，用以在下雨天里储藏今后很长一段时间的家庭用水。

师：水窖的功能知道了吧？这个水是——

生：珍贵的。

师：珍贵的，并且是干什么用的？

生：家庭用水。

师：家庭用水，一般说的是什么？

生：喝水。

师：喝水，饮用水，对不对？

生：嗯。

师：洗碗的那个水都是——

生：自来水。

师：有自来水吗？北方，缺水的地方，到很远的地方去挑水。下雨天积下来的这些水是用来喝的，洗碗都不舍得，更不用说其他了。正因为炎热，正因为干燥，所以"我们"就更加期盼这个水窖。那么在这个水窖边，"我们"哥几个怎么样呢？找一找，看这两个小节哪些地方是改过的？改得怎么样？第一个场景，我和你们一起找，教你们方法。第二个场景我陪着你们读，带你们一下，第三个场景，自己读，自己找，然后说一说。有改得好的，有改得糟的，还有改得特别糟的，给你们三五分钟吧。

生：在原文的第七自然段里，最后有一句"一勺水都被我们的皮肤喝光了"，我觉得这一句和"水，它不多不少，在抚摸过全身的每一寸皮肤后，刚好能润湿脚板，地上几乎没有一滴被浪费掉的水"，这两句有点重复的感觉了。

师：哦，课文中把"一勺水都被我们的皮肤喝光了"去掉了是吗？

生：课文之所以去掉，是因为和前面一句有点重复。

师：好，有的时候，一首诗从头到尾都在重复，这里该不该重复？说说理由。最后一小节想写什么？该不该重复？

生：该。

师：说理由啊。

生：我觉得应该，因为重复就更加强调了，纳凉的时候皮肤非常的干燥，让我们更加觉得那个地方是非常缺水的。

师：对了，把干燥、缺水写出来了。一勺水都被我们的皮肤喝光了，就像春天的雨水啊，落下来，小草把所有的雨水都喝光了，心情怎么样？

生：愉快。

师：所以这里删了，好不好？

生：不好。

师：对，删得不好，我支持你们的意见，还有吗？

生："我们四兄弟，像四根将要被晒干的狗尾巴草一样的孩子"我觉得这句话是病句，作者这么说就是把这四兄弟比作了狗尾巴草。

师：后面的"一样"还要不要？

生：不要了。

师：可要可不要的统统不要，四兄弟像狗尾巴草孩子，本来没有病句吧？前面是兄弟，后面是孩子，没有病句，是不是？

生（点头）：嗯。

师：还有哪些地方改过了？

生："在骄阳下做了一天农活之后"，课文把它改成了"在骄阳下忙了一天之后"，我觉得课文改得更好一些。因为村里人不一定一天都在干农活，可能有些妇女在家里干一些别的事情，所以我觉得书上改得更好一些。

师：对了，这个地方是改得更好了，"忙了一天"，突出了"忙"字。还有吗？

生：原文是"我们等待着那一刻的到来"，书上是"我们都盼望着水窖打开的那一刻的到来"，它把"等待"改成了"盼望"，可以突出"我们"很盼望水窖打开。

师：哦，这句话改成了"我们都盼望着水窖打开那一刻的到来"，你觉得更加有感情，对不对？

生（点头）：是。

师：我觉得呢，这里可以，无所谓，为什么？"等待着那一刻的到来"，表现了作者那种静静的期盼，写得很含蓄，如果改得非常的热烈，当然也可以。所以，改与不改无所谓，还有吗？再找。

生：原文是四兄弟一丝不挂地排在了母亲的跟前，"一丝不挂"说明他们都脱光了。

师：一丝不挂就是光溜溜的啥也没穿，为什么？

生：因为那里很炎热。

师：还有呢？

**生：**因为那里缺水。

**师：**这样的时候什么也不穿了，只有这样的时候皮肤才能够把水全部吸干，好，还有吗？

**生：**原文是"从大到小"，我觉得书上的"从小到大"比较好，因为哥哥要让弟弟，所以要站在最后面。

**师：**哦，很好很好，这个地方我也发现了，"从大到小"，咱们农村都那样，老大老二老三老四。"从小到大"呢，是你们城里人觉得要谦让，所以改和不改，我觉得没有什么区别。还有吗？

**生：**课文"母亲用一把大锁锁住了水窖，也锁住了我们对水的渴望"，我觉得比原文写得更生动一些。

**师：**对了，"母亲用一把大锁锁住了我们对水的渴望"，原文如此，我们的课文改成"锁住了水窖，也锁住了……"这样的节奏感好些，对不对？这里改得不错。那么整个场景，有的地方改得好，有的地方改得不好，有的地方可以改也可以不改的。比如说改得好的，啊，啊，加了两个引号，更好了吧？

**生（点头）：**是。

**师：**还有"储藏在水窖里的水就显得更加珍贵了"，"就"字加得好，没有"就"那个感觉还出不来。最后在水窖冲凉之后，"我们"都听到了母亲笑着说，一起读这句。

**生：**你们真的饿坏了。

**师：**饿坏了，原文叫什么？

**生：**饿水。

**师：**"你们"真的饿坏了，现在"你们"吃饱了吗？是因为什么而吃饱了呢？怎样吃的呢？"从头顶倾注而下的水滑过了我们的脸，像一条小溪流，顺着脖子缓缓地滑过了我们的胸和背，然后又滑过了我们的大腿和膝盖……"多棒的句子，写得多么的抒情，用抒情的样子把那种吃饱了的感受读出来，好不好？

（生齐读）

**师：**像好久没吃的人吃了一顿饱餐，那么渴的人如此地享受了这样的凉水，是谁给予了这四兄弟的？

**生：**母亲。

**师：**"有时候，母爱是那么的吝啬而又均匀"，这一句话让我非常感动。孩子们，记住了，任何时候有这样的母爱你就有快乐，有幸福。尽管她是吝啬的，但是她给了你们最基本的，同时母爱又是均匀的，是博大的，在你渴的时候，给你们水喝，饿的时候给你们饭吃，冷的时候给你们衣穿。这篇课文，你们一开始读得很心酸，因为那是一个充满着艰苦的地方。而在那里有母爱，在所有的地方都有母爱，母爱是那么的吝啬而又均匀。孩子们，一切的苦难，都在这样的母爱中消散开去，幸福永远在。把这句话再读一遍。

**生**：有时候，母爱是那么的吝啬而又均匀。

**师**：是的，那个地方缺水，饿水，但是有母爱，幸福永远都在。孩子们，记住你们的母亲，记住那三个场景中时隐时现的帮助你们抵御艰苦的母亲，这节课就上到这里。谢谢大家，下课。

### 名师评课一

## 在比照与联系中穿行

坐在大学老师陈国安的小学课堂里听课，总能看到在小学老师课堂里很难看到的景象。教学思想"深邃独特"，教学内容"非同一般"，教学现场"宽心舒畅"，学生能看清自己学习的起点，更能看清自己在陈老师引领下所能达到的最远的终点。在陈老师的课堂上，学生收获的除了语文的兴趣、习惯、能力、方法和思想，更有大学教师"独立之思想，自由之精神"的熏陶与濡染。静静观赏课堂情景，我们发现了蕴含在教学细节中的许多"不平常"。细细品味这些"不平常"，我们找到了陈老师教学背后独特的价值取向。

陈老师是如何把学生带进自己的课堂，如何实现自己的教学目标的呢？

### 1. 尽信书，不如无书

《水》是苏教版五年级的课文，作者马朝虎，原题《饿水》，选作课文时文字有改动。陈老师在教学一开始就出现原文题目《饿水》，和课文题目《水》相比，直击语言的陌生化，并紧扣"饿"字，让学生一上课就获得非同寻常的语言感觉。

在整体感知两篇文章时，老师提出这样的要求："翻开你的课文，拿出我给你们的原文，仔细对照一下，哪些地方作了修改？这样修改，你感觉好不好？给你们五分钟，可以出声地读，也可以静静地思考。"在学生默读比较时，老师补充："你们不要不敢批评你们的课文啊，课文没有什么了不起的，老祖宗告诉我们，'尽信书，不如无书'，最后我要你们把课文都收起来。"

"尽信书，不如无书"，这是老祖宗传下来的读书法，精辟而透彻。它告诉读书人，要善于独立思考问题。这显然是陈老师教学的重要价值取向。2011年版语文课程标准在第三学段教学目标中明确指出："（阅读教学）在交流和讨论中，敢于提出看法，作出自己的判断。"显然这同"尽信书，不如无书"的观点相一致。

在陈老师的课堂上，学生总能有异乎寻常的学习经历。他经常会把原文和修改过的课文比较阅读，《水》的教学就是一个例子。在他看来，现在的教材问题很大，修改过的文章把原文的"味道""味旨""眼睛"都"挖"去了。他要重新捡回文字的尊严，还原文本本来的面目。通过课文和原文的比较阅读，让学生在两篇文章的字里行间穿梭，在"不一样"处寻找到最好的解释，获得最满意的理解，从而认识独特的语言表达、独特的文本结构，能独立判断语言文字运用的优劣，真正培养起对语言文字的敏感性以及理解与思考能力。

整个教学环节没有刻意精巧的安排，没有过多语言的修饰，简单而朴实。老师用大段的时间，让学生直接读原文，并和课文对照阅读，一边寻找哪些地方作了修改，一边思考这样修改好不好，给学生"点金手指"，帮助他们形成自我阅读能力。当课文收起来后，留在儿童心里的是什么呢？课堂生态让我们看到了这样的图景：学生边阅读边思考的习惯正在养成，敢于对课文做出批评的意识正在形成，对不同的语言表达逐渐有自己的觉悟，在比照阅读中，阅读的方法正在积淀。所有这些，都是真正的语文素养。

原文作为一种课程资源，被陈老师运用并演绎得异常生动，这实在是高明的做法。

2.寻找"链条"，积淀读书方法

如何做到"尽信书，不如无书"呢？陈老师用他独特的"触角"，捕捉到学生的需要，并因势利导，始终让读书方法成为教学的重点，其中最明显的是教会学生寻找"链条"。修改后的课文和原文比，有的"链条"被删，有的"链条"被改，有的"链条"被移，是原文好还是课文好呢？老师不做判断，让学生带着问题独立阅读与思考，找链条其实就是在上下文中找联系。这是一种教学智慧。

比如，寻找词语间的"链条"。

**师：**经常，什么意思？

**生：**不止一次，去了很多次。

**师**：这一段里还有一个词表示经常的，找找看，四个字。

**生**：隔三差五。

**师**：对了，我们读书就是要这样会联系，明白了吗？

比如，寻找句与句的"链条"：

**师**："也只有在这样的日子里大家才可以心平气和地相处"，这句话和前一小节哪一句有关系？

**生**："为了水，邻里之间隔三差五地要闹出一点磨擦。"

**师**："磨擦"，什么意思？

**生**：矛盾。

**师**：前面我们还说到一个词，表示他们那样的善良，关系不紧张，矛盾了吗？

**生**：矛盾。

**师**：这些矛盾都是因为——

**生**：缺水。

**师**：下雨了，还缺吗？

**生**：不缺。

**生**：大家都心平气和地相处。

**师**：好，一共几个小节写了这个场景？它们是怎样联系起来的？比如说，"也只有在这样的日子里，大家才可以心平气和地相处""也只有在下雨的日子里，大家才可以心平气和地相处"，这两句话是一个意思，删掉行不行？

**生**：不行，因为更看出了水的珍贵。

比如，找到段与段的"链条"：

**师**：你们阅读文章一定要注意，每个小节之间用一根链条把它连起来，这样的句子就是链条。在雨天洗澡的这几个小节中，还有哪些地方是链条？哪些地方被课文删掉了？

……

**生**：洗过澡后。

**师**：对，洗过澡后，整个一小节被删掉了吧？

**生**：嗯。

**师**：这一小节，好吗？

**生：** 好。

**师：** 为什么好？为什么你喜欢？

**生：** 因为这一小节有一个人说："啊呀，你怎么胖了？"一个人说："啊呀，你原来是这样白。"这说明他们洗过澡后，身上已经变干净了。

……

**师：** 读到这句话，你有什么感受？

**生：** 感觉十分好玩。

**师：** 写得真不真？

**生：** 真。

**师：** 写得太真了，文章就要写成这样。

整个教学中，老师或提醒，或点拨，或设疑，或搭桥，始终让学生在上下文中寻找到更多的联系，从一开始的陌生到不由自主的关注，最后产生深入的探究欲望。其实，本课教学中的"链条"还有很多，比如文字与生活的联系、文本与自我的联系。像"隔三差五"这样的词语就好像在说生活中的平常事。"北方"是这篇文章的背景，这个词不能删，否则文章就没有背景了。如此与生活联系的词句，就是作者"真"的语言，"真"的情感，是不能删去的，这也正是陈老师教学中积极关注的。他不仅关注了，而且让学生说清楚不能删的理由，防止学生今后在语言文字运用时的矫揉造作，无病呻吟。所以，读书要"用自己的脑袋讲自己的问题，说自己的话，从小就学会这样一种意识"。陈老师有意无意地多次在课堂上这样说。

### 3. 比照阅读，提高认识能力

比照是一种思维方式，是帮助学生阅读理解与感悟的有效策略。借助比照，能帮助学生在原文和课文中发现共同点和不同之处，这显然是一种认识事物的思维方式和方法，是对学生终身有益的。如何比照，教师起着关键作用。陈老师从扶到放，一步步把学生带到阅读的"高速公路口"，"第一个场景，我和你们一起找，教你们方法。第二个场景我陪着你们读，带你们一下。第三个场景，自己读，自己找，然后说一说"。教学就是这样的亲切自然。

从教学效果看，学生在比照中获得了文本的无尽意味。如水窖"纳凉"——"解暑"——"倾注"——"淋浴"——"浇灌"——"冲凉"，词语一次次被修改，越来越接近生活化，规范、准确又不失韵味。这是陈老师对规范、准确运用语言的严要求。"经常要排上几个小时的长队"和"经常要排上一个小时的长队"哪一个好？"几个小时"和"一个小时"的不同在于文学作品的模糊空白带来的无尽联想，因而不能删改。在一个字一个词的比照中体会北方缺水的典型环境和典型情节，在原文与课文间走几个来回，学生的思考在"好与不好"间变得深刻起来：

生："在骄阳下做了一天农活之后"，课文把它改成了"在骄阳下忙了一天之后"，我觉得改得更好一些。因为村里人不一定一天都在干农活，可能有些妇女在家里干一些别的事情，所以我觉得书上改得更好一些。

……

生：原文是"我们等待着那一刻的到来"，书上是"我们都盼望着水窖打开的那一刻的到来。"把"等待"改成了"盼望"，可以突出"我们"很盼望水窖打开。

整个教学，有点类似大学的文学评论课。小学生在大学老师的带领下，经历了一次"头脑风暴"，虽然阅读量很大，但是学生对语言文字的感觉、想象、思维与评判，在短短一小时中呈现得淋漓尽致，由此看出，学生是有潜力大量阅读、有能力对语言文字做评判的。一个大学老师在小学课堂里如此的真诚与潇洒，除了源自本身深厚的文化功底和气质，更源于他对儿童无限的爱。这些，都值得我们好好学习。

（江苏省海门市东洲小学校长，特级教师　祝禧）

### 名师评课二

## 自然统一的语文教学

在烈日炎炎的三伏天，看了陈国安老师《水》一文的课堂实录后，却仿佛来到了清风明月的林中山间，好一片清凉世界！

一篇文章，简单地说，是由文字、结构和思想三部分组成的。因而，我们的语文教学就应该从这三个部分入手来对文章进行感知、感悟。

我们的语文教学，首先要培养学生对语言文字的感受力。陈老师通过原文与课文的对照、比较，通过对关键语句逐字逐词的斟酌、推敲，通过重点句段的朗读、体会，还有引领、点拨、讲述，从时间、空间、心间等多个纬度多方位地让学生感受语言文字的真实、准确、美妙，感受到了北方的缺水、雨天的痛快、冲凉的幸福。在感受语言文字的过程中，陈老师还有意识地提醒学生要有批判精神，要独立思考，要联系生活。上述这一切，在陈老师的教学中，都很自然地统一了。说到底，语文教学就是培养学生正确理解和运用祖国的语言文字。

有一段时期，我们很强调语文教学从整体到部分再到整体的教学思路，因为这个思路符合人的认知规律，当然也应成为教学的规律。不知从何时起，这种教学思路被我们的语文教师遗忘了。幸好还有人在坚守，陈老师就是其中的杰出代表。他一开始就从整体入手，在要求学生把原文通读五遍的基础上将文章归纳为三个场景，即挑水——雨天——冲凉，让学生很快地明白了文章的结构，整体上有了一个清晰的感知。然后再一个一个场景地学下去。

更可贵的是，在教学每个场景时，他非常注重场景中每个小节是怎样连接的，场景与场景之间是怎样连接的，反复地提醒学生要善于找到相互之间的"链条"，目的是为了让学生明白文章的结构和结构间的内在联系。没有好的结构，再好的素材无处安放，又有何用？教语文就要教结构。在教学结构时，第一个场景是陈老师带着学生一起学，第二个场景是陪同学生学，第三个场景是让学生独立学。他的用意不言自明，归根到底还是要培养学生的自学能力。

至于思想的问题应该是水到渠成的事，不要强加，不要拔高，不要衍化。当学生能准确地感受到语言文字的魅力时，当学生能明了文章结构的科学合理时，就会受到作者思想情感的影响。

我特别欣赏陈老师最后的处理，当火候到的时候，要言不烦，非常准确、及时地点出中心："有母爱，幸福永远都在。孩子们，记住你们的母亲，记住那三个场景中时隐时现的帮助你们抵御艰苦的母亲。"真是意味无穷。

综观陈老师的课，从从容容，大大方方，清清爽爽，大家风范扑面而来。他的课能让我们明白：语文教学是要把孩子教聪明，而不是教愚蠢；是要教孩子善良真诚，而不是玩世不恭。他的课还让我们明白：语文，本质上应该属于文学的范畴。它应该是独立的、自由的、人性的，不应该受到意识形态的干扰，也不应该受到科学主义的影响，更不应该为应试教育服务。

我忽然想到王国维的第三种境界："蓦然回首，那人却在灯火阑珊处。"原来，语文教学是这样的啊。正像北方缺水那样，我们缺少陈老师这样的语文教学。

（江苏省镇江市中山路小学党支部书记，特级教师　李烽）

# 7. 《故乡的桂花雨》（《桂花雨》）：从作者的心态开始阅读

## 《故乡的桂花雨》原文

琦 君

中秋节前后，就是故乡的桂花季节。一提到桂花，那股子香味就仿佛闻到了。桂花有两种，月月开的称木樨①，花朵较细小，呈淡黄色，台湾好像也有，我曾在走过人家围墙外时闻到这股香味，一闻到就会引起乡愁。另一种称金桂，只有秋天才开，花朵较大，呈金黄色。我家的大宅院中，前后两大片旷场②，沿着围墙，种的全是金桂。惟有正屋大厅前的庭院中，种着两株木樨、两株绣球。还有父亲书房的廊檐下，是几盆茶花与木樨相间。

小时候，我对无论什么花，都不懂得欣赏。尽管父亲指指点点地告诉我，这是凌霄花，这是叮咚花，这是木碧花……我除了记些名称外，最喜欢的还是桂花。桂花树不像梅花那么有姿态，笨笨拙拙的，不开花时，只是满树茂密的叶子，开花季节也得仔细地从绿叶丛里找细花，它不与繁花斗艳。可是桂花的香气味，真是迷人。迷人的原因，是它不但可以闻，还可以吃。"吃花"在诗人看来是多么俗气，但我宁可俗，就是爱桂花。

桂花，真叫我魂牵梦萦③。

故乡是近海县分④，八月正是台风季节。母亲称之为"风水忌"⑤。桂花一开放，母亲就开始担心了："可别做风水啊！"（就是台风来的意思。）她担心的第一是将收成的稻谷，第二就是将收成的桂花。桂花也像桃梅李果，也有收成呢。母亲每天都要在前后院子走一遭，嘴里念着："只要不做风水，我可以收几大箩。送一斗⑥给胡宅老爷爷，一斗给毛宅二姊婆，他们两家糕饼做得多。"原来桂花是糕饼的香料。桂花开得最茂盛时，不说香闻十里，至少前后左右十几家邻居，没有不浸在桂花香里的。桂花成熟时，就应当"摇"，摇下来的桂花，朵朵完整、新鲜，如任它开过谢落在泥土里，尤其是被风雨吹落，那就湿漉漉的，香味差太多了。"摇桂花"对于我是件大事，所以老是盯着母亲问："妈，怎么还不摇桂花嘛？"母亲说："还早呢，没开足，摇不下来

---

① 木樨：樨，xī。桂花的一种。

② 旷场：空而宽阔的场地。

③ 魂牵梦萦：形容思念情切。

④ 近海县分：靠近海边的县城。

⑤ 风水忌：怕台风暴雨的日子。

⑥ 一斗：斗，方形或鼓形，多用木头或竹子制成的装粮食的容器。斗，又是古代的容量单位，一斗等于十升。

的。"可是母亲一看天空阴云密布，云脚长毛①，就知道要"做风水"了，赶紧吩咐长工提前"摇桂花"，这下，我可乐了，帮着在桂花树下铺篾簟②，帮着抱桂花树使劲地摇，桂花纷纷落下来，落得我们满头满身，我就喊："啊！真像下雨，好香的雨啊！"母亲洗净双手，撮③一撮④桂花放在水晶盘中，送到佛堂供佛。父亲点上檀香，炉烟袅袅⑤，两种香混和在一起，佛堂就像神仙世界。于是父亲诗兴发了，即时口占一绝："细细香风淡淡烟，竞收⑥桂子庆丰年。儿童解得摇花乐，花雨缤纷入梦甜。"诗虽不见得高明，但在我心目中，父亲确实是才高八斗⑦，出口成诗呢。

桂花摇落以后，全家动员，拣去小枝小叶，铺开在簟子里，晒上好几天太阳，晒干了，收在铁罐子里，和在茶叶中泡茶，做桂花卤，过年时做糕饼。全年，整个村庄，都沉浸在桂花香中。

念中学时到了杭州，杭州有一处名胜满觉陇⑧，一座小小山坞⑨，全是桂花，花开时那才是香闻十里。我们秋季远足，一定去满觉陇赏桂花。"赏花"是藉口⑩，主要的是饱餐"桂花栗子羹"。因满觉陇除桂花以外，还有栗子。花季栗子正成熟，软软的新剥栗子，和着西湖白莲藕粉一起煮，面上撒几朵桂花，那股子雅淡清香是无论如何没有字眼形容的。即使不撒桂花也一样清香，因为栗子长在桂花丛中，本身就带有桂花香。

我们边走边摇，桂花飘落如雨，地上不见泥土，铺满桂花，踩在花上软绵绵的，心中有点不忍。这大概就是母亲说的"金沙铺地，西方极乐世界⑪"吧。母亲一生辛劳，无怨无尤⑫，就是因为她心中有一个金沙铺地、玻璃琉璃的西方极乐世界。

我回家时，总捧一大袋桂花回来给母亲，可是母亲常常说："杭州的桂花再香，还是比不得家乡旧宅院子里的金桂。"

于是，我也想起了在故乡童年时代的"摇花乐"，和那阵阵的桂花雨。

---

① 云脚长毛：指乱丝状的卷云，它的产生通常都是因为大气的斜升作用，水气才可以升到高空中；另外强风产生的旋升作用，也可以把水气带到高空中，使卷云产生散乱状，就像长了脚一样。由此也可以推测台风快要来了。

② 篾簟：竹席。簟，席子。

③ 撮：cuō，方言，用手指捏住细碎的东西拿起来。

④ 撮：量词，方言，用于手所撮取的东西。

⑤ 袅袅：形容烟气缭绕上升。

⑥ 竞收：抢着收取。

⑦ 才高八斗：很有文才。

⑧ 满觉陇：亦称满陇、满家弄，位于杭州西湖以南，是南高峰南麓的一条山谷。满觉陇因桂花而闻名，每年秋天，桂花盛开，香满空山，落英如雨，故有"满陇桂雨"之美誉。

⑨ 山坞：坞，wù，地势周围高而中央凹的地方。

⑩ 藉口：藉，jiè，借口。

⑪ 西方极乐世界：极乐世界是佛教中之阿弥陀佛居住的地方，居住在这个地方可以获得光明、清净和快乐，能够摆脱人世间的一切烦恼。极乐世界又叫西天。

⑫ 无怨无尤：没有怨恨。尤，怨恨。

## 《桂花雨》课文（苏教版）

小时候，我最喜欢桂花。桂花树不像梅花那么有姿态，笨笨拙拙的。不开花时，只是满树茂密的叶子；开花季节，也得仔细地从绿叶丛里找细花。桂花不与繁花斗艳，可是它的香气味儿真是迷人。

桂花开得最茂盛时，不说香飘十里，至少前后左右十几家邻居，没有不浸在桂花香里的。桂花成熟时，就应当"摇"，摇下来的桂花，朵朵完整、新鲜。如任它开过谢落在泥土里，尤其是被风雨吹下来，那就湿漉漉的，香味差多了。

"摇桂花"对我是件大事，所以我老是缠着母亲问："妈，怎么还不摇花嘛！"母亲说："还早呢，没开足，摇不下来的。"可是母亲一看天空阴云密布，云脚长毛，就赶紧吩咐人提前"摇桂花"。这下我可乐了，帮着在桂树下铺竹席，帮着抱桂花树使劲地摇。桂花纷纷落下来，落得我们满头满身，我就喊："啊！真像下雨，好香的雨啊！"母亲洗净双手，撮一点桂花放在水晶盘中，父亲点上檀香，炉烟袅袅，两种香混合在一起。于是父亲诗兴发了，即时口占一绝："细细香风淡淡烟，竞收桂子庆丰年。儿童解得摇花乐，花雨缤纷入梦甜。"

桂花摇落以后，全家动员，拣去小枝小叶，铺开在竹席上，晒上好几天太阳。桂花晒干了，收在铁罐子里，和在茶叶中泡茶，做桂花卤，过年时做糕饼。全年，整个村庄都沉浸在桂花香中。

以后，我从外地回家时，总要捧一大袋桂花给母亲。可是母亲常常说："外地的桂花再香，还是比不得家乡旧宅院子里的金桂。"

每到这时，我就会想起童年时代的"摇花乐"和那阵阵的桂花雨。

### 文本解读

## 一颗乡愁的种子

读文章有一些基本策略。就一篇文章而言，主要从作者的心态开始阅读。所谓心态，并不是指作者的性格，风格，经历，而是指作者写这篇文章时的心理状态。由心态可以推演到生态。所谓生态，就是写这篇文章时作者身处何地，心在何方，这样就使作者具体了，鲜活了，而不是一种标语式的评判，任何一个作者都不是只有一种状态，当他的生存状态发生变化的时候，他的心理也会随之而变。继之而来的变化便是形态。所谓形态，就是文本的形态，是诗歌、小说，还是散文，这很重要。中国是文体最发达的国家之一，文体意识在魏晋南北朝的时候就已经非常成熟了，以《文心雕龙》和《文选》为理论和实践的标志。如果中国人的母语教育中没有了文体这个环节，那么离中国语文是遥远的。今天语文教学中最常见的课文是散文，建国以来的语文教学的主体就是散文教学，选作课文的几乎都是散文，所以散文教学是中小学语文教学的主体。

这篇文章选进来时题目删除了三个字，原题为《故乡的桂花雨》。"故乡的"三个字很重要。文章中写到三地的桂花和两处桂花雨，或者说写了两次桂花雨，一次是童年时代温州老宅子的桂花雨，一次是12岁的时候在杭州西湖满觉陇的桂花雨。对当年的琦君来说，只有温州老宅子的桂花雨才是故乡的桂花雨，而对写作时已60岁，40年以后的琦君来说，旧年杭州西湖满觉陇的桂花雨也成了故乡的桂花雨，因此这个题目中"故乡的"三个字不能省，题目绝对不能被"腰斩"。

琦君生于1917年，2006年去世，原名潘希真，是浙江永嘉人，她出生在温州，温州有一个地方叫瞿溪乡，便是她的出生地。琦君故居现在叫三溪中学，据说想改成琦君中学。琦君是之江大学毕业的，师从词学泰斗夏承焘。夏先生对她的影响非常大，后来她的散文集《留予他年说梦痕》，就是夏先生送给她的两句诗中的一句——"留予他年说梦痕，一花一木耐温存"。琦君1949年去了台湾，1977年去了美国。这篇文章是1977年前后写的，也就是她60岁左右时写的，是她去美国之前的作品。

这篇文章堪以传世。即使在现代散文史上，琦君也算得上用白话文进行散文创作的成就比较高的女性作家之一。美国研究中国现代文学的学者夏志清这样评价琦君："琦君的散文和李后主、李清照的词属于同一传统。""朱自清五四时期的散文（《背影》可能是唯一的例外），读后令人肉麻，哪里比得上琦君？我以为琦君有好多篇散文是应该传世的。"琦君的文章跟朱自清的不一样，有中国散文的传统，士大夫的气息，有李后主的忧伤，她的散文集《烟愁》很能概括她的写作风格。

《故乡的桂花雨》这篇文章开头第一小节写得非常有意味。琦君在《烟愁》后记里说，"我写的这种文章，总是有淡淡的哀愁，像轻烟似的，萦绕着，也散开了，那不象征着虚无缥缈，更不象征着幻灭，却给我一种踏踏实实的，永恒之美的感受。"一如她自己所说的文章"情要浓重，文要疏淡"，这句话实际上代表了她对散文的一种独特的理解。所谓"神"，在于情；所谓"形"，在于文。因此神一定要很浓重，形一定要散，要疏淡。

"中秋节前后就是故乡的桂花季节"。季节一般是指一年四季，春夏秋冬，因此这句话从逻辑上来想，似乎想不明白。可是，语言张力就体现出来了，在故乡，以中秋为原点，往前往后，大家像过节一样，这是不同于四季的一个季节，这是以一种花为线所划定的一个季节。所以,桂花季节是值得玩味的,作者是带有一种蕴藉的感情来写的。这句话也为后面的文章打下了伏笔。"一提到桂花,那股子香味就仿佛闻到了",这个"一……就"的句式在文章中出现多次,这是一个非常有意思的句式,非常霸道的情感,似乎桂花与香味,这中间不需要逻辑,没有空间,它们是紧密的关联,如影随形。这段话,从第一句暗含的情感,到极为明显的情感的冲突,然后情感随之而归入平淡,这就是"文要疏淡"。

"桂花有两种,月月开的称木樨,花朵较细小,呈淡黄色",这就好像一个老年人说他孩提时候一件珍贵的玩具,温馨中带着激动,很平淡,但情感很饱满。你看,"花朵较细小,呈淡黄色",那样淡淡的笔触;接着,一下子把这个淡淡的笔触拉伸起来,"台湾好像也有",倾向于有,但不能肯定就是故乡的那股子桂花香味。"我曾在走过人家围墙外时闻到这股香味",有还是没有?有!她为什么又说"好像",因为这股子香味不是那股子香味。这股子香味是台湾的香味,那股子香味是故乡的香味,因为"一闻到就会引起乡愁"。乡愁是这一篇文章的核心。

乡愁是那些从大陆到台湾去的人一种普遍的情结。有一个台湾人简政珍写了一本书叫《放逐诗学》,他在书中有一句话:"乡愁是记忆的主要模式。"这种记忆的主要模式是中国人独有的一种情感,中国是农耕型国家,中国人的乡愁是中国人独有的、最有魅力的一种情感,以至于成了中国人民族审美心理积淀中的一个核心部分。每一个人都有一个家乡,每一个人都会因心里的这个家乡,而为之心颤,为之心醉,终生不忘。作者说"一闻到就会引起乡愁",这是中国人的乡愁,总是会借着某个具体的东西去延展其情感。

在琦君的文章里,乡愁是母亲,乡愁是那个小盒子。她在一个具体的意象中把这种独有的中国式的情感放进去,"桂花的香味"和"乡愁"是必然的关联不需要逻辑论证。

作者的情感在第一节里已经跌宕好几次了,一开始起笔很稳,有力度,第二句话"就仿佛闻到"跳出来,一下子又落下去,"桂花有两种",又把要冒出来的情感拉下来。这就是散文的感情脉动。"另一种称金桂",这是精品中的精品,意象里的意象。"只有秋天才开,花朵较大,呈金黄色",跟写木樨是一样的写法,但是又不尽一样,"只有秋天才开"照应的是"中秋节前后,就是故乡的桂花季节"。"就是""只有",这些虚词很重要,很有魅力,它有独特的语法情感、语法意义。

接下来说"我家的大宅院中,前后有两大片旷场,沿着围墙,种的全是金桂",作者觉得还不够,"惟有正屋大厅前的庭院中,种着两株木樨、两株绣球。

还有父亲书房的廊檐下，是几盆茶花与木槿相间"，这个长句是缓和情绪和节奏的。有了其他的花，有了绣球，有了茶花，于是才能说"我对无论什么花，都不懂得欣赏"。每个小节之间，实际上都有联系。好的文章不是一阶一阶地爬楼梯，而是一个滑梯，从上到下自如地流淌。

第一小节和第二小节之间的联系就是"木槿""绣球""茶花"。"我家的大宅院中，前后有两大片旷场，沿着围墙，种的全是金桂"，这句话在这里是一个伏笔，到后面还会讲到"旧宅院子里的金桂"。"大宅院中的金桂"，是整个文章的意象的线索。"我对无论什么花，都不懂得欣赏"，这句话说得很坚定，"尽管父亲指指点点地告诉我，这是凌霄花，这是叮咚花，这是木碧花……我除了记些名称外，最喜欢的还是桂花"，"除了"是接着前面的"无论""都"说的，而用"无论""都""除了"这样三个词把这一句话推到了极致——"最喜欢的还是桂花"，把整个文章在形象的层面推到了极致。读一篇文章，要递进地看到它的物象层面、情感层面、结构层面，这里它的物象层面达到了极致——"最喜欢的还是桂花"。桂花成了整篇文章物象层面的核心。

接着，作者又宕开一笔，散文上称之为闲笔，闲笔不闲，才能够使散文在结构上跌宕生姿。如果把一条线拉直了的话，看上去就缺乏美感，而让那条线微微起伏，你才会觉得在平直中间有跌宕的美。"桂花树不像梅花那么有姿态，笨笨拙拙的，不开花时，只是满树茂密的叶子，开花季节也得仔细地从绿叶丛里找细花"，这句话是整个文章中在情感上压得最低的一句，"它不与繁花斗艳"，在物象上，作者已把整个情感压到最低，恰恰是这情感最低的一句话，才使得文章跌宕起来。"可是桂花的香气味，真是迷人"，迷人的是香气味，香气味不要找，自然就来了，这就是迷人的原因。"不但可以闻，还可以吃"，这就是大俗大雅的笔调，"吃"这个字在整个文章里是最不协调的、最跳的一个字。"'吃花'在诗人看来是多么俗气"，把所有的情感冲到底，冲到底以后开始昂扬起了情感的姿态，"但我宁可俗"，略一停顿，又说"就是爱桂花"。一个学文学的说"宁可俗"，那么，这个东西绝对是不可替代的。"但我宁可俗，就是爱桂花"，情感一下子上扬起来。

上扬起来以后，这篇文章的主旨出来了，文心所在，文眼出来——"桂花，真叫我魂牵梦萦"。情感的起伏，随着文心的出现到达情感的巅峰。课文把这句话删掉了，只有一个原因，就是"魂牵梦萦"不知道该怎么跟学生讲。琦君是个读书人，这句重要的话她讲得非常优美："桂花，真叫我魂牵梦萦。"那么魂牵梦萦的仅仅是桂花吗？台湾也有桂花，因此"叫我魂牵梦萦"的是桂花香里的故乡。

"八月正是台风季节"，这个时候笔调开始舒缓起来了。当情感到达高潮以后，必然在文章的节奏上会舒缓起来，从写故乡开始就舒缓了，仿佛一个老人在说往事。"母亲称之为'风水忌'"，"风水忌"就是怕暴风骤雨的日子。"桂花一开放，母亲就开始担心了：'可别做风水啊！'"，"可别做风水"就是可别来台风啊。

在平淡的回忆中，琦君开始把母亲的担心与桂花系联起来。琦君的文章里的母亲，是一个极为重要的形象。她的母亲一直住在老家，琦君 12 岁的时候也一直住在老家。琦君在一篇文章里说过"我的童年并不快乐，母亲的不快乐，以及自己的不快乐"。她的父亲后来又娶了一房姨娘，叫二娘。她有篇散文叫《髻》，写的就是母亲和姨娘。父亲娶了姨娘，不回去，而母亲就留在农村。母亲每到父亲过生日的时候，都会给他寄一张照片或者两双鞋子，自己纳好的鞋子，一双给琦君的爸爸，一双给新娶的姨娘。琦君的童年是在这样的情况下度过的，她对父亲的感情，除了尊重之外，对他娶了姨娘这件事是有微词的，而对自己母亲的忍耐是愤愤不平的。后来到了台湾，他们一家四口在一起生活，父亲去世以后，这两个本来争宠的、爱着同一个男人的女子，一下子失去了精神的核心，两个人一下子觉得没法过了，所以三个女子相依为命。母亲去世了以后，琦君跟她的姨娘相依为命。琦君的桂花雨的故乡，母亲是其中很重要的一个人。情感的落脚点在桂花雨，情感的深处是母亲。

所以《故乡的桂花雨》中的母亲形象是精神的象征，是作为一种生命形态被崇拜着，母亲是整个桂花雨情绪、故乡情绪中不可或缺的一个环节。这里的母亲是一个农村的女子，"她担心的第一是将收成的稻谷，第二就是将收成的桂花"，读者看了这两句话就觉得奇怪，难道桂花这样一个没有满足温饱价值的东西，和粮食、棉花一样重要吗？作者接着又说："桂花也像桃梅李果，也有收成呢。"这句话看上去不必说，可说了以后才叫散文。散文就是我们随便走在路上聊天的文字，聊天的时候你当然就有岔开来的话，这就是拐个弯的话，这样的句子很重要。

"母亲每天都要在前后院子走一遭"，说："只要不做风水，我可以收几大箩。送一斗给胡宅老爷爷，一斗给毛宅二婶婆，他们两家糕饼做得多。"这是母亲形象塑造中一段重要的话语，收好桂花，想要个好收成，仅仅是为了自己吗？她首先想到的是可以送给胡宅老爷爷、毛宅二婶婆，因为他们两家糕饼做得多。"他们两家糕饼做得多"这是一个转折，转到哪里？就转到了糕饼，转到了跌宕开去的将要写的桂花糕。原来，桂花是糕饼的香料。到这又一转，从桂花，到桂花收成，到母亲念叨桂花，到做糕饼，到香料。从香料开始说开来了，"桂花开得最茂盛时，不说香闻十里，至少前后左右十几家邻居，没有不浸在桂花香里的"，"不说""至少""十几家""没有不"，这几个词一下子又把对桂花香的情感推到了一个新的高潮。这里用的一个最棒的词就是"浸"，"浸在桂花香里"，桂花香就像水一样，无处不在，无时不在，村庄就像浸在水里面的东西一样。这个"浸"字很难体会，感觉到"浸"肯定是清醒的，但是它又绝对不让你清醒，它让你窒息。此处把桂花香写到了极致，接着来写形状，写桂花雨了。

"桂花成熟时，就应当'摇'"，茂盛的时候是闻，现在是摇，"摇下来的桂花，朵朵完整、新鲜"，节奏感非常明快。为后面写摇花乐的欢快节奏做铺垫。"如任它开过谢落在泥土里，尤其是被风雨吹落，那就湿漉漉的，香味差太多了"，这个地方的节奏，从欢快到明快，到暂停，到舒缓，到最后"香味差太多了"，把节奏感引到了纸外。就好像欣赏一幅绘画作品，梅花的梅枝画到了纸边，一下子就出去了，纸外的梅花看不到了，就像"香味差太多了"这句话的感觉，这就是散文的韵致。

"'摇桂花'对于我是件大事，所以老是盯着母亲问"，这里开始写摇桂花了。"妈，怎么还不摇桂花嘛？"为什么不说"还不摇桂花呢"？这个"呢"字无法使你想象出问话时的状态，一个"嘛"字，小姑娘发嗲时的样子如在眼前，所以"嘛"不能换成"呢"，更不能换成"吗"，换了就俗了，情态感就荡然无存了。读文章一定要还原语境，这样读文章就都明白了。妈妈说："还早呢，没开足，摇不下来的。"到这儿，她没有接着写小姑娘的失望，而是写："可是母亲一看天空阴云密布，云脚长毛，就知道要'做风水'了，赶紧吩咐长工提前'摇桂花'，这下，我可乐了"，又是"一……就……"，你看这个节奏，到"怎么还不摇桂花嘛"停住了吧，妈妈一说"我"很失望，但这个失望不写了，突然又出现了转机，母亲看到天空阴云密布就知道"要赶紧"。"这下，我可乐了"，人在激动的时候，没有拖泥带水的副词，是短句子，实词，这就是情感激动时候的样子。"帮着在桂花树下铺篾簟，帮着抱桂花树使劲地摇，桂花纷纷落下来，落得我们满头满身，我就喊：'啊！真像下雨，好香的雨啊！'"这里情感到了又一个高峰，文章在跌宕起伏之间让情感随之起伏。此处是结构中、情感中极为重要的一句话。"啊！真像下雨，好香的雨啊！"没有一句提到桂花，却处处是写桂花；写的不是雨，又称之为桂花雨。

林海音在《一生爱好是自然》一文中说："琦君的文章，乍看来文字是朴实无华的，但仔细地玩味就会发现那种淡雅也是经过作者细心琢磨的。""啊！真像下雨"，是小孩的话，"好香的雨啊"，像大人的话，却是孩子的声音。所以这个句子是整个文章的又一次高潮，接着前面的情感高潮——"最喜欢的还是桂花"，到"就是爱桂花"，到"真叫我魂牵梦萦"，这次的高峰是整个文章中最有形象感的地方。散文，或者说一切的文学，都是靠形象说话。

"母亲洗净双手，撮一撮桂花放在水晶盘中，送到佛堂供佛"，桂花是不食人间烟火的，纯净的，带着宗教情怀的。在佛教中，莲花和桂花是最重要的两种花。"人闲桂花落"是有禅味的，所以这里才会有母亲、桂花在佛堂交汇的场景。这个场景中母亲和父亲是连接在一起的，非常动人，"母亲洗净双手"——虔诚地；"撮一撮"——小心地；"水晶盘"——纯洁的；"送到佛堂"——神圣的、圣洁的。"父亲点上檀香，炉烟袅袅，两种香混合在一起，佛堂就像神仙世界"，这个神仙世界和她的故乡，和她的魂牵梦萦是有关联的。作者多次写到这个神仙世界，因为这个世界，这个父亲和母亲在佛堂里、桂花香和檀香交汇的场景，一个 60 岁的老人一经想来便会如此的动情。

于是父亲诗兴发了，即时口占一绝："细细香风淡淡烟，竞收桂子庆丰年。儿童解得摇花乐，花雨缤纷入梦甜。"这首诗是作者 10 岁时听到的，写这篇文章的时候 60 岁，而且这首诗也不算父亲的诗里写得好的，但是她却记得很清楚，因为这个圣洁的场景太迷人了，这个桂花佛烟的场景太难忘了。此处她还调侃了一下父亲，作者原来对父亲很敬畏，晚年的时候，对她父亲感到有些惭愧，写父亲的时候那种怨就少了，更多的是一种温馨，尤其她在乎她父亲和母亲共同出现的场景，因此她说："诗虽不见得高明，但在我心目中，父亲确实是才高八斗，出口成诗呢。"后面的这句话可以不要，但是没有了的话就不是散文了。如果这一段到这首诗就结束，文字就显得硬邦邦的，节奏也就不灵动了。"父亲确实是才高八斗，出口成诗呢"，这样写就非常舒缓而灵动，把意蕴又引发出去了，而这个恰恰是作者内心深处情绪的激荡。

琦君在自选集中回顾写作时说："我是因为心中有一份情绪在激荡，不得不写时才行，每回写到我父母、家人与师友，我都不禁热泪盈眶，我忘不了他们对我的关爱。我也珍惜自己对他们的这一份情，像树木花草似的，谁能没有一个根呢？我常常想：我若能忘掉童年，忘掉故乡，我若能不再哭，不再笑，我宁愿搁下笔，此生永不再写，然而，这怎么可能呢？"所以她写下的文章，都是这种情绪激荡的作品。

桂花摇落以后除了供奉到佛堂去的，剩下的摇落的桂花则"全家动员，拣去小枝小叶，铺开在簟子里，晒上好几天太阳"。一个"全家动员"领着后面三个动词，这个句式结构由一个总起句变成三句话，一句话是"拣"，一句话是"铺"，再来一句话是"晒"，由晒又引出三句话，晒干了，然后"收"，然后"和"，然后"做"，又一停顿："全年，整个村庄，都沉浸在桂花香中。"汉语除了词法之外，章法、句法都很重要。这个句子的结构非常精妙，前面一段写摇落，摇落以后全家动员，动员以后干了三个活，由晒到晒干，又是三个活，最后说"全年，整个村庄，都沉浸在桂花香中"。句法结构极为完美，这种完美是文字的唯美追求，它的对称、跌宕、起伏，极有情致。

整个这一小节又是一个过渡小节，把两次桂花雨衔接了起来。第一场"桂花雨"之后全家动员，拣、铺、晒，然后晒干，收在铁罐里，和在茶叶中泡茶，做桂花卤，过年时做糕饼。前面"拣去小枝小叶，铺开在簟子里，晒上好几天太阳"，句子长短差不多；后面"收在铁罐子里，和在茶叶中泡茶"句式发生变化，加了一个"泡茶"；而"做桂花卤，过年时做糕饼"和前面两句总体是个并列句，这就是整齐中的不整齐。好的文章都是整齐中间有不整齐，整齐划一的文章不好，不整齐的文章也是不好的，这就是我们写文章要关注的微妙的差别，而这种差别恰恰是作者用心琢磨的。

后面这句话把琦君散文的蕴藉美表现到了极致。"全年，整个村庄，都沉浸在桂花香中"，这里的两个逗号不能去掉，这是把前面的桂花雨、桂花、桂花香在时间上扩容，所有的这一片地方全在桂花香中，人、动物、房屋都在了，整个村庄在空间上扩展了，照应了前面"十几家邻居，没有不浸在桂花香里的"，那么此处"全年，整个村庄，都沉浸在桂花香中"，这个"沉浸"和那个"浸"又有什么不同呢？那个"浸"是实实在在的，当桂花盛开的时候，香味如水一般地"浸"，如水一般地把"我"笼罩其中。而这里，香味不再是物理学上的香味，而是情感意义上的香味，在时间上扩散到了全年，在空间上弥漫到了整个村庄，所以在情感上是"沉浸"，像空气一样，让"我"的精神沉浸其中，因此这里的"沉浸"不同于前面着眼于物理意义上的"浸"，这里着眼于情感意义。语体文很重要的有别于文言文的一点就是它的标点。文言文是没有标点的，全凭语调去读。语体文是有标点的，写作时就已经给了规定性。此处的两个逗号是极为重要的，所以在读的时候一定要把两个逗号停顿的意蕴读出来。

作者强调"全年""整个村庄"是为了接着讲村庄之外的一个地方，那个地方也有桂花。作者念中学时到了杭州，她又"遭遇"了桂花雨。杭州有一处名胜叫满觉陇，又称满陇、满家弄，位于杭州西湖以南，是南高峰南麓的一条山谷。满觉陇赏桂是杭州人最浪漫的胜迹了，因此作者写到这样一个小小的山谷"全是桂花"。你看，前面"不说香闻十里，至少前后左右十几家邻居，没有不浸在桂花香里的"，不说香闻十里，实际上说的是什么？有没有十里呢？肯定没有，也就那么十几家，而真正的香闻十里恰恰就是在满觉陇。

满觉陇全是桂花，香闻十里。然后"我们秋季远足，一定去满觉陇赏桂花"，长大了，是赏桂花，不是摇桂花了。"'赏花'是藉口，主要的是饱餐'桂花栗子羹'"，这里照应前面"不但可以闻，还可以吃"，前面的摇花是为了闻花，后面的赏花是为了吃花，而且是在一个美丽的地方吃花，在西湖吃花，在满觉陇吃花。

"满觉陇除桂花以外，还有栗子"，这句话说得很平淡，但是为下面一句话做了铺垫。"花季栗子正成熟，软软的新剥栗子，和着西湖白莲藕粉一起煮"，写得很精致，很细心。栗子是"新剥的""软软的"，然后和着藕粉，不是一般的藕粉，那是西湖的白莲藕粉，一起煮。这些都不重要，重要的是"面上撒几朵桂花"！"面上"——若混在里面，桂花的形状破坏了，太多了就吃腻了，真的变成吃桂花了，就不雅了，就不是大俗大雅了。"那股子"，注意作者讲桂花都是这么说的——"这股子""那股子"，这个俗是俗了，但我觉得这里换其他的词都不如它好，有穿透力，有质感，有力度。"那股子雅淡清香是无论如何没有字眼形容的""即使不撒桂花也一样清香"，前面说撒这么几朵桂花是多么的好，然后又突然倒过来说，不撒也可以的！为什么这么说？因为栗子长在桂花丛中，本身就带有桂花香。这哪是栗子呢，简直就叫桂花栗子，"桂花栗子羹"，如果没有桂花，这个栗子羹仍然可以叫桂花栗子羹，因为这个栗子里面已经有了桂花香。"即使不撒桂花也一样清香"，得了便宜，然后说可以不这样，这就是散文里面非常妙的一种手法——"余韵袅绕"。散文要有"余韵"，余韵袅袅，绕梁三日而不绝，这种笔触是一种美，这在散文的章法上是一种美，是妙语。在杭州，最美的江南，在杭州最美的西湖，在西湖桂花最美的满觉陇享受桂花栗子羹。

吃栗子羹是吃花，那么，有没有像童年那样去摇花呢？有没有去闻花呢？"我们边走边摇，桂花飘落如雨"，这个句子写得太棒了！"边走边摇"到"心中有点不忍"，这几个句子总体节奏写得非常欢快，又带着中年人叙述的沉静，甚至带着暮年人的那种回想。"桂花飘落如雨，地上不见泥土，铺满桂花，踩在花上软绵绵的，心中有点不忍"，这次写的摇桂花和前面写的摇桂花不同，前面写摇了桂花以后，还喊"啊！真像下雨，好香的雨啊"，而这里，作者却写摇了桂花以后，"踩在花上软绵绵的，心中有点不忍"，就像慢慢走的人觉得自己的脚不该踩下去了，一只脚在桂花上，另一只脚抬起来，往前走，不忍落下，就是那样一个定格的场景。这几个句子看上去啰嗦，但是恰恰字字珠玑。

琦君自己也曾说过，"好文章必须是语语动人，字字珠玑，而要做好这一点，必须做好三点，即平易近人；第二，纯净；第三，蕴藉"。平易近人讲的是语言上的语汇选择不求华美，纯净讲的是情感，蕴藉讲的就是文采。而这一段恰好如她所说，看上去很疏淡，实际上很蕴藉；看上去很普通，实际上无比纯净，尤其是"心中有点不忍"，句子是经过雕琢的，却又平易近人。

你看，句子长短差不多，"我们边走边摇"，六字句；"桂花飘落如雨"，六字句；"地上不见泥土"，六字句；然后，来个四字句，"铺满桂花"。这是四六骈文的写法。骈体文，是中国散文的极致，在审美上的极致。诗与散文结合以后，偏向于散文的，在审美上推到极致的就是六朝的骈文。"桂花飘落如雨""地上不见泥土"，三个六字句加一个四字句，就像三个涓流，用一个四字句轻轻一缩结。这个整齐的句子后面，来一个很长的句子，这个很长的句子作用何在，就是为了调节结构，调节节奏的。"踩在花上软绵绵的"，这个长句子把整个结构改变了，同时也把整个节奏改变了。"心中有点不忍"，可以想象一下，在桂花飘落的山路上走了三步，停住；另外一只脚抬起来，踩在花上，软绵绵的，脚抬起来往下压的时候，哎呀，不能踩下去，停住了——心中有点不忍。文章一定要读出语言结构和节奏的敏感处，这样才算真正读到了文章语言背后的美。好的文章，作者就是这样关注这种细微的结构变化的。

"这大概就是母亲说的'金沙铺地，西方极乐世界'吧"，这一段实际上就是脚踩不下去的时候，定格之后的，心中有点不忍之后的遐想。停在那儿，镜头切换，切换成母亲所说的"金沙铺地，西方极乐世界"，在西方极乐世界的背景中，母亲走了出来。母亲一生辛劳，更重要的是"无怨无尤"，这就是作者经常所说的母心与佛心的问题。在她的心目中母亲始终没有产生过怨恨，对一切事情都是如此。她总是在默默地承受着生活于她的情感、肉体的苦痛与快乐。对琦君来说，一生辛劳，无怨无尤，是她对母亲的深深的印象，因此，她找到了原因，因为她心中有一个金沙铺地、琉璃的西方极乐世界。她由桂花想到了极乐世界，由极乐世界想到了她母亲，由母亲又回到了那个金沙铺地的西方极乐世界。这样一转以后，母亲的形象，桂花的意味，全部聚拢而来了。

"念中学时""我们边走边摇""我回家时"，这三段在结构上是有关联的，念中学时到了杭州，杭州和整个村庄又是关联的。

"我回家时，总捧一大袋桂花回来给母亲，可是母亲常常说：'杭州的桂花再香，还是比不得家乡旧宅院子里的金桂。'"这一段写得太精彩了！先说的那么俗，"捧一大袋"，在她童年的时候，那个桂花是"撮一撮"，用水晶盘，将一盘桂花送到佛堂，现在是捧来一大袋桂花。"母亲常常说"，就意味着我常常捧回去一大袋桂花，从来没有见到过母亲因此而快乐，相反却勾起了母亲的忧伤，"杭州的桂花再香，还是比不得家乡旧宅院子里的金桂"，她为什么不说温州而说家乡？为什么不说桂花而说金桂？这就是金沙铺地。这里几乎每个词都有特殊的意味。

除了这些语词的问题之外，尚有一系列问题：母亲说这句话的时候，作者多大？她十二岁到杭州，应该是十二岁到十五岁左右吧；作者写这篇文章的时候有多大？六十岁吧；母亲说这句话的时候是四十多年前吧，母亲在杭州想到的家乡是哪里啊？温州吧。六十岁的作者，在台湾，她想到四十多年前母亲在杭州时想温州，你把这几层翻腾进去再想想这几句话——"杭州的桂花再香，还是比不得家乡旧宅院子里的金桂"——它所蕴藉的程度和内涵。母亲那时候想温州，不就犹如"我"现在想故乡，而母亲那时候想到温州，"我"现在想到母亲在杭州，这种忧伤是层层叠加的，这样翻腾的、层层累累叠加来的情感是多么动人啊。今天"我"的忧伤比母亲当年的忧伤要浓得多，今天"我"回故乡的困难比当年母亲回故乡的困难要大得多——作者写《故乡的桂花雨》的时候是七十年代末，大陆是回不了的。这句话把整个文章最蕴藉的地方、情感最深沉的地方归结住了，这个归结是全文中所谓的收神，收缩文章的神。

"于是，我也想起了在故乡童年时代的'摇花乐'"，想起的是故乡，童年时代，摇花乐，桂花雨。所以，这个地方有一个时空的交错。这个"于是"就轻轻地一接，接了母亲的话来说；这个"于是"一下子把时空错乱开了，又把时空连接上了。所谓错乱开了，就是温州，杭州，台湾，这几个时空的转变。一个"于是"一下子穿越了，所以这个"于是"大家不能忽视。这样才是读散文的方法。

## 课堂实录一

（江苏省海门市东洲小学）（60分钟）

**师**：今天我们来学哪篇课文？

**生**（齐答）：《桂花雨》。

**师**：我昨天给你们发了一张纸，一篇很长的《故乡的桂花雨》。（板书：故乡的

桂花雨）

师：这两个字很重要（标红"故乡"），否则我就不发这张纸给你们了。咱们今天就学这张纸，这篇课文就放在旁边，我让你们偷偷看一眼就偷偷地看一眼，好不好？

生：好。

师：《故乡的桂花雨》的作者是一位著名的浙江作家，叫琦君，她在 32 岁不到的时候去了台湾，写这篇文章的时候她 60 多岁了。她写的是她 6 岁和 16 岁时候的故乡的桂花雨。回去读过吗？看得懂吗？

生（齐答）：看得懂。

师：不认识的字多吗？

生：多。

师：查字典了吗？

生：查了。

师：现在都认识了吗？

生：认识了。

师：太好了，就喜欢你们这样的。现在你们看，我来读。一边看一边想《故乡的桂花雨》，作者围绕哪一句话来写的，也就是说在这篇课文中，作者最动情的哪一句话？

（老师范读）

师：你们没有离开过家，故乡对你们来说是一颗没有发芽的种子，今天咱们让她发芽。回答我的问题，听完以后你感觉作者说得最动情的是哪一句？

生：应该是第三自然段的"桂花，真叫我魂牵梦萦"。

师："桂花，真叫我魂牵梦萦。"你读读试试，动情吗？

（生读）

师：好，请坐，谢谢！（板书：桂花，真叫我魂牵梦萦。）桂花，真叫我魂牵梦萦。大家一起读读试试，体会她的动情。要让你们心底的那颗故乡的种子发芽，带着"我要发芽"的感觉读。

（生齐读）

师：很好，作者还有哪些话说得也非常动情？

生：应该是最后一个自然段。"于是，我也想起了在故乡童年时代的'摇花乐'，和那阵阵的桂花雨"。

**师**：能不能动情一点读？

（生再读）

**师**：对了，在"故乡"下画线。世界上哪儿都有摇花乐，但作者想起的是故乡的摇花乐，所以她动情。注意，是故乡童年时代的摇花乐。请大家再动情地把这一句话读一读。

（生齐读）

**师**：嗯，有点不满意，没有看标点。摇花乐后面有一个什么号？

**生**：逗号。

**师**：对了，要不要停顿？

**生**：要。

**师**：嗯，这个地方很重要，节奏感要读出来。这就像一个国画家，画了一笔画到纸头了，画出去了，要读出那种画出去的感觉，明白吗？逗号要停一停，否则就过去了。"于是我也想起了在故乡童年时代的'摇花乐'，和那阵阵的桂花雨。"（师范读）"摇花乐"后面一定要停，这是作者的情感在这里顿了一顿，她才动情啊！明白了吗？再读！

（生齐读）

**师**：嗯，不错！有点感觉了。这句话确实很动情！还有吗？

**生**：还有第一自然段的第一句话，"中秋节前后，就是故乡的桂花季节"。

**师**：文章第一句话最重要，你们觉得写作文哪儿最困难？

**生**：开头。

**师**：写第一句话，第一个字最困难，是不是？这句话虽然很普通，但是很动情，动情在哪里？它是围绕着"桂花，真叫我魂牵梦萦的"来写的。想想是怎样围绕这句话来写的？抓住了哪几个点？

**生**：我觉得应该是故乡的桂花季节，不是其他地方的。

**师**：给点掌声。

（生鼓掌）

**师**：太棒了！我们读书就要一个字也不要放过，慢慢读、细细品味，还有一句动情的话是最后一段，那参照刚才体会的方式，再告诉我最后那一句话又是怎样围绕着"桂花，真叫我魂牵梦萦"来写的？

**生**：就是故乡童年时代的摇花乐。

**师**：为什么说这句话就是围绕着"桂花，真叫我魂牵梦萦"呢？作者魂牵梦萦的是什么？

**生：**故乡的摇花乐。

**师：**故乡的摇花乐其实就是什么？简单！咱们手里的纸上跟书上最不同的两个字是——

**生：**故乡。

**师：**那么作者魂牵梦萦的是什么？

**生：**故乡。

**师：**对，故乡。我一开始就讲了你们心中是没有故乡的，今天要让你们心中那颗故乡的种子发芽。好！这篇文章还有哪些地方是围绕这句话来写的？你们看"桂花，真叫我……"注意"我"是琦君，她老家在浙江永嘉，出生在温州，12岁的时候到杭州念书，写这篇文章的时候是60岁。"魂牵梦萦"，下面有解释，你们理解了吗？没看到解释的时候知道这个词的意思吗？

**生：**不知道。

**师：**没看解释的时候是不知道的，是吧。看了以后知道了吗？

**生：**知道了。

**师：**哦！原来解释这么管用。应该好好地体会这个词。魂牵梦萦的是——

**生：**故乡。

**师：**对了，"故乡"这个词还没有出现。实际上在这句话里面有没有？

**生：**有。

**师：**有了。所以你们自己读这篇文章，用5分钟吧，然后找出文章中哪些地方围绕这句话"桂花，真叫我魂牵梦萦"来写的？关键词：桂花、魂牵梦萦，还有哪一个词？

**生（齐答）：**故乡。

**师：**好，现在开始读，5分钟。

（学生读课文）

**师：**找到的同学用笔画出来。想好了告诉我，你找出来的地方是怎样围绕"桂花，真叫我魂牵梦萦"来写的？

**生：**我觉得应该是"'摇桂花'对于我是件大事，所以老是盯着母亲问：'妈，怎么还不摇桂花嘛？'"这句话。

**师：**这里出现了一个人，是谁？

**生：**母亲。

师：对！（板书：母亲）你怎么读出它是围绕着"魂牵梦萦"或者"故乡"或者"桂花"来写的？

生：因为她说老是盯着母亲问，就是很迫不及待地想摇桂花。

师："盯着"是什么意思？

生："盯着"就是一直看着一个人。

师：还有什么意思？一直看着她不说话吗？

生：说话的，就是很想去尝尝那个摇桂花的快乐。

师：所以这里说，"怎么还不摇桂花嘛？"听听，童年时候的这样一句话，重复了很多遍的话，60岁的时候她——

生：她又说出来了。

师：说出来了，又写下了，又——

生：魂牵梦萦。

师：现在知道魂牵梦萦是什么意思了吗？

生：知道了。就是想一样东西，脑子里都是这样东西。

师：挥不去，散不掉，思念情切。还有吗？

生：这下，我可乐了，帮着在桂花树下铺篾簟，帮着抱桂花树使劲地摇，桂花纷纷落下来，落得我满头满身，我就喊："啊！真像下雨，好香的雨啊！"

师：作者抓住了桂花香。不用说桂花香，当你想起故乡的时候，一切的花都是香的，甚至是草香。近两年流传很广的一首张学友的歌，"淡淡野花香，烟雾盖似梦乡"。野花的香啊，都叫人魂牵梦萦，更何况是桂花香？

师：还有哪些地方也是写这样的香，这样的魂牵梦萦，这样的桂花？

生：在诗人看来是多么俗气，但我宁可俗，就是爱桂花。

师：第二小节。这花在诗人看来是多么俗气，哪个词表现了我魂牵梦萦？

生：宁可。

师：什么意思？

生：就算是。

师：就算是这样，但我还是爱桂花。我宁可俗，就是爱桂花。其实她是爱故乡的桂花。还有吗？

生：父亲点上檀香，炉烟袅袅，两种香混和在一起，佛堂就像神仙世界。

师：这个时候又出现了一个人，是谁？

生：父亲。

（师板书：父亲）

**师**：为什么说这句话是围绕着"魂牵梦萦的故乡的桂花雨"来写的呢？

**生**：因为她说就像是神仙世界。

**师**：神仙世界有烦恼吗？

**生**：没有。

**师**：全是什么？

**生**：快乐、幸福！

**师**：这就是什么样的感觉？

**生**：故乡的感觉。

**师**：快乐、幸福的神仙世界，这就是让我魂牵梦萦的——

**生**：故乡。

**师**：我不满意你们这么读"故乡"，这节课结束时，我一定要让你们读"故乡"的时候这颗种子发芽。还有哪些地方？

**生**："一提到桂花，那股子香味就仿佛闻到了"，这句话是说魂牵梦萦的。

**师**：哪个词让你感受到魂牵梦萦的？

**生**："一提到"和"仿佛"。

**师**："一提到""仿佛闻到"，有人说再加个"就"，好，把那个有"就"的感觉读出来。

（生再读）

**师**：有没有点魂牵梦萦的感觉了？我们继续学习，还有吗？

**生**：尽管父亲指指点点地告诉我，这是凌霄花，这是叮咚花，这是木碧花……我除了记些名称外，最喜欢的还是桂花。

**师**：从哪里看出来？哪个词？

**生**：除了、最。

**师**：除了、最、还是，我觉得你读的时候没感觉。再读一遍。

（生再读）（掌声）

**师**：哦，快了，种子快发芽了！再找——

**生**：我觉得还有最后第二自然段。"我回家时，总捧一大袋桂花回来给母亲，可是母亲常常说：'杭州的桂花再香，还是比不得家乡旧宅院子里的金桂。'"

**师**：怎么说这段话是围绕着"魂牵梦萦的故乡的桂花"呢？

**生**：因为文章里面说"再香"和"还是"。

师：这是谁说的？

生：母亲说的。

师：是母亲的话语。这时候，母亲已经从老家搬到了杭州，你们想想她说这句话的时候想起了什么？

生：母亲想到故乡。

师：作者写下来的时候仅仅是说家乡旧宅院子里的桂花香吗？她想到了什么？

生：故乡。

师：让她想起故乡的还有什么？

生：于是父亲诗兴发了，即时口占一绝："细细香风淡淡烟，竞收桂子庆丰年。儿童解得摇花乐，花雨缤纷入梦甜。"

师：把后面的三个字读得慢一点就更好了！花雨缤纷——

生：入——梦——甜！

师：为什么说这个地方是围绕着"魂牵梦萦的故乡的桂花"呢？

生：因为这里写了父亲的诗，父亲的诗是写桂花的。

师：对，这里写了父亲的诗，作者60岁的时候还记得那么清楚，父亲是口占一绝，没有写在纸上。60岁的老人想起了童年时父亲写的诗，她想起了什么？

生：故乡。

师：那点味道还没有出来，还差那么一点。在第一段里找，找到那个围绕"魂牵梦萦的故乡的桂花雨"的词，你找到了，你们读"故乡"的情味就解决了。

生：我觉得是"桂花有两种，月月开的称木樨，花朵较细小，呈淡黄色，台湾好像也有，我曾在走过人家围墙外时闻到这股香味，一闻到就会引起乡愁"。

师：一个60岁的老人想起了她童年的故乡的桂花，这时候她在哪里？

生：台湾。

师：她老家是哪里？

生：浙江。

师：她出生在温州，少年时在杭州，现在却到了台湾。一个垂暮老人，在异地他乡，在海峡那一岸，闻到了桂花。虽然她说得很普通，但在这普通的句子里却有着别样的故乡情味。把这样一种情感读出来。

生："桂花有两种，……一闻到就会引起乡愁。"

师：一闻到就会引起乡愁，哪个词最动情？

生：乡愁。

**师**：这是一种怎样的情感？

**生**：魂牵梦萦。

**师**：是什么让她魂牵梦萦？

**生**：故乡、桂花。

**师**：她为什么说台湾好像也有？

**生**：因为她那个时候没有去过台湾。

**师**：说这个话的时候她在哪里？

**生**：在杭州。

**师**：60 岁的人在杭州还是台湾？

**生**：台湾。

**师**：对了，台湾有没有她不知道吗？"我曾在走过人家围墙外时闻到这股香味"。

**生**：知道。

**师**：知道了，为什么还说好像？那个香味是这个香味吗？

**生**：不是。

**师**：所以她说"好像"。"好像也有"，什么意思？有还是没有？

**生**：有。因为家乡的金桂这儿也有，可是家乡的金桂比这儿的香。

**师**：对了，家乡的金桂比这里的香啊，所以说"台湾"好像也有。作者把这里的金桂当作安慰自己乡愁的咖啡。把这句话再读一读，读出 60 岁老人仿佛闻到了故乡桂花的香味。

（生再读）

**师**：有那么点味道了，"引起"后面停一停，这样乡愁的味道就更足了。读的时候注意节奏停顿。（范读）

**师**：她的文字虽然写得很朴素，因为融入了故乡，所以读的时候就好像看到了亲人，看到了自己喜欢的小东西。能不能再读一遍？

（生齐读）

**师**：看来种子要发芽了，找找书上的课文有这句话吗？

**生**：没有。

**师**：你们更喜欢课文还是我发给你们的纸头？

**生**：你发给我们的。

**师**：更喜欢就好好地再读一读，哪些是纸上有的、书上没有的？回去好好想想，哪些课文里没有的、纸上有的句子和段落，却真的是作者魂牵梦萦的故乡的桂花雨。这就是今天的作业。

**师**：看看你们的种子有没有发芽，把你们认为最动情的话再读一遍。

**生**（齐读）：桂花有两种，月月开的称木樨，花朵较细小，呈淡黄色，台湾好像也有，我曾在走过人家围墙外时闻到这股香味，一闻到就会引起乡愁。

**师**：是啊，桂花，真叫我魂牵梦萦！再读——

**生**：桂花，真叫我魂牵梦萦！

**师**：把这个魂牵梦萦的词读出来——

**生**：故乡！

**师**：好，下课。

### 名师评课一

# 一个"多情"的课堂

### 1. 扣住文本的语言，感受文本的情感

阅读是读者与作者之间的对话，而作者的情感就渗透在文本的字词句甚至标点之中。陈老师善于在文本的细节之处引导学生体味。

扣住标点：

这个地方很重要，节奏感要读出来。这就像一个国画家，画了一笔画到纸头了，画出去了，要读出那种画出去的感觉，明白吗？逗号要停一停，否则就过去了。"于是我也想起了在故乡童年时代的'摇花乐'，和那阵阵的桂花雨。"(师范读)"摇花乐"后面一定要停，这是作者的情感在这里顿了一顿，她才动情啊！明白了吗？再读！

扣住字词：

**生**："一提到桂花，那股子香味就仿佛闻到了"这句话是说魂牵梦萦的。

**师**：哪个词让你感受到魂牵梦萦的？

**生**："一提到"和"仿佛"。

**师**："一提到""仿佛闻到"，有人说再加个"就"，好，把那个有"就"的感觉读出来。

### 2.情浓文疏，情动而辞发

琦君的这篇文章的创作特点是情浓文疏，陈老师尊重文本特点，通篇紧抓文章的情感线，调动学生的情感体验。"你们没有离开过家，故乡对你们来说是一颗没有发芽的种子，今天咱们让她发芽""桂花，真叫我魂牵梦萦。大家一起读读试试，体会她的动情。要让你们心底的那颗故乡的种子发芽，带着'我要发芽'的感觉读""咱们今天要让你们心中那颗故乡的种子发芽"，直到最后，浑然天成：

**师**：看看你们的种子有没有发芽，把你们认为最动情的话再读一遍。

……

**生**：桂花，真叫我魂牵梦萦！

**师**：把这个魂牵梦萦的词读出来——

**生**：故乡！

### 3.抓住重点，有舍方有得

对于长文来说，如果试图面面俱到，那就一面也不到。陈老师抓住文本的重点，大胆取舍教学的重点，敢抓敢放。

抓重点句子："作者围绕哪一句话来写的，也就是说在这篇课文中，作者最动情的是哪一句话？"课始，陈老师就扣住文章的重点句展开教学，让学生紧扣词句展开阅读、体味作者怎样围绕"桂花，真叫我魂牵梦萦"来写，不断从文章中找出验证，层层深入，入情入理。

抓重点词语：扣住关键词——桂花、魂牵梦萦、故乡。

抓重点朗读：扣住情感的句子重点朗读。

（江苏省镇江市教育局教研室，特级教师　张晨辉）

#### 课堂实录二

（广西南宁市广西师范学院附属小学）（45分钟）

**师**：孩子们，知道我姓什么吗？

**生**（齐答）：陈。

**师**：怎么称呼我？

**生（齐答）**：陈老师。

**师**：其实吧，透露个秘密，你们知道我的学生怎么称呼我？

**生（摇头）**：不知道。

**师**：我的朋友叫我"安子"，我的学生叫我"安子老师"，我喜欢他们这样叫我，你们行吗？

**生（齐答）**：行。

**师**：听一下，你们怎么叫我？（做侧耳听状）

**生（齐答）**：安子老师。

**师**：好啊，我们现在开始上课。我们今天学习《故乡的桂花雨》，作者琦君（板书：故乡的桂花雨　琦君）。

**师**：这篇文章读过吗？读过几遍？

**生**：三遍。

**师**：哦，读了三遍，读了以后有什么感受？

**生**：我感受到了作者对桂花的喜欢。

**师**：你很棒，是的，作者非常喜欢桂花！

**生**：我感受到了桂花很漂亮，很美丽。

**师**：桂花很漂亮，很美丽。还有吗？

**生**：桂花还可以吃，不但可以做糕点，还可以做茶。

**师**：桂花不但可以看，还可以吃，是吧？哦，继续，还有吗？

**生**：我感受到了作者很喜欢她的故乡。

**师**：作者很喜欢她的故乡，我们看这个题目，（指板书）一起读！

**生（齐答）**：故乡的桂花雨。

**师**：哦，你们这样读的话感觉就没有出来。这三个字很重要，故乡的——桂花雨，会读了吗？

**生（齐答）**：会。

**师**：试试看！

（生齐读）

**师**：这叫动情地读。我们动情地读了一下题目，好，现在，安子老师要考考你们。作者在这篇文章中说得最有感情的是哪句话？你们自己找，然后把你们体会到的感情、作者表达的这种感情读出来，再告诉我，为什么这句话是作者说得最有感情的一句话，好，给你们五分钟的时间。

师：（五分钟后）找到了吗？我们交流一下，你说说！

生：我回家时，总捧一大袋桂花回来给母亲，可是，母亲常常说："杭州的桂花再香，还是比不得家乡旧宅院子里的金桂。"

师：这一句写的桂花是在哪里？

生：写的是杭州的桂花。

师：哦，写的是杭州的桂花。（板书：杭州）你能不能把你体会到的作者的感情读出来，来试试！

（生朗读）

师：怎么样？我还是觉得不够动情，我读给你们听。（师范读）学一学，把你的体会读出来，好吗？

师：这里出现了杭州的桂花，还出现了一个人，谁？

生：母亲。

师：（板书：母亲）好，那么母亲是在哪里讲这句话的？

生（齐答）：家里。

师：哪个家里？

生（齐答）：作者的家。

师：作者的这个家在哪里？

生（齐答）：杭州。

师：哦，在杭州，她的旧宅院子在哪里？

生：杭州。

师：不对哦！

生：桂林。

师：哦，他没来过桂林。好，我给你们介绍一下琦君，她出生在温州，是浙江靠近海边的一个城市（板书：温州），她在 12 岁的时候跟着父亲母亲一起到了杭州，所以她说的旧宅院子里的桂花指的是温州的桂花。母亲在杭州说这句话的时候想到了哪里的桂花？

生（齐答）：家乡。

师：这个家乡是哪里？

生（齐答）：温州。

师：琦君写这篇文章的时候她在哪里？

生（齐答）：温州，杭州。

**师**：琦君听到妈妈说这句话是在杭州吧？后来，在 32 岁的时候，她到了台湾，一直到了垂暮之年她才回到了温州，才去了杭州，那是 2002 年，这篇文章是她 60 岁左右的时候在台湾写的，因此她写这句话的时候在哪里？

**生**（齐答）：台湾。

**师**：对啊（板书：台湾），60 岁的琦君想起了 40 年前母亲在杭州说的这么一句想家的话。你们现在能不能理解这种想家的感情了呢？我们一起读读，好不好？

（生齐读）

**师**：这篇文章的题目叫"故乡的桂花雨"，刚才你们说作者特别喜欢桂花，文章里出现了几个地方的桂花？

**生**（齐答）：三个。

**师**：还有一个在哪儿？

**生**：台湾。

**师**：哪一句话还写了台湾的桂花？（板书：台湾）

**生**：桂花有两种，月月开的叫木樨，花朵较细小，台湾好像也有，我曾在走过人家围墙外时闻到这股香味。

**师**：好，这句话说台湾好像也有，到底有没有？

**生**：有。

**师**："好像也有"，什么意思？肯定吗？

**生**：肯定。

**生**：不肯定。

**师**：哦，如果我这么说，台湾好像也没有，意思一样吗？

**生**：一样。

**师**：对啊，都不肯定吧？台湾好像没有，作者是希望有还是希望没有？

**生**：希望没有。

**师**：台湾好像也有，希望有，还是希望没有？

**生**（齐答）：希望有。

**师**：有没有？

**生**：有。

**师**：哪一句话？一起读！

**生**：我曾在走过人家围墙外时闻到这股香味。

**师**：好，停。我曾在走过人家围墙外时闻到这股香味，闻到了吗？

生：闻到了。

师：有吗？

生：有。

师：为啥她要说好像也有呢？

生：不怎么肯定。

师：不怎么肯定。还有什么意见？

生：因为她没有看见。

生：因为她是估计的。

生：因为她只闻到桂花的香味，没看到桂花。

师：哦，没看到桂花，所以不肯定。还有，你告诉我，台湾的桂花是杭州的桂花吗？是温州的桂花吗？

生：不是。

师：在杭州的母亲觉得最香的桂花在哪里？

生：温州。

师：因为温州是——

生：故乡。

师：现在她在台湾，杭州、温州是不是都是作者的——

生：故乡。

师：明白了吗？好，你们告诉我，为什么作者说好像也有？台湾的桂花只是台湾的桂花，它就像母亲在杭州说的那句话，你们能把那句话再读一读吗？来，一起读。

生：杭州的桂花再香，还是比不得家乡旧宅院子里的金桂。

师：如果这句话换成琦君闻到台湾人家围墙里飘出来的桂花香时，她会怎么说？想一想，哪里的桂花再香，也比不过哪里的桂花香？好，你说吧！

生：可是，母亲常常说，台湾的桂花……

师：现在是谁在说？琦君，作者。

生：可是，琦君常常说，台湾的桂花再香还是比不得家乡旧宅院里的金桂。

师：这个家乡指的是哪一个？

生：杭州。

师：还有呢？

生：温州。

**师**：对，台湾的桂花再香也比不过温州旧宅院子里的桂花香啊，台湾的桂花再香也比不过杭州满觉陇的桂花香啊，明白了吗？

**生**：明白了。

**师**：这篇文章你们找出了这么一句动情的话，被我拉扯出了三处对话。再找找，还有哪句话作者说得特别动情？

**生**：对不起，我还没找出来。

**师**：对不起，我不该问你哦。还有，你找到了吗？好，念给我听听！

**生**：桂花，真叫我魂牵梦萦。

**师**：我怎么觉得你读得一点都不动情啊！我把这句话写下来。(师板书：桂花，真叫我魂牵梦萦。)魂牵梦萦什么意思啊？下面有注释吗？

**生**：形容思念情切。

**师**：哦，形容思念情切，是吧？你怎么没把那个思念情切读出来？再试一下，好不好？

**生**：桂花，真叫我魂牵梦萦。

**师**：好，有那么点意思了。听我读，好不好？（师范读）能学一学吗？

**生**（齐答）：能。

**师**：试试看，好，开始！

**生**（齐读）：桂花，真叫我魂牵梦萦。

**师**：好，魂牵梦萦的仅仅是桂花吗？还有什么？

**生**：还有故乡。

**师**：所以题目是——

**生**：故乡的桂花雨。

**师**：对，这句话是作者在文章中说得最动情的一句话。这是一篇散文，我们说，散文形散神不散，这就是文章的神，这就是文章的眼睛，这就是文章的心。好，大家把这句话画两横标注出来，太重要了，你读懂了这句话就读懂整个文章了，你理解了这句话就理解了整个文章了，整个文章几乎所有动情的话都是围绕这句话来写的，几乎所有的场景也都是围绕这句话来写的。下面，大家听我读这篇文章，你们在听的时候找出你最喜欢的那几句话或者那一段话，告诉我作者是怎么围绕这句话来写的，好不好？

**生**（齐答）：好。

（老师读全文）

师:好,我读完了,你们有没有找到你最喜欢的那几句话或者那一段话,然后再告诉我,为什么说它是围绕"桂花真叫我魂牵梦萦"来说的。好,你找到了,你先说!

生:桂花开得最茂盛时,不说香闻十里,至少前后左右十几家邻居,没有不浸在桂花香里的。

师:哦,写的是哪里的桂花?

生:温州。

师:温州的桂花。你觉得哪里是围绕"桂花,真叫我魂牵梦萦"来写的?

生:没有不浸在桂花香里的。

师:"没有不"是什么意思啊?

生:就是没有一个人不沉浸在……

师:全部吧?还有一个字,浸,浸是什么意思啊?

生:就是,就是……

师:什么偏旁?

生:三点水。

师:就是浸在了——

生:浸在了桂花香中。

师:桂花香就像——

生:水一样。

师:浸到了水里了吧?全是桂花香,能不能把这句话好好读一读?

生(齐答):能。

师:好,开始。

(生齐读)

师:读得稍慢一点,不是一下子,哦,慢慢地,像水漫上来一样,慢慢地浸。

(生再次齐读)

师:没有不浸在桂花香里的。为什么说它魂牵梦萦?

生:因为桂花很香。

师:因为桂花太香了。哦,请坐。还有吗?你最喜欢的句子?

生:迷人的原因,是它不但可以闻,还可以吃。"吃花"在诗人看来是多么俗气,但我宁可俗,就是爱桂花。

师:哦,琦君,是在台湾大学教古典文学的教授,所以她说"我宁可俗,就是爱桂花"，如果这句话是猪八戒说，"我宁可俗，就是爱桂花"，你相信吗？

**生**：不相信。

**师**：让他俗去吧，对不对？现在是一个古典文学的教授，那可是一个不俗的人吧，很文雅的人吧，但是她挡不住桂花的诱惑，所以她说——

**生**：我宁可俗，就是爱桂花。

**师**：把这句话好好再读一读！读出魂牵梦萦的感觉来。

（生齐读）

**师**：对了。把那个"宁可"强调一下，"就是"强调一下，这些虚词不能不注意啊，我们读散文，一个字都不要放过，尤其那些虚词，明白吗？好，继续，大家能不能把这句话连起来读一读？把魂牵梦萦的感觉读出来，好，开始！

**生**（齐读）："吃花"在诗人看来是多么俗气，但我宁可俗，就是爱桂花。

**师**：宁可俗，就是爱桂花，桂花的诱惑大不大？

**生**：大！

**师**：真是叫"我"魂牵梦萦了吧？是不是围绕这句话来写的？

**生**：是！

**师**：还找出什么来？

**生**：小时候，我对无论什么花，都不懂得欣赏。尽管父亲指指点点地告诉我，这是凌霄花，这是叮咚花，这是木碧花……我除了记些名称外，最喜欢的还是桂花。

**师**：哦，它前面那么长一段铺垫，是不是啊？无论什么花都不懂得欣赏，无论什么花包括不包括桂花？包括吧？所有的花都不懂得欣赏，也就是所有的花我都不管，是不是啊？这怎么不像个女孩，是吧？你看，她把最后那句话说得非常动情，一开始却把感情压得很低，这叫欲扬先抑。明白吗？老师讲过这种方法吗？哦，还没讲过，以后会跟你们说的，就是我们要把一种感情说得特别高兴，我们先要说得不高兴，明白了吗？好，无论什么花，还不够，父亲指指点点地说，这是什么，这是什么，这是什么，说了那么多，是为了说哪一句话？"我除了记些名称外"后面那句话太重要了。

**生**：最喜欢的还是桂花。

**师**：对，就是为了说这句话，"最喜欢的还是桂花"，明白了吗？

**生**：明白了。

**师**：我们把这一段读一读，前面读得低一点，平淡一点，最后那句话读得动情一点，好不好？开始。

（生齐读）

**师：**对了，这段话大家读的时候一定要注意那几个连词，听我读。（师范读）我夸张了一下，是为了告诉你们要把这几个虚词读出来，你读出来了，作者的感情也就明白了，再试一遍好不好？

（生再次齐读）

**师：**好，这里又出现了一个人，谁？

**生：**父亲。

**师：**对了（板书：父亲），你看，故乡，两个地方，杭州，温州，都成了身在台湾的琦君的故乡，所以，她写了杭州的桂花雨，那是什么年代？那时候琦君是个——

**生：**中学生。

**师：**对，中学生，少年时代。还写了温州的桂花雨，那时她是个——

**生：**小学生。

**师：**对，是个孩子，童年时代。她从内心流淌出来这么一句非常动情的话：桂花，真叫我魂牵梦萦。大家一起把琦君心里的这句话读一读，开始。

**生（齐读）：**桂花，真叫我魂牵梦萦。

**师：**大家也知道，在台湾的琦君魂牵梦萦的不仅仅是桂花，还有什么？故乡。哪一句话表达了她的这种感情？你们在第一段找找看，能不能找得出来？

**生：**中秋节前后，就是故乡的桂花季节。一提到桂花，那股子香味就仿佛闻到了。

**师：**哦，一提到桂花，那股子香味就仿佛闻到了，一……就……，需要思考吗？

**生：**不需要。

**师：**这一段里还有这样的句子，在哪里？

**生：**桂花有两种，月月开的叫木樨，花朵较细小，呈淡黄色，台湾好像也有，我曾在走过人家围墙外时闻到这股香味，一闻到就会引起乡愁。

**师：**哦，最后那句话又是"一……就……"吧？把这句话好好地想一想，这句话里哪个词代表了琦君的感情？

**生：**乡愁。

**师：**对了，乡愁（板书：乡愁），这种乡愁要条件吗？要思考吗？

**生**：不要。

**师**：哪一个句式告诉你？

**生**：一……就……。

**师**：对了，能不能把这句话读一读？开始。

（生齐读）

**师**：还是没有把这种感觉读出来。不要思考，一闻到就会引起乡愁。再试一遍，行吗？

（生齐读）

**师**：对了，其实故乡、桂花都成了远在台湾的琦君的内心的梦想，故乡天天在她心里浮现，桂花的香味天天都在她眼前飘荡，能闻到，仿佛也能看到。课文里还写道，那时候的温州的桂花，让故乡全年，整个村庄，都沉浸在桂花香中。那个村庄，那全年的桂花香就是乡愁。我们只有 45 分钟的时间，你们回去让你们的老师给你们再用 45 分钟来讨论，再去找一找课文中你喜欢的那些句子，看看它们是怎样围绕"桂花，真叫我魂牵梦萦"来写的，好吗？我们最后再深情地把这句话读一遍。你们还是孩子，你们的心里边有一颗故乡的种子，还没有发芽，但慢慢地等你们长大，离开了故乡，你们就知道那句话有多么深情。我们一起读，"桂花，真叫我魂牵梦萦"开始。

**生**：桂花，真叫我魂牵梦萦。

**师**：好，今天的课就上到这里，谢谢大家，下课！同学们再见！

**生**：老师再见！老师辛苦了！谢谢老师！

### 名师评课二

## 语文教师应有自觉的文体意识

我是个孤陋寡闻的人，若不是去年有幸与安子老师同台参加镇江市的"大家论语"教学活动，我对安子老师的所知只是星星点点。虽是初次相识，但安子老师却给我留下了极为深刻的记忆。他是个很重情义的人，席间讲到逝去的恩师竟然情不自禁落泪，使我油然而生敬意。继而走进安子，这位大学老师的小学课堂，我更被他深厚的学养和教学的艺术所折服。

安子老师在他的《安解桂花语，清浅意蕴藉》（关于《故乡的桂花雨》的文本解读）的报告中讲道，"中国是文体最发达的国家之一，文体意识在魏晋南北朝的时候就已经非常成熟了。以《文心雕龙》和《文选》为理论和实践的标志。如果中国人的母语教学中没有了文体这个环节，那么离中国语文是遥远的。"正如安子老师自己所言，他执教的《故乡的桂花雨》给我留下的最深刻的印象，就是他的自觉的文体意识。课中安子老师有这样的一段话：

> 对，这句话（"桂花，真叫我魂牵梦萦"）是作者在文章中说得最动情的一句话。这是一篇散文，我们说，散文形散神不散，这就是文章的神，这就是文章的眼睛，这就是文章的心……你读懂了这句话就读懂整个文章了，你理解了这句话就理解了整个文章了，整个文章几乎所有动情的话都是围绕这句话来写的，几乎所有的场景也都是围绕这句话来写的。下面，大家听我读这篇文章，你们在听的时候找出你最喜欢的那几句话或者那一段话，告诉我作者是怎么围绕这句话来写的，好不好？

这段话一语道破了散文的特质及其相应的学习策略。

王荣生教授在《中小学散文教学的问题及对策》一文中说：散文的写作不像写论文、发新闻，目的就在于获得公认或成为公认。散文不祈求成为公认；阅读散文，也不是为了获取什么公认。作者之所以写散文，是要表现眼里的景和物、心中的人和事，是要与人分享一己之感、一己之思。散文教学要建立学生与"这一篇"散文的连接，即学生今天所面对的学习对象，是"这一篇"独特的文本，学生今天所面临的学习任务，是理解、感受"这一篇"所传递的作者的认知情感，是理解、感受"这一篇"中与独特认知情感融会一体的语句章法、语文知识。

我们来看安子老师是怎样建立学生与"这一篇"联系的。

## 1. 强调学生自主接触文本

教学中，安子老师给学生创造了自主阅读、直接阅读的机会，而不是把自己关于文本的丰厚的解读直接向学生传递。他根据散文的特质提出的本课学习的主话题带给了学生丰富的感悟空间，"作者在这篇文章中说得最有感情的是哪句话？你们自己找，然后把你们体会到的感情、作者表达的这种感情读出来，再告诉我，为什么这句话是作者说得最有感情的一句话？"围绕这个主话题，安子老师非常有气魄地（因为预计 1 小时的课只能上 45 分钟）给了学生两段静静的读书思考的时间，一次是教学刚开始时的 5 分钟的学生自读自悟，一次是教学中安子老师范读全文，学生聆听思考。可以想见，在这种安静的情境当中，学生潜心会文，静心思考，穿行在文本的世界之中，与文字对话，同智者交流，圈点批注，写下感受，尽情地享受文本所营造的丰富多彩的世界。当然，洗耳恭听也是一种安静。课堂上让学生静下心来，或倾听老师的讲解与范读，或聆听同学的对话，或欣赏同学的朗读，尽情享受洗耳恭听所带来的丰富的感受。试想，如果没有这样安静的情境，就不可能有交流时的精彩纷呈。

周国平先生说"最好的境界是丰富的安静"。语文课堂应该给学生营造丰富的安静。

### 2. 强调教师"导"的作用

散文教学要建立学生与"这一篇"散文的连接，实质是建立学生的已有经验与"这一篇"散文所表达的作者独特经验的连接。

学生的已有经验，笼统地讲，包括"语文经验"和"人生经验"；作者在"这一篇散文"所表达的独特经验，也可以分为"语文经验"和"人生经验"两个方面。

学生的经验，与作者所传达的经验不同。这种不同，不仅表现在阅读的起点，也表现在阅读的终点。换言之，学生不可能"具有"与作者等同的经验，无论是阅读之前、阅读之中还是阅读之后。不但是学生，任何人，包括教师也不可能"具有"与作者等同的经验。

也正因为作者的经验之独特，我们才需要去读作品，通过其散文，感受、体验、分享我们在日常生活中所没有的人生经历和经验。这就需要教师加强对学生阅读的指导、引领和点拨。

首先要正确地解读教材。安子老师的关于《故乡的桂花雨》的文本解读尽显了一位大学老师深厚的文学功力。但在具体教学中，他站在学生的视角，以"学的活动"为基点选择教学内容，学生不喜欢的，让他们喜欢；学生读不懂的，让他们读懂；学生学不好的，让他们学好。

例如，当学生不能很动情地读出"我回家时，总捧一大袋桂花回来给母亲，可是，母亲常常说：'杭州的桂花再香，还是比不得家乡旧宅院子里的金桂。'"这一句所蕴含的母亲以及琦君借母亲之口所要表达的思乡情感时，安子老师适时呈现了相关的学习背景材料：琦君出生在温州，12 岁时跟着父亲母亲一起到了杭州，32 岁到了台湾，一直到垂暮之年 2002 年才回到了温州，去了杭州。这篇文章是她60 岁左右的时候在台湾写的。"不愤不启，不悱不发"，安子老师时刻关注为学生的主体建构活动提供必要的条件，使学生的情感认知与"这一篇"散文所传达的作者独特的情感认知产生了连接，对 60 岁的琦君想起了 40 年前母亲在杭州说的这么一句话所蕴涵的深深的思乡之情产生了发自内心的认同，也对题眼"故乡的"一词有了深情的关注。

其次要设计好引发学生感悟的问题，给个性化阅读一个"支点"。这个支点非常重要，它使整堂课的教学形成一条在内容上贯穿全文、在教学上贯穿始终的动态发展的主线，同时也形成了一条言语的理解、生成、生长的主线。安子老师本课教学的主话题设计（问题见上文），不仅关注作者独特的情感认知，还关注其独抒心机的章法、个性化的表达方式、流露心扉的语句，可谓语言与精神同构共生。我想，经历这样一个问题的研讨，学生就能在潜移默化中体会到散文的"形散神不散"，就知道如何围绕文心来理解文章，如何围绕自己的一种情感去写一篇文章。

再次，引导学生掌握阅读的方法。作者的人生经验，融汇在他的语文经验里。建立学生的已有经验与"这一篇"散文所传达的作者的独特经验的连接，也就是引导学生往"作者的独特经验里"走，也就是往"这一篇"散文之语句与章法所表达的丰富甚至复杂、细腻甚至细微处走。安子老师课堂中这样的精彩之处很多。

"桂花开得最茂盛时，不说香闻十里，至少前后左右十几家邻居，没有不浸在桂花香里的"，应该说"浸"是很难体会的，但安子老师从字形入手，使得香气不但闻得到，还能感觉得到。

尤其值得称道的是，"桂花有两种，月月开的叫木樨，花朵较细小，呈淡黄色，台湾好像也有，我曾在走过人家围墙外时闻到这股香味，一闻到就会引起乡愁"，教学中对这一句中"好像也有"的揣摩。"'好像也有'，什么意思？""希望有，还是希望没有？""为什么作者说'好像也有'？""'杭州的桂花再香，还是比不得家乡旧宅院子里的金桂'如果这句话换成琦君闻到台湾人家围墙里飘出来的桂花香时，她会怎么说？"安子老师的一个个追问，让学生通过积极的思维获得了学习的高峰体验。

教育家布鲁姆说："高峰学习体验（具有高峰体验所包含的某些品质）是极为生动的，以致学生在多少年后还能详细地回忆起来……一般来说，他们是对学科产生新的兴趣的源泉，是重大的态度与价值变化的刺激物，他们起到了使学习变得真正令人兴奋的作用。"苏霍姆林斯基说："只有当老师给学生带来思考，在思考中表现自己，用思考来指挥学生，用思考使学生折服和钦佩的时候，他才能成为年轻心灵的征服者、教育者和指导者。"教育是需要"高峰体验"的。一个教师在教育中没有"高峰体验"的经历，他就不可能热爱自己的职业。一个学生在课堂上没有享受过"高峰体验"，他就不可能有自己求知的渴望。

"情要浓重，文要疏淡"是琦君对散文的一种独特理解，本课教学除了主话题的研讨是直指作者散文创作的鲜明风格外，安子老师还在相关的语句章法、语文知识方面做了春风化雨般地巧妙渗透：

把那个"宁可"强调一下，"就是"强调一下，这些虚词不能不注意啊，我们读散文，一个字都不要放过，尤其那些虚词，明白吗？

这段话大家读的时候一定要注意那几个连词，听我读。我夸张了一下，是为了告诉你们要把这几个虚词读出来，你读出来了，作者的感情也就明白了，再试一遍好不好？

无论什么花都不懂得欣赏，无论什么花包括不包括桂花？包括吧？所有的花都不懂得欣赏，也就是所有的花我都不管，是不是啊？这怎么不像个女孩，是吧？你看，她把最后那句话说得非常动情，一开始却把感情压得很低，这叫"欲扬先抑"。……就是我们要把一种感情说得特别高兴，我们先要说得不高兴，明白了吗？

面对动态生成的语文课堂，安子老师始终像苏格拉底那样，做学生思想的"助产士"，为课堂生成的学生智慧"接生"。学生力所能及的，避之；学生力所难及的，助之；学生力所不及的，为之。

"文体意识"是沟通学生语感和境感的唯一枢纽，所谓"学诗读诗，学文读文，此古今一定法也"。(《雪桥诗话》)自觉的文体意识不是单纯的具备某种文体知识，它是一种综合的语文素养，文体意识的培养不仅是清楚某种文体知识，更重要的是在语文实践中与体验、感悟、理解等语文素养相互连接、交叉、渗透，这样的文体意识才能更好地帮助学生阅读、写作和表达交际。所有这一切的基础是语文教师首先要拥有自觉的文体意识。

这是安子老师的课堂给予我的最深刻的启迪。

多年来，安子老师一直坚持用原文进行教学，这也给了我们一个深刻的提醒：我们的教科书编者对原文的改编一定要慎重，一定要认真地阅读原文，读懂文章。在我们的教材中，题眼"故乡的"和文眼"桂花，真叫我魂牵梦萦"是被删去的。文章里两处写到桂花雨，一次是童年时代温州老宅子的桂花雨，一处是12岁的时候在杭州西湖满觉陇的桂花雨。对当年的琦君来说，只有温州老宅子的桂花雨才是故乡的桂花雨，而对 40 年以后 60 岁的琦君来说，旧年杭州西湖满觉陇的桂花雨也成了故乡的桂花雨，因此题目中"故乡的"这三个字很重要，不能省。"桂花，真叫我魂牵梦萦"，真正令作者魂牵梦萦的更是桂花香里的故乡，这句话是文章的主旨，是文心，是文眼，也是绝对不能删掉的。

"细雨湿衣看不见，闲花落地听无声"。安子老师课的妙处还有很多，比如对朗读的悉心指导，情绪先于认知，课堂安全感的营造，等等。所有这些，都是值得我们仔细揣摩，用心学习的。

（江苏省南京市江宁实验小学副校长，特级教师　丁雪飞）

# 8.《草原》：课文好还是原文好

## 《草原》原文

### 老 舍

自幼① 就见过"天苍苍，野茫茫，风吹草低见牛羊"这类的词句。这曾经发生过不太好的影响，使人怕到北边去。这次，我看到了草原。那里的天比别处的天更可爱，空气是那么清鲜，天空是那么明朗，使我总想高歌一曲，表示我的愉快。在天底下，一碧千里，而并不茫茫②。四面都有小丘，平地是绿的，小丘也是绿的。羊群一会儿上了小丘，一会儿又下来，走在哪里都象给无边的绿毯绣上了白色的大花。那些小丘的线条是那么柔美，就象没骨画③那样，只用绿色渲染，没有用笔勾勒，于是，到处翠色欲流，轻轻流入云际。这种境界，既使人惊叹，又叫人舒服，既愿久立四望，又想坐下低吟一首奇丽的小诗。在这境界里，连骏马与大牛都有时候静立不动，好象回味着草原的无限乐趣。紫塞④，紫塞，谁说的？

这是个翡翠的世界。连江南也未必有这样的景色啊！

我们访问的是陈巴尔虎旗⑤的牧业公社⑥。汽车走了一百五十华里⑦，才到达目的地。一百五十里全是草原。再走一百五十里，也还是草原。草原上行车至为⑧洒脱⑨，只要方向不错，怎么走都可以。初入草原，听不见一点声音，也看不见什么东西，除了一些忽飞忽落的小鸟。走了许久，远远地望见了迂回⑩的，明如玻璃的一条带子。河！牛羊多起来，也看到了马群，隐隐⑪有鞭子的轻响。快了，快到公社了。忽然，象被一阵风吹来的，远丘上出现了一群马，马上的男女老少穿

---

① 自幼：从小。

② 茫茫：没有边际看不清楚。

③ 没骨画：中国画传统花卉（花鸟）画的一种画法。直接用颜色或墨色绘成花叶，而没有"笔骨"，即不用墨线勾勒轮廓。

④ 紫塞：就是长城。秦始皇筑长城，西起临洮（táo），东至朝鲜，其长万里，土色皆紫，故称"紫塞"。

⑤ 陈巴尔虎旗：内蒙古自治区东北部呼伦贝尔市西北部，是著名的呼伦贝尔草原牧区四旗之一。

⑥ 牧业公社：公社，相当于现在的乡镇一级的行政单位。牧业，以放牧为业。

⑦ 华里：相对于公里来说的，简称"里"，2华里等于1公里。

⑧ 至为：极是，十分。

⑨ 洒脱：自然，不受拘束。

⑩ 迂回：回旋，环绕。

⑪ 隐隐：隐约。

着各色的衣裳，马疾驰，襟①飘带舞，象一条彩虹向我们飞过来。这是主人来到几十里外，欢迎远客。见到我们，主人们立刻拨转马头，欢呼着，飞驰着，在汽车左右与前面引路。静寂的草原，热闹起来：欢呼声，车声，马蹄声，响成一片。车、马飞过了小丘，看见了几座蒙古包。

蒙古包外，许多匹马，许多辆车。人很多，都是从几十里外乘马或坐车来看我们的。我们约请了海拉尔②的一位女舞蹈员给我们作翻译。她的名字漂亮——水晶花。她就是陈旗的人，鄂温克族③。主人们下了马，我们下了车。也不知道是谁的手，总是热乎乎地握着，握住不散。我们用不着水晶花同志给作翻译了。大家的语言不同，心可是一样。握手再握手，笑了再笑。你说你的，我说我的，总的意思都是民族团结互助！

也不知怎的，就进了蒙古包。奶茶倒上了，奶豆腐摆上了，主客都盘腿坐下，谁都有礼貌，谁都又那么亲热，一点不拘束。不大会儿，好客的主人端进来大盘子的手抓羊肉和奶酒。公社的干部向我们敬酒，七十岁的老翁向我们敬酒。正是：祝福频频④难尽意⑤，举杯切切莫相忘⑥！

我们回敬，主人再举杯，我们再回敬。这时候鄂温克姑娘们，戴着尖尖的帽儿，既大方，又稍有点羞涩，来给客人们唱民歌。我们同行的歌手也赶紧唱起来。歌声似乎比什么语言都更响亮，都更感人，不管唱的是什么，听者总会露出会心⑦的微笑。

饭后，小伙子们表演套马，摔跤，姑娘们表演了民族舞蹈。客人们也舞的舞，唱的唱，并且要骑一骑蒙古马。太阳已经偏西，谁也不肯走。是呀！蒙汉情深何忍别，天涯碧草话斜阳！

人的生活变了，草原上的一切都也随着变。就拿蒙古包说吧，从前每被呼为毡庐⑧，今天却变了样，是用木条与草杆作成的，为是夏天住着凉爽，到冬天再改装。看那马群吧，既有短小精悍⑨的蒙古马，也有高大的新种三河马。这种大马真体面⑩，一看就令人想起"龙马精神"⑪这类的话儿，并且想骑上它，驰骋万里。牛也改了种，有的重达千斤，乳房象小缸。牛肥草香乳如象啊！并非浮夸⑫。羊群里既有原来的大尾羊，也添了新种的短尾细毛羊，前者肉美，后者毛好。是的，人畜两旺，就是草原上的新气象之一。

一九六一年十月十三日

---

① 襟：上衣或袍子前面的部分。

② 海拉尔：内蒙古自治区呼伦贝尔市政府所在地。

③ 鄂温克族：少数民族之一。

④ 频频：连续不断地。

⑤ 难尽意：很难完全表达情意。

⑥ 切切莫相忘：千万不要彼此忘记。切切，千万，务必。

⑦ 会心：领会别人没有明白表示的意思。

⑧ 毡庐：毡房。

⑨ 短小精悍：身材矮小而精明强干。

⑩ 体面：好看，美丽。

⑪ 龙马精神：比喻健旺的精神。

⑫ 浮夸：虚夸，不切实。

### 《草原》课文（人教版）

这次，我看到了草原。那里的天比别处的更可爱，空气是那么清新，天空是那么明朗，使我总想高歌一曲，表示我满心的愉快。在天底下，一碧千里，而并不茫茫。四面都有小丘，平地是绿的，小丘也是绿的。羊群一会儿上了小丘，一会儿又下来，走在哪里都像给无边的绿毯绣上了白色的大花。那些小丘的线条是那么柔美，就像只用绿色渲染，不用墨线勾勒的中国画那样，到处翠色欲流，轻轻流入云际。这种境界，既使人惊叹，又叫人舒服，既愿久立四望，又想坐下低吟一首奇丽的小诗。在这境界里，连骏马和大牛都有时候静立不动，好像回味着草原的无限乐趣。

我们访问的是陈巴尔虎旗。汽车走了一百五十里，才到达目的地。一百五十里全是草原。再走一百五十里，也还是草原。草原上行车十分洒脱，只要方向不错，怎么走都可以。初入草原，听不见一点儿声音，也看不见什么东西，除了一些忽飞忽落的小鸟。走了许久，远远地望见了一条迂回的明如玻璃的带子——河！牛羊多起来，也看到了马群，隐隐有鞭子的轻响。快了，快到了。忽然，像被一阵风吹来似的，远处的小丘上出现了一群马，马上的男女老少穿着各色的衣裳，群马疾驰，襟飘带舞，像一条彩虹向我们飞过来。这是主人来到几十里外欢迎远客。见到我们，主人们立刻拨转马头，欢呼着，飞驰着，在汽车的左右与前面引路。静寂的草原热闹起来：欢呼声，车声，马蹄声，响成一片。车跟着马飞过小丘，看见了几座蒙古包。

蒙古包外，许多匹马，许多辆车。人很多，都是从几十里外乘马或坐车来看我们的。主人们下了马，我们下了车。也不知道是谁的手，总是热乎乎地握着，握住不散。大家的语言不同，心可是一样。握手再握手，笑了再笑。你说你的，我说我的，总的意思是民族团结互助。

也不知怎的，就进了蒙古包。奶茶倒上了，奶豆腐摆上了，主客都盘腿坐下，谁都有礼貌，谁都又那么亲热，一点儿不拘束。不大一会儿，好客的主人端进来大盘的手抓羊肉。干部向我们敬酒，七十岁的老翁向我们敬酒。我们回敬，主人再举杯，我们再回敬。这时候，鄂温克姑娘们带着尖尖的帽子，既大方，又稍有点儿羞涩，来给客人们唱民歌。我们同行的歌手也赶紧唱起来，歌声似乎比什么语言都更响亮，都更感人，不管唱的是什么，听者总会露出会心的微笑。

饭后，小伙子们表演套马、摔跤，姑娘们表演了民族舞蹈。客人们也舞的舞，唱的唱，并且要骑一骑蒙古马。太阳已经偏西，谁也不肯走。是啊！蒙汉情深何忍别，天涯碧草话斜阳！

### 文本解读

## 硬作的抒情

《草原》编成课文时做了删节，因此本文的创作背景和写作意图也被遮蔽了。散文创作的时间是 1961 年 10 月 13 日，国庆刚结束之后，老舍跟着文艺工作者代表团去了草原，而 1961 年恰好是自然灾害的最后一年，从 1959 年到 1961 年，中国经历了"自然灾害"，这三年中国非正常死亡人口大概为 3250 多万人，在整个中国历史上都比较罕见。

在三年自然灾害之前，中国还有一次大的运动，就是从 1958 年开始的"大跃进"，也就是"赶英超美"。

这一次文艺工作者为什么到内蒙去？这涉及当时国家关于民族的政策。当年中国人民政治协商会特地为 9 个少数民族代表团举办了一个独特的晚宴来招待他们，所以这一年去内蒙表达中央对少数民族地区民族大团结的重视，是时代的要求。同年，外蒙古——蒙古共和国，加入联合国。因此这次去内蒙古自治区采风，有独特的民族意义、政治意义。

在这样一个背景下，再读原文就可以发现不同的意味。开头单独成一句，"自幼就见过'天苍苍，野茫茫，风吹草低见牛羊'这类的词句"，这是散文通常的表达方式，轻柔徐缓地带读者进入语境，像一段音乐，从无声处，声音慢慢响起，进入艺术的境界。"天苍苍，野茫茫，风吹草低见牛羊"，这是《敕勒歌》中的原句。这是较早翻译的汉诗，原来用鲜卑语创作，是鲜卑族的民歌。这句话看不出情感倾向，甚至原诗对美丽的风景是有喜悦之情的，因而"这曾经发生过不太好的影响"这句话就显得比较奇怪。不好的情绪是什么呢？"使人怕到北边去"，这也显得比较特别——老舍是北京人，再说因为看到"天苍苍，野茫茫"，就更加不愿意去北边了，也很奇怪。一开头这两句话，作者在情绪上是矛盾的，但是在表述上，又恰恰符合散文的一般的表述，是中规中矩的"起承"手法。

"这次，我看到了草原"，文章在这里开始"转"。下面开始引入对草原的第一印象，所以这一句话是整个第一小节的转折，从"自幼"，到"曾经"，到"这次"，这三个词把整个散文的序曲完成。写景从上到下，"那里的天比别处的天更可爱"，总写"天"，之后分开写"空气""天空"。接着，开始对草原的描写，写草原的句子有其特别的排列格局：用整体句总起，然后分开整齐叙述，再总领，最后一句逸出。"空气是那么清新，天空是那么明朗"，作者用对称的整句去调节散句，使节奏变得欢快起来。最后句子收束在"使我总想高歌一曲"。"高歌"指向的是"可爱"，因为其"可爱"，所以想"高歌"，为何"高歌"？"表示我的愉快"，在这里引入后一层的描写。

"在天底下""一碧千里，而并不茫茫"，这又是两个整句，但用一个"而"把情绪拉得柔和起来。这里的情绪要比"天空""空气"描写的两个整句显得更柔和，尤其是"而并不茫茫"。"茫茫"指的是无边无际，看不清楚的样子。所以"并不茫茫"，是把眼光由上而下，再由下而远，开始望向远方。

作者首先选取的景物是"小丘"。写草原的整个过程中，老舍没有把草原一望无际的气势作为笔下最为重要的意象，而是聚焦于起伏的小丘："四面都有小丘，平地是绿的，小丘也是绿的。"重复写没有变化的草原读来叫人乏味。"平地是绿的，小丘也是绿的"，句式没有变化，几乎看不出作者是如何的喜欢，甚至还隐约地读出一些乏味、枯燥、单调："羊群一会儿上了小丘，一会儿又下来"，"是绿的"，"也是绿的"。但很快出现了精彩之处，"走在哪里都像给无边的绿毯绣上了白色的大花"，这句话把前面的从天空到小丘的描写都总括起来，让绿色和白色在这里聚集，采取了暗喻的手法，把羊群比作白色的大花，把草原比作绿毯。

"线条是那么柔美，就象没骨画那样，只用绿色渲染，没有用笔勾勒"，开始描写小丘的时候采取了"蓄势"的手法，接连描写了几句——"线条是那么柔美""就象没骨画""只用绿色渲染""没有用笔勾勒"。"没骨"就是没有线条的、只用墨色渲染开的画面。"没骨画"是一种非常重要的花鸟、写意的技法，看不到笔在哪里，但就是用笔画出来的。到这里作者进行了停顿，用"于是"一词展现了"蓄势"之后想要表达的内容，即"到处翠色欲流"，这句话说得诗意而响亮。接下来，"轻轻流入云际"，不光景色柔和，声音也柔和起来。老舍采用了"轻轻"这一平声叠词，"流入云际"，向远处推进。于此，草原、天空、小丘都完整地展现出来了。

触景生情是写景散文最常见的一种手法，"这种境界，既使人惊叹，又叫人舒服，既愿久立四望，又想坐下低吟一首奇丽的小诗"。这句话将好几个层次，层层推进。各开两个层次，"既"和"又"，又是两个层次。既……又……，既……又……，前三个分句整整齐齐，用第四句收缩，明快，然后舒缓。"使人惊叹""叫人舒服""久立四望"，整齐中带有参差，采用了"使人""叫人"两种略有不同的表达方式，显得生动活泼。在三个整齐的句子之后，有一个长句，这就像三股泉水一起流下来，流到了一个弯弯的溪道上，即"又想坐下低吟一首奇丽的小诗"。这一首奇丽的小诗，就是"天苍苍，野茫茫，风吹草低见牛羊"。

文学总是会把平淡的东西写得非常美好，或者把很舒适的生活隐藏起来，把痛苦的情绪宣泄出来，因为悲剧更容易打动人。这篇文章属于前者。全文重复的句子、整齐的句子特别多，所见景色实在没得写了，巧妇难为无米之炊。但老舍实在比"巧妇"高明，他能妙笔生花，虚实相济。"在这境界里，连骏马与大牛都有时候静立不动"，前面是实写，后面开始虚写，"奇丽的小诗""好像回味着草原的无限乐趣"，虚中有实，"马和牛静立不动"这是实写，"回味着草原的无限乐趣"是虚写。

"紫塞，紫塞，谁说的？""紫塞"指秦始皇造长城时期，死去人的血把长城下的泥土都染红了，时间久了，土由红而紫，所以叫"紫塞"。"谁说的？"这个反问句值得玩味。今天读到这句话的时候，总是有些触目惊心，总是有些不敢以最坏的念头去揣测老舍当时写这句话的意图。"紫塞，紫塞……"回顾了"曾经发生过不太好的影响"，表达出的情感很复杂，因为单纯从"天苍苍，野茫茫，风吹草低见牛羊"，看不出不太好的情绪，不太好的影响，而"紫塞"一词是可以看出来的，因为死的人太多，很残酷，很血腥，甚至有对罪恶的讨伐，后面来一句，"谁说的？"长城还是那个长城，现在不一样了，现在这个世界是个怎样的世界呢？"这是个翡翠的世界"。前面是一个绿色的世界，"翠色欲流"，后面说这是一个"翡翠的世界"，非常美好，老舍是带着感情去歌颂草原，歌颂新时代的，所以说这是一个"翡翠的世界"，把景美写完了，下面开始写人美了。

老舍写人美也是徐徐写来的，不是一开始就把几个人、一群人放到里面。"我们访问的是陈巴尔虎旗的牧业公社"，接着写进入草原的单调："汽车走了一百五十华里，才到达目的地"，"一百五十里全是草原"，"再走一百五十里，也还是草原"，这是很压抑的笔触，是散文中先抑后扬通常的表述。这种"抑"不光是内容，而且是句式，是情感。"草原上行车至为洒脱，只要方向不错，怎么走都可以"，这就是闲笔，散文中的闲笔至关重要，这一处闲笔，起到的效果和其他闲笔的效果是一样的，是为了调节节奏。"开车至为洒脱"，没有红绿灯，也没有车道，用"洒脱"一词去写作者的心境，单调是单调了，到底还是很自由的，不受拘束，这是一处调节气氛的玩笑话。三个分句，"至为洒脱""方向不错""怎么走都可以"，说得很调侃，表达了一种轻松的心态。

"初入草原"是地点的转换，这是文章结构上一个转弯点，或者叫纽结点。因此我以为这里需要另外分开一段。"听不见一点声音，也看不见什么东西"，把走了三个一百五十里的单调、无聊的境况告诉了读者。"除了一些忽飞忽落的小鸟"，写了一种因单调引起的乏味情绪：小鸟看不清楚，因为车子开得很快，车子开得很洒脱，只能够看到忽飞忽起的鸟的身影罢了。这和什么也看不到是一样的，那种寂寞、无聊的心情始终如此。

"走了许久，远远地望见了迂回的，明如玻璃的一条带子"，这是一处转折，慢慢地转折了。第一个弯转过来的是：看见河。虽然是远远望去，但眼睛一亮，兴奋起来了。"迂回的，明如玻璃的一条带子"，"迂回的"后面逗号不能去掉，否则转弯处的心理起伏活动就没有了。本来心情无聊，于此，一停以后，直接把情绪推出来，"明如玻璃"，情绪开始"亮"起来了。"河！"感叹号表现了心情的"陡亮"。作者的心情发生了起伏：刚开始看到草原，很有新鲜感，因为在城市里看不到这么大块的绿色。不过新鲜感很快变成了无聊，直到看到河，心情才明亮起来。"牛羊多起来，也看到了马群，隐隐有鞭子的轻响"，原来听不见，也看不见，现在，看到了，也听到了，但还是远远、隐隐的。"隐隐有鞭子的轻响"，当然说的是牛羊多了，马群多了，还暗示着快到目的地了。于是"快了"这个词，又一次把他的激动心情调高了，仿佛能听到心跳。"忽然，象被一阵风吹来的，远丘上出现了一群马，马上的男女老少穿着各色的衣裳，马疾驰，襟飘带舞，象一条彩虹向我们飞过来"，整个人的情感，从原来的无聊、昏昏欲睡中被激活，一下子就跳起来了。"象被一阵风吹来的"，是在语言上打个"埋伏"，把那种一下子被激活、被唤醒的喜悦和兴奋写出来了。"马疾驰，襟飘带舞"，"象一条彩虹向我们飞过来"，读者可以想见老舍在写这个句子的时候眉毛跳动、神采喜悦的样子。"象一条彩虹向我们飞过来"，这个句子写得比较精炼，用了暗喻和夸张。老舍在现代和当代，创作作品时语言的审美价值取向是不同的，现代的文章更有灵性。此处写得神采飞扬，因为这是主人来到几十里外欢迎远客。

从"初入草原"到"欢迎远客"，这是一次停顿，也是小结他们见到草原主人的喜悦。主人采取了独特的草原上的欢迎仪式，"立刻拨转马头""欢呼着，飞驰着，在汽车左右与前面引路"。"车、马飞过了小丘，看见了几座蒙古包"，这句话承上启下，下面开始写到了蒙古包，转入写人。

由景美到人美，最后到情美，人在景中，情因人生。"蒙古包外，许多匹马，许多辆车。人很多，都是从几十里外乘马或坐车来看我们的"，老舍从短句到长句，把喜悦的心情写得很诚挚。"都是从几十里外乘马或坐车来看我们的"，一层一层地把主人对"我们"的情感写出来，"几十里外""乘马或坐车"，这都是写他们来得不容易。"我们约请了海拉尔的一位女舞蹈员给我们作翻译。她的名字漂亮——水晶花。她就是陈旗的人，鄂温克族"，作者在这里是插叙，插入这个人物，为全文添加了一丝亮色。"主人下了马，我们下了车"，重复着来写，没话找话，这篇文章硬作的痕迹可见一斑。"许多辆车，许多匹马""主人们下了马，我们下了车"，既是写内心的单调感受，同时又是一种硬作表达的特征。这篇硬作的散文，作者写作的天赋和功力没有发挥出来。当然不是说这是很糟糕的一篇文章，高手硬作，未必就很糟糕，但是硬作的痕迹还是很重的。

"主人们下了马，我们下了车"，这是从《琵琶行》"主人下马客在船"互文的句子"化用"来的，下马以后，热情是不问名字、没有边界的，"总是热乎乎地握着，握住不散"，表达了坚定的民族感情。握着，很热烈；握住不放，表达坚定。"我们用不着水晶花同志给作翻译了"，很奇怪，这句话把前面那一丝亮色也抹去了，不用翻译，为何要写这位翻译的同志呢？这便是反说，这样写要表达的是：不同民族同胞之间不需要语言翻译，虽然"大家的语言不同，心可是一样"。"握手再握手，笑了再笑，你说你的，我说我的"，节奏是欢快的，场面是热烈的，再一句收缩了："总的意思都是民族团结互助！"老舍在这里终于说出了自己的写作目的，就是为了歌颂民族团结互助。民族政策，在1961年是一个高频率的词，尤其在这一年外蒙古加入联合国，所以去内蒙做这样一个民族团结互助的采风，意义非凡。因此，作者不是单纯写草原的美，也不是单纯去写草原的人、草原的景，而是写草原的情。这个"情"是民族团结互助情。

"也不知怎的，就进了蒙古包"，段落的开头这一句是承上启下，接着又是整齐的句子——"奶茶倒上了，奶豆腐摆上了，主客都盘腿坐下，谁都有礼貌，谁都又那么亲热"。这两句话，其实不构成"谁……谁又……"的逻辑关系，又表现出是硬作的痕迹。"不大会儿，好客的主人端进来大盘子的手抓羊肉和奶酒。公社的干部向我们敬酒，七十岁的老翁向我们敬酒"，从"好客的主人"引出"公社的干部"和"七十岁的老翁"，只不过一句散句在前，两句整句在后。"好客的主人"是个群像，"公社的干部""七十岁的老翁"是这个群像中两个独特的个体，这两个独特的个体只有一个动作——向我们敬酒，蒙古草原上的人待客最大的热情就是让你喝酒。"正是：祝福频频难尽意，举杯切切莫相忘"，而这一句话又是从另一个层面去说民族团结互助。"举杯"是草原少数民族的最大的特征，是人的独特；"奶茶""奶豆腐""手抓羊肉""喝奶酒"，是食物的独特；祝福是一样的，"我们"都在互相祝福。

"我们回敬"，这是连着前面一个小节的。"这时候鄂温克姑娘们，戴着尖尖的帽子，既大方，又稍有点羞涩，来给客人们唱民歌"，民族的第二个特征显现出来，除了喝酒以外，还有唱歌。草原上，喝酒，然后唱歌、跳舞，最后就是摔跤、套马。此处描写有详有略，中规中矩。"我们同行的歌手也赶紧唱起来"，这才叫团结互助。"歌声似乎比什么语言都更响亮，都更感人，不管唱的是什么，听者总会露出会心的微笑"，这一段把刚才"握手再握手，笑了再笑。你说你的，我说我的，总的意思都是民族团结互助"又重复了一遍，就是：跳了又跳，唱了又唱，你唱你的，我唱我的，总的意思就一个，民族团结互助。此处全是短句，节奏很快，到了表达感情的关键部分节奏慢下来，最后突出了"会心的微笑"，这是这个小节要表达的情感。

饭后的描写有详有略，"小伙子们表演套马，摔跤"，点到为止，下面略写，"姑娘们表演了民族舞蹈"。"客人们也舞的舞，唱的唱，并且要骑一骑蒙古马"，又略写了。"太阳已经偏西，谁也不肯走"，既写行为，更着重于写情。正是因为"谁也不肯走"才引发了后面的感情："是呀！蒙汉情深何忍别，天涯碧草话斜阳！"这一句话还是表达民族团结互助，又一次重复主题。

最后一段是时代的写照，"人的生活变了，草原上的一切都也随着变"。这一句话是那个时代的声音，新中国建国12年，发生了翻天覆地的变化，人们因此而喜悦、狂欢，这是当时人的普遍情感，是国家当时的主流情感、社会的主流情感。"就拿蒙古包说吧，从前每被呼为毡庐"，好像"毡庐"这个词就比蒙古包不好似的，又是没话找话，在"硬作"。其实"毡庐"比"蒙古包"更文雅，但"毡庐"没有体现民族团结的字面意义，因此不如"蒙古包"更能呼应本文民族团结的主题。"今天却变了样"，因为这一年国家有政策，由国家无偿拨款，建造牧民、猎民定居的房子。作者这里就是歌颂新时代，歌颂新祖国。

"看那马群吧，既有短小精悍的蒙古马，也有高大的新种三河马。这种大马真体面，一看就令人想起'龙马精神'这类的话儿，并且想骑上它，驰骋万里"，这恰恰又是1961年时代的共同话语方式——典型的大跃进语言。为什么短小精悍的蒙古马就不好呢？虽有疑问，觉得没逻辑，好像也能接受。后边一句话则很难接受："牛也改了种，有的重达千斤，乳房像小缸。"简直读到就想笑，老舍讲这样的话，显得很滑稽，但是1958年到1961年"浮夸"风盛行，现在我们也很能够理解当时那些科学家浮夸的语言了。但作者到底是作家，后面再加上："牛肥草香乳如泉，并非浮夸。"这句话"此地无银"的意味十足，文学家说这种浮夸的语句很不习惯，但是又不能说，于是加上了这样文学的表达，今天读来极有讽刺意味。"羊群里既有原来的大尾羊，也添了新种的短尾细毛羊，前者肉美，后者毛好"，文章的节奏松下来了。最后那句话说出了本文的写作目的："是的，人畜两旺，就是草原上的新气象之一。"采风的目的就是要写时代的新气象。这篇文章后面特地郑重其事写道，"一九六一年十月十三日"，也同样体现出此文"完成任务"的刻意性。

这是一篇叙事散文。这篇散文涵盖了叙事、写景、抒情几大元素，主要是叙事。通过去草原采风来歌颂新时代，通过写草原的新气象来写全国人民的大好心情和昂扬的斗志。但在整个散文中，写景抒情随处可见。从散文的笔法来说，这一篇文章写景可圈可点。独有抒情，恰恰在这篇文章中时时露出生硬之处，所谓"硬作"的痕迹明显。

首先是抒情不合逻辑，显得生硬。"自幼就见过'天苍苍，野茫茫，风吹草低见牛羊'这类的词句。这曾经发生过不太好的影响，使人怕到北边去"，此处在情感上没有关联性，抒情的问题出在失真。"就拿蒙古包说吧，从前每被呼为毡庐，今天却变了样"，这句话不知所云，显示出作者纠结的写作心态。最后一段的抒情，"这种大马真体面"也是无从说起的一种情感的抒发。同样，"用不着水晶花同志给作翻译了。大家语言不同，心可是一样。握手再握手……"这一段到最后的抒情，"总的意思都是民族团结互助"，"互助"一词显得生硬而不合时宜，但是却符合当时的时代要求。老舍去采风的目的就是要写中央政府对少数民族自治区的关心，因此格调早已既定，但作者无从写起，只能生搬硬套，因此一抒情就出现问题。好的散文和糟糕的散文很重要的一条分野：全文的景、人、情或者理，在方向上是不是一致的。方向上是一致的，比如《猫》《养花》就是好散文；出现了方向上错位的，如本篇，就不能算是好的散文。

其次，这一篇散文只有肉，没有骨，如作者用的一个词"没骨画法"。为什么会出现这种情况？就是因为无从写起却不得不写。一个命题散文，硬要去写，往往最后散文中间只见到肉，见不到骨头，只有群像，没有主角。面目清晰的，只有叫水晶花的翻译，留下了一丝亮丽的色彩，但也是一闪而过，而且作者明确说明她是没用的，不需要翻译。公社干部、七十老翁，都是群像代名词。一篇叙事散文，竟然是无主角"变奏"行进，散文读完以后，没有留下任何独特的印象，这样的散文就是不好的了。

最后，基于上述两个问题，这篇散文在表达上必然会走向单调、重复、没话找话、前言不搭后语，必然会导致表达的生硬状态。比如："在这境界里，连骏马和大牛都有时候静立不动，好象回味着草原的无限乐趣。紫塞，紫塞……"像这样一些前后不协调的地方，今天读来让人怀疑其情感的真实性。文章中不断重复叙述，也是因为前面两个原因所导致的。如果有主角，必然不会重复，而是会着重笔墨展现主要人物的形象，此文正因为没有实际意义上的主角，才表现出这样一种面目模糊的状态。

因此，从这三个方面的分析来看，这篇散文不算好散文。在老舍散文集子里，这篇散文只能算中下等，但是，这篇散文却在别的意义上另有价值，那就是体会时代的特色，结合当时的政治语境，可以看出文人艰难的生存状态。传统文人的创作是基于内心的真实情感，情感喷发不吐不快，但是，在特殊的政治环境下，文人往往会被要求将写作作为意识形态的宣传手段。在艺术的表达和政治的要求发生矛盾的时候，文人的选择往往是耐人寻味的。从老舍的这篇散文就可以明显地看出他当时纠结、矛盾的心态和最后不得已而为之的无奈，为我们理解那一时期政治环境对文人生活的影响提供了一个重要的范本。

## 课堂实录

（江苏省无锡市东林小学）（两节课，各40分钟）

**师：**（板书：草原）作者是谁？

**生：**老舍。

**师：**这名字很怪，老舍。知道他吗？

**生：**舒庆春。

**师：**舒庆春跟老舍有什么关系？

**生：**是老舍的原名。

**师：**哦，是老舍的原名。那老舍是什么名？

**生：**笔名。

**师：**笔名是干吗用的？

**生：**写文章。

**师：**文章写完以后不把自己的原名写上，换个名字，那个叫做笔名，是吗？对，他的笔名叫老舍，原名叫舒庆春。今天我们学习他的《草原》。看过了吗？

**生：**看过了。

**师：**都看过了。那我们来聊聊这篇课文。你们有两张纸，一张是——

**生：**原文。

**师：**还有一张呢？

**生：**课文。

**师：**都读了吗？

**生：**读了。

师：喜欢吗？

生：喜欢。

师：更喜欢哪一篇？

生：课文。

师：喜欢短点的那篇？

生：对。

师：为什么喜欢课文？

生：因为课文比较容易理解。

师：课文比较容易理解。那看了原文后边的解释，不理解的现在理解了吗？

生：理解了。

师：那这个理由似乎有点问题了，容易理解就喜欢。还有吗？

生：课文读起来很顺。

师：课文读起来很顺是吗？所以特别喜欢。读得顺，这是一个非常重要的标准。还有吗？

生：我读原文的时候感觉像外国人写的，读课文的时候感觉像中国人写的。

师：读原文像外国人写的，读课文像中国人写的。还有吗？那么，不一样的地方都找出来了吗？

生：找出来了。

师：我们的课文就是从原文里经过删、改而成的，知道吗？我们先看看这原文。听我读，然后一边听一边想，老舍在这篇文章里写了草原的什么，这个草原怎么样，他是怎么写的。三个问题：写了草原的什么，草原怎么样，是怎么写的。记住了吗？好，一边听一边想。

（师朗读课文）

师：写了草原的什么呢？

生：写了草原美丽的景色，还写了草原的人民热情地欢迎"我们"。

师：（板书"景""人"）哦，写了草原美丽的景色，还写了草原的人民热情地欢迎"我们"。你在景色前面加了什么词？

生：美丽。

师：哦，草原美丽。（板书"美"）草原景美，人怎么样？

生：更美。

师：还有没有更美的？

生：还有草原的人和作者的情更美。

师：哦，还有草原的人和作者的情更美。（板书"情"）实际上，整篇文章就写了草原的景、草原的情和草原的人。作者是带着欣赏草原上的一切的美的感觉来写草原的。你们看一看，作者是怎么写的。我们先看作者写的景，看他是怎么写的。不一定要非常准确，聊聊天就行了。哪些地方写了景，怎么写的？

生：第一自然段写了那里的天比别处的天更可爱，空气是那么的新鲜，天空是那么的明朗，一直写到……

师：好，我们就先看到这儿好不好。这儿写了草原的什么？

生：天空，空气。

师：天空，空气。原文是怎么写的——"那里的天比别处的天更可爱，空气是那么清鲜，天空是那么明朗。"课文是怎么写的？

生：那里的天比别处的更可爱，空气是那么清新，天空是那么明朗，使我总想高歌一曲，表示我满心的愉快。

师：哦，怎么样？比较一下，哪个写得更美？是原文还是课文？

生：课文。

师：说说理由。

生：课文上是"表示我满心的愉快"，原文是"表示我的愉快"。这里"满心"衬托出作者真的很愉快。

师：对了，加了一个什么词？

生：满心。

师：哦，满心。满心是什么意思啊？

生：心里充满了愉快。

师：心里充满了愉快。这太美了，是吗？加得好不好？

生：好！

师：为什么？

生：更反映了老舍十分愉快。

师：为什么呢？

生：因为看到了美丽的景色。

师：哦，看到了美丽的景色。"满心"把老舍看到美丽的景色，认为它太美了这样的感情写出来了。加得好！还有吗？还有哪些不一样，你觉得好还是不好？

生：我觉得是好，这里说他总想高歌一曲，如果景色不美的话，他就不想高歌一曲了。

**师**：对了，总想高歌一曲写出了草原的美。这是通过老舍自己的——

**生**：通过老舍自己的心情反映出草原很美。

**师**：直接地写还是间接地写？

**生**：间接地写。

**师**：间接地写，太棒了。还有改过的地方吗？

**生**：原文中写的是"那里的天比别处的天更可爱"，课文中是"那里的天比别处的更可爱"，原文特指那一个天，而课文中没有特指，它可以表示其他任何东西都更可爱。

**师**：哦，把那个"天"去掉了，是不是？就可以泛指草原上的一切。那么这句话，你想想作者是什么意思，谁和谁比？

**生**：原文是这里的天和别的地方的天比。

**师**：对了，是天和天比，草原的天和别处的天。那么这个"天"能不能去掉，去掉好不好？

**生**：不能。

**师**：去掉了不好吧！而且要去掉的话，那个"的"是不是也该去掉？说说理由，为什么？

**生**：应该去掉。

**师**：如果去掉的话也指天。我们读文章的时候一个字都不要放过，从小养成读文章的好习惯。要去掉就去得彻底，把"的"也去掉。要不去就显示出强调天与天比。"这样的天真美啊！""这样的天"能不能去掉？

**生**：不能。

**师**：不能去掉，为了强调它的比，明白了吗？还有一个地方不同，在哪里？

**生**：空气是那么清鲜，天空是那么明朗。

**师**：哪一个字？

**生**：清鲜，清新。

**师**：课文把它改成了清新，你们觉得哪个更好？把这一句话读读看。

**生**：清新。

**师**：意思有没有改变？

**生**：没有。

**师**：几乎没有。但还是"清鲜"比"清新"要好听。我们再看，怎样写景的？

**生**：那些小丘的线条是那么柔美，就像只用绿色渲染，不用墨线勾勒的中国画那样，到处翠色欲流，轻轻流入云际。

**师**：你更喜欢课文，还是更喜欢原文呢？

**生**：我比较喜欢课文。因为课文里面说那些小丘就像只用绿色渲染，后面还加了一句，不用墨线勾勒的中国画那样。说明小丘的确只有绿色这一种颜色，没有其他杂色。

**师**：原文呢？

**生**："那些小丘的线条是那么柔美，就象没骨画那样，只用绿色渲染，没有用笔勾勒，于是，到处翠色欲流，轻轻流入云际"。课文里面还写了"不用墨线勾勒的中国画那样"。我们都知道，中国画是直接用颜色画，不用黑色来勾线，这样就更能写出小丘的……

**师**：是用中国画还是用没骨画更能写出小丘的美？

**生**：没骨画。

**师**：请你听我读。（师朗读）大家还是有点怀疑，不太敢说课文不好。没关系啊，它不好就是不好。

**生**：原文说那些小丘的线条是那么柔美。

**师**：柔美是小丘的什么？

**生**：线条。

**师**：小丘的美用两个字来说是？

**生**：柔美。

**师**：哪个地方写它柔了？

**生**：原文写的是没骨画，没骨画就是不用墨线勾勒轮廓，所以线条会很自然。

**师**：哪一个字？

**生**：柔。

**师**：对了，扣紧了"柔"。它没有骨头。为了写它的柔，作者用了一句话，"就象没骨画那样"，紧接着再用两句话补充，强调，让你更加有感受。哪两句话？

**生**：只用绿色渲染。

**师**：这句话是什么意思？这个草原是——

**生**：绿色的。

**师**：绿色的，而且是渲染的。渲染知道吗？一滴墨滴到水里，慢慢地散开。绿色慢慢地散开，看不见骨头。然后他再强调一下，"没有用笔勾勒"。用笔一勾，骨头就出来了。再看课文，就变成了简单的一句，读读看。

生：只用绿色渲染，不用墨线勾勒的中国画那样。

师：哪个更好一点？

生：原文。

师：再往下看，课文把哪一个词删掉了？

生：于是。

师：好不好？要不要删？

生：我认为不应该删，还是原文好。

师：你认为不应该删，为什么？

生：因为加了一个"于是"就说明只有像没骨画那样，只用绿色渲染，没有用笔勾勒，这样才是到处翠色欲流的。

师：这样才是到处翠色欲流的，加了"于是"才有这种感觉。你们看一看这几句话，"那些小丘的线条是那么柔美，就象没骨画那样，只用绿色渲染，没有用笔勾勒，于是，到处翠色欲流，轻轻流入云际"。它们之间是什么关系？都围绕哪一句话来写的？

生：那些小丘的线条是那么柔美。

师：好。哪些地方写柔，哪些地方写美？

生：就像没骨画那样，只用绿色渲染，没有用笔勾勒。

师：哪些地方写美？

生：于是，到处翠色欲流，轻轻流入云际。

师：这个"于是"是干什么用的？

生：如果把这个"于是"去掉了，那就混在一块了。如果有一个"于是"，这样就把柔和美分开了。

师：你们看看这个节奏，"那些小丘的线条是那么柔美"，这是总起句。然后节奏越来越快，是不是？"就像没骨画那样，只用绿色渲染，没有用笔勾勒"。到这里再快下去行不行？

生：不行。

师：就像你拼命地跑去开门，"呼"地一下把门打穿了。这个"于是"起的作用是什么？你拼命跑，跑到门口停住了。推开门，到处翠色欲流，看美景，轻轻流入云际。节奏感，明白了没有？

生：明白了。

师：文章要读出这样的节奏，像音乐一样美。这个"于是"是干什么用的，知道了吗？

生：知道了。

师：跑跑跑，停。舒缓，把这种美拉到画外面去，拉到眼睛看不到的地方——流入云际。把这七句话读一下，读出节奏来。先想一想这几句话的关系，然后想一想它们的快慢，再想一想节奏应该怎么表现。

（生齐读课文）

师：不错，"于是"这个地方接上去，停下来的时间要稍微再慢一个字，让那口气喘好了，再开门，好吗？（师范读）再读一遍，要读出柔，读出美，读出节奏。

（生再次齐读课文）

师：原文好还是课文好？

生：原文好。

师：继续往下看，有好几个地方不是写景，课文把它删掉了，找找看，哪些地方被删掉了。

生：紫塞，紫塞，谁说的？

师：这写的是什么，知道吗？

生：长城。

师：长城叫紫塞，为什么？看下面的注释，筑长城的人特别多，死在那里的人也特别多，修长城累死了的人流下来的血染红了长城下的土。时间久了，长城下面的土就变成紫色的了，所以叫紫塞。为什么删掉了？你们觉得该不该删？

生：应该删。

师：应该删，为什么？

生：因为我觉得跟前面的文字比起来作用不大。

师：作用不大，有没有作用？

生：有一点。

师：有哪一点作用？看到紫塞联想到鲜血，想到修长城付出的那些生命，害怕吗？现在看到了草原，还害怕吗？

生：不害怕。

师：谁说的，什么意思？

生：意思就是说，谁说人看到紫塞就会害怕呢？一看到草原我就觉得紫塞一点都不害怕了。

**师**：看到草原的什么颜色？

**生**：绿色。

**师**：你还觉得长城应该叫紫塞吗？

**生**：不应该。

**师**：这是直接来写草原的美，还是间接地来写？

**生**：间接。

**师**：写草原绿色的美丽和长城紫色的恐怖，这种写法叫什么？

**生**：对比。

**师**：那么它的作用是什么？

**生**：衬托出草原的美。

**师**：衬托出草原更美。所以这个作用知道了吗？能不能删掉？

**生**：不能。

**师**：我们写一个景，或者写一个物，或者写一个人，直接去写，单调，要间接地对比着来写。还删掉了哪儿？

**生**：这是个翡翠的世界。连江南也未必有这样的景色啊！

**师**：什么意思？

**生**：跟江南对比，连江南也未必有这样的景色。

**师**：这是跟江南对比来写，你觉得该不该删？

**生**：不该删。

**师**：江南都没有这么美，未必有这样的景色啊！我们都知道景色最美的地方在江南，天堂一般的地方，可是作者在草原上有这样的感叹，江南也未必有这样的景色。这句话多好啊，能删吗？

**生**：不能。

**师**：还有一句话更好，哪一句话？

**生**：这是个翡翠的世界。

**师**：这是直接地来写还是间接地来写？

**生**：直接地。

**师**：对，直接地来写。这句话多好啊，翡翠的世界，通透的，绿绿的又润泽的美。直接地、对比地写，放在一起为这个景色描写作总结。这两句话能删掉吗？

**生**：不能。

**师**：读这两句话，把这种美读出来。

（生齐读课文）

**师：**还没有感觉到你们眼前有美丽的草原，要能够从"翡翠的世界""江南"这样几个词中，让你的眼睛看到美丽的草原，带着看到美丽的草原的眼睛来读这几句话。（范读）

（生再次齐读课文）

**师：**回去再读读。老师不会做幻灯片，但是我希望你们的眼睛能够做幻灯片。看到翡翠的世界，有草原，美丽的草原。看到江南，绿色的，柔美的江南。我们眼睛放一放幻灯好不好？再读一遍，把它读得更美。

（生再次齐读课文）

**师：**不错。还有哪儿删了？

**生：**自幼就见过"天苍苍，野茫茫，风吹草低见牛羊"这类的词句。这曾经发生过不太好的影响，使人怕到北边去。

**师：**你觉得呢？

**生：**我觉得这句话应该删。

**师：**为什么？

**生：**它没有写草原的好处。

**师：**对，确实没有写草原的好处，应该删。

**生：**不该删，因为草原其实不是这样子的。

**师：**不是这样，那干吗要写呢？

**生：**这样就更能衬托出草原的美。

**师：**更能衬托出草原的美，这种写法叫——（板书：欲扬先抑）想要说它好，先说它不好，这种方法叫欲扬先抑。你们写作文是不是有这个感受，什么时候最困难？

**生：**开头。

**师：**第一个字太难写了，第一句话太困难了。怎么能把开头删掉呢？作者是精心地写的。自幼，什么意思？

**生：**从小。

**师：**你们看，这么久了，"我"的情感都没有变化，北边这么不好，草原不能去，是不是？可是当"我"一看到草原，看到如此的美景，"我"改变了。草原上的美景，这是个翡翠的世界，江南也未必有这样的景色。草原景美，此外还有什么呢？还有什么吸引着作者的呢？你们学着我们刚才读写景的方法，读它写人的部分和又写景又写人的部分，看看原文好还是课文好。每个人选一个地方，用五分钟的时间来准备，然后我们来交流。

（学生互相交流）

**师**：先带着你的理解读一下。

**生**：马上的男女老少穿着各色的衣裳，马疾驰，襟飘带舞，象一条彩虹向我们飞过来。这句话写了那些人穿得很漂亮。

**师**：有什么不同吗？

**生**：课文加了一个"群"。

**师**：哪个更好？

**生**：课文。

**师**：加了一个字，变成了"群马疾驰"，和哪个词类似？

**生**：襟飘带舞。

**师**：字数一样了，这样好不好？

**生**：好。

**师**：为什么一定要一样呢？

**生**：加上"群"字，说明一大堆人一起骑着马过来，而如果去掉这个"群"，就是许多人从四面八方过来。

**师**：她的意思你们明白了吗？同意吗？

**生**：不同意。原文只写了马，还不能显现出这些来欢迎作者的人很多，而加了"群"，就说明来欢迎老舍的人很多，这样更可以写出他们之间的友谊深厚。

**师**：你们看前一句，"远丘上出现了一群马"，整个读一读。"忽然，象被一阵风吹来的，远丘上出现了一群马，马上的男女老少穿着各色的衣裳，马疾驰，襟飘带舞，象一条彩虹向我们飞过来"。

**生**：不好。因为如果加上"群"的话，就重复了。

**师**：前面已经写了一群马，马上的男女老少。多不多？

**生**：多。

**师**：这个地方"群"还需要不需要？

**生**：不需要。

**师**：如果单独的这两个四个字的句子，那样的整齐，就像课桌，两个一样的往这儿一放，单调吗？

**生**：单调。

**师**：差不多的样子，又不太一样地放在了一起。所以，你们要注意，写作文的时候，不是把所有一样的句子放在一起就是好的，要看情况，这里"群"字多余了，而且马疾驰，强调马的速度。襟飘带舞，强调马上人姿态的优美，所以用四个字。马疾驰，强调它的快，所以用了几个字？

**生**：三个字。

**师**：加上"群"，不仅没有加速度，反而减速度了。明白了吗？还有哪些地方不同？我们再找两个同学说说。

**生**：草原上行车十分洒脱。原文中是"草原上行车至为洒脱"。

**师**：哪个更好一点？至为就是十分的意思吧？都可以吧？"至为"好像读起来更有文化一点，"十分"太普通了。选择哪一个词都可以，"至为"更加文雅一点。我们再请一个同学，好不好？

**生**："走了许久，远远地望见了迂回的，明如玻璃的一条带子。河！"这一句话，就有四个标点符号，课文中比它简洁，只有两个。

**师**：这些标点好不好？能不能去掉？"远远地望见了迂回的，"这个逗号能不能去掉？读读看。去掉以后是什么感受？

**生**：感觉就是连在一起的，读起来很不顺。

**师**：迂回的，不是迅疾的。所以这个逗号能不能去掉？

**生**：不能。

**师**："迂回的，而且出现了明如玻璃的一条带子"，课文中把后面一个标点符号换成了什么？

**生**：破折号。

**师**：好不好？为什么？表示停顿，句号停得更长还是破折号停得更长？

**生**：破折号。

**师**：在这里破折号加进去，这是一个句子还是两个句子？

**生**：一个句子。

**师**：句号呢？

**生**：两个句子。

**师**：哪个更长？

**生**：句号。

**师**：这里应该停得长一点还是应该短一点？

**生**：长一点。

**师**：所以该用破折号还是句号？

**生：**句号。

**师：**明如玻璃的一条带子，停住，竟然是河。两个标点符号，一个去掉了，一个改掉了，能不能去掉？

**生：**不能。

**师：**我们把这句再读一下好吗？读出草原上的景的静的美，人的动的美。

（生齐读课文）

**师："**迂回的"，要停一停，然后才是"明如玻璃的"，明白没有？好，我们再读最后一遍，希望把景色的静的美，人的动的美，都用你们的声音表现出来。

（生再次齐读课文）

**师：**草原还有更美的情和美景我们还没有一一欣赏完，人的美，我们也没有全部用你们的眼睛把它"放"出来。课后，按照老师教的这种方法，仔细再挑一两处你认为写得美的地方把你的感受写在纸旁边，作为作业。今天的课就上到这里。下课，同学们再见！

**生：**老师再见！

### 名师评课

## 在比较中学习

教材中的课文和原文不同，它是经过了二次加工的作品。安子老师在教学时既把握了作者写作的目的，又把握好了编者的编写意图。教学时用比较教学法，紧紧扣住课文主线，设计了牵一发而动全身的问题，并围绕"草原的美"不断进行原文和课文的比较，让学生体会怎样的语言能更好地表现草原的"美"。

这样的比较教学，既尊重作者，也尊重编者，从学生的视角培养他们对语言文字正确、敏锐、丰富的感受能力，让学生在比较学习中品味原文和课文不同之处的各自妙处，尊重学生的感受。在学生理解的基础上，帮助学生进一步体会作者和编者的写作目的和编写意图。这样的教学既有深度，又有宽度，加之教师情感的投入，恰到好处的点拨，使课堂充满了生命的温度。

（江苏省镇江市京口区教育局，特级教师　张林）

# 9.《珍珠鸟》：文本和思想

## 《珍珠鸟》原文

冯骥才

真好！朋友送我一对珍珠鸟。放在一个简易的竹条编成的笼子里，笼内还有一卷干草，那是小鸟儿舒适又温暖的巢。

有人说，这是一种怕人的鸟。

我把它挂在窗前。那儿还有一大盆异常茂盛的法国吊兰。我便用吊兰长长的、串生着小绿叶的垂蔓蒙盖在鸟笼上，它们就像躲进深幽的丛林一样安全；从中传出的笛儿般又细又亮的叫声，也就格外轻松自在了。

阳光从窗外射入，透过这里，吊兰那些无数指甲状的小叶，一半成了黑影，一半被照透，如同碧玉；斑斑驳驳，生意葱茏。小鸟的影子就在这中间隐约闪动，看不完整，有时连笼子也看不出，却见它们可爱的鲜红小嘴儿从绿叶中伸出来。

我很少扒开叶蔓瞧它们，它们便渐渐敢伸出小脑袋瞅瞅我。我们就这样一点点熟悉了。

三个月后，那一团越发繁茂的绿蔓里边，发出一种尖细又娇嫩的鸣叫。我猜到，是它们有了雏儿。我呢？决不掀开叶片往里看，连添食加水时也不睁大好奇的眼去惊动它们。过不多久，忽然有一个更小的脑袋从叶间探出来。哟，雏儿！正是这小家伙！

它小，就能轻易地由疏格的笼子钻出身。瞧，多么像它的父母：红嘴红脚，灰蓝色的毛，只是后背还没生出珍珠似的圆圆的白点；它好肥，整个身子好像一个蓬松的球儿。

起先，这小家伙只在笼子四周活动，随后就在屋里飞来飞去，一会儿落在柜顶上，一会儿神气十足地站在书架上，啄着书背上那些大文豪的名字，一会儿把灯绳撞得来回摇动，跟着逃到画框上去了。只要大鸟儿在笼里生气地叫一声，它立即飞回笼里去。

我不管它。这样久了，打开窗子，它最多只在窗框上站一会儿，决不飞出去。

渐渐它胆子大了，就落在我的书桌上。

它先是离我较远，见我不去伤害它，便一点点挨近，然后蹦到我的杯子上，俯下头来喝茶，再偏过脸瞧瞧我的反应。我只是微微一笑，依旧写东西，它就放开胆子跑到稿纸上，绕着我的笔尖蹦来蹦去；跳动的小红爪子在纸上发出"嚓嚓"响。

我不动声色地写，默默享受着这小家伙亲近的情意。这样，它完全放心了，索性用那涂了蜡似的、角质的小红嘴，"嗒嗒"啄着我颤动的笔尖。我用手抚一抚它细腻的绒毛，它也不怕，反而友好地啄两下我的手指。

白天，它这样淘气地陪伴我；天色入暮，它就在父母再三的呼唤声中，飞向笼子，扭动滚圆的身子，挤开那些绿叶钻进去。

有一天，我伏案写作时，它居然落到我的肩上。我手中的笔不觉停了，生怕惊跑它。待一会儿，扭头看，这小家伙竟趴在我的肩头睡着了，银灰色的眼睑盖住眸子，小红脚刚好给胸脯上长长的绒毛盖住。我轻轻抬一抬肩，它没醒，睡得好熟！还呷呷嘴，难道在做梦？

我笔尖一动，流泻下一时的感受：

信赖，往往创造出美好的境界。

### 《珍珠鸟》课文（苏教版）

真好！朋友送我一对珍珠鸟。我把这对鸟儿放在一个用竹条编成的笼子里，笼子里还有一卷干草，那是小鸟儿舒适而又温暖的巢。

我把它挂在窗前，一盆吊兰的垂蔓蒙盖在鸟笼上，珍珠鸟就像躲进幽深的丛林一样安全。

三个月后，那愈发繁茂的绿蔓里边，发出一种尖细又娇嫩的鸣叫。我猜到，是它们有了雏儿。过不多久，忽然有一个小脑袋从叶间探出来。拨开叶蔓一看，正是这个小家伙！

瞧，多么像它的母亲：红嘴红脚，灰蓝色的毛，只是后背还没有生出珍珠似的圆圆的白点；它好肥，整个身子好像一个蓬松的球儿。

起先，这小家伙只在笼子四周活动，随后就在屋里飞来飞去，一会儿落在柜顶上，一会儿神气十足地站在书架上，一会儿把灯绳撞得来回摇动。渐渐它胆子大了，竟然落到我的小桌上。它先是离我较远，见我不去伤害它，便一点点挨近，然后蹦到我的杯子上，俯头来喝茶，再偏过脸瞧瞧我的反应。后来，它完全放心了，索性用小红嘴，"嗒嗒"啄着我正在写字的笔尖。我用手抚一抚它细腻的绒毛，它也不怕，反而友好地啄两下我的手指。

白天，它这样淘气地陪伴我；傍晚，它就在父母的再三呼唤声中，飞到笼子边，扭动滚圆的身子，挤开那绿叶钻进去。

有一天，我伏案写作时，它居然落到我的肩上。我手中的笔不觉停了，生怕惊跑它。不一会儿，扭头看，这小家伙竟趴在我的肩头睡着了。它睡得好熟哇！不停地呷嘴，大概在做梦呢！

看着这可爱的小家伙，我不由自主地发出一声呼唤：信赖，不就能创造出美好的境界吗？

### 文本解读

## 阅读需要文化还原

《珍珠鸟》是一篇经典散文作品，20世纪八十年代中期选进教材，九十年代开始固定地选在小学语文课本四年级或五年级里。很多老师讲解都把它定位在与自然和谐相处，热爱小动物的主题上，甚至扩展到保护动物、保护自然这样的主题上来，其实这是一种现代误读。

首先介绍一下冯骥才的写作背景。这是他在经历了十年"文革"后的反思，为探求未来中国社会走向而写的作品。这是一个独立思考的作家，用文学的方式给中国社会开出的良药。这篇文章出来以后，受到了广大作家的好评。冰心先生认为这篇散文"起得有味，收得够劲"，是一次对中国未来走向的思考。

所谓"起得有味"指的是第一小节，以一个逗号为一句（句，这个概念有时很难界定），总共就这么这五句话。"真好"，从这两个字中，我们能够读出"文革"结束后作者的兴奋。什么"真好"呢？"朋友送我一对珍珠鸟"，这一对珍珠鸟是中国人的缩影。为什么这一篇散文在意象上，或者说，在选择的意象上没有选其他的动物，却选了这样一对极其普通的小鸟？随处可见的一对珍珠鸟，是普通中国人的写照。最舒缓的句子是文章的第三句，"放在一个简易的竹条编成的笼子里"，用近乎于琐碎的笔调将涌动的情感慢慢地舒缓下来。这里并没有任何主语的表述。因为它普通，并不是那么的让作者在意。这个句子强调的是简易、竹条、笼子，鸟的笼子就像人的屋子。这个简易的笼子，配上这一对普通的鸟，就是中国一个普通家庭的象征了。这里并没有从一个刚出生的珍珠鸟入笔，而是写一对即将成年的珍珠鸟，这里有冯骥才自己的考虑。作者也许是把希望寄托在年轻人身上，寄托在年轻人之后的年轻人身上。

经过了这样一个舒缓的调子之后，用两个长短相当的句子描述了笼子。这个笼子简易到什么程度，里面没有任何装饰，只有一卷干草，没有刻意地去铺开它，这与简易是吻合的。所以接下来"那是小鸟儿舒适又温暖的巢"，这是一个旁观者的叙述。即便如此简易，即便只有一堆干草，对于这一对珍珠鸟来说，已经舒适又温暖了。这样的一段描写，对于熟悉那个年代的人来说，几乎可以从中看出作者笔笔在写那个年代，可以从中感受到作者在平静叙述中的一种热烈涌动的情怀。好、鸟、草、巢，这几个字连接而来，情绪起起伏伏，跌宕生姿。

"有人说，这是一种怕人的鸟"，这两个小节看似分离，实际上衔接得极为紧密。所谓紧密，用的是语音系联，在声音上呼应了第一个小节，把原来那个舒缓的语调拉得更加舒缓。"有人说"，体现了作者的智慧，这三个字是万万不可少的。犹如苏东坡在《念奴娇·赤壁怀古》中的"人道是"，别人说，这是当年的赤壁，"我"就相信了，对与不对，跟"我"都没什么关系，这是苏东坡的智慧。而冯骥才这里所使用的思维方式与苏东坡是一样的。把所有的中国人都说成是一种怕人的鸟，这是有风险的。所以，冯骥才把一切的责任都推给了"有人"。"文革"对中国人最大的破坏是，人不再相信有尊严，人不再相信有一个恒定的价值观。与天斗，与人斗，人斗人的结果必然是人怕人，"有人说，这是一种怕人的鸟"，这是文心所在。整篇文章都是围绕这一句来写的。

苏教版《珍珠鸟》课文中这句文心已经被挖去，如何使得这珍珠鸟不怕人呢？这就是文章最后所说的，"信赖，往往创造出美好的境界"，作者相信吗？作者是不相信的，或者说，作者是不完全相信的。就像一位医生为病人开完药以后，他不一定确切地知道，这个药吃下去以后就能够药到病除。所以这里"往往"两个字是至关重要的，而这才是一个散文作家的笔调。他为了强调信赖，用逗号将其分开，他其实对这一药方全无把握，因此他说"往往"。这两句是文章情感的交接处。

最后一句话，作者希望能够通过信赖，让这个国家，这个民族，去追求他所认为的美好境界。作者情感上最热烈的一句："哟，雏儿！正是这小家伙！"其实若是我写的话，标点可能就是这样的了："哟！雏儿？！正是这小家伙……"我们讲散文中情感的纽结处，正是情感的制高点。"哟"将惊讶表达出来，这个字没有任何意义，紧接着，"雏儿"为什么要用问号，因为它渐渐地探出了脑袋，"我"也不去惊动它，所以这个雏儿是那一对珍珠鸟还是那个雏，分不清楚，那一个雏的闪亮登场，是在后面探出脑袋来的。之前听到了声音，但是这个声音，也不能够使我想到有雏儿的惊喜和尖叫。因此，中间的停顿是很长的，先是疑问，然后才是感叹号的肯定。"正是这小家伙"用感叹号不如用省略号更好，用省略号就可以使得这种情感能够往下蔓延开去，并把这种情感无限延展。这一句话在全文中在情感上是一个纽结点。

在读这样一篇散文的时候，要先把文章的情感脉络理清楚。在整理脉络的时候，有两条线索，一是作者所写的物象是什么，这是明线；另一个就是情感是如何起伏的，就是暗线。

首先是作者的物象推进。开头把这个笼子具象化，在整篇文章中笼子就成了家与社会的缩影与暗示。接着"简易"，又是"干草"，"把它挂在窗前"，再是一个很长的句子"便用吊兰长长的、串生着小绿叶的垂蔓蒙盖在鸟笼上，它们就像躲进深幽的丛林一样安全"，吊兰的绿叶遮蔽了鸟笼，"像躲进深幽的丛林一样安全"，这一段描写极其琐碎，却也是极其重要的，这里需要注意的是，只有深幽的丛林才能给以安全，这大有深意，然后说，从中传出的叫声轻松自在，这也是在说安全，是说原来哪怕像这样的相似的安全也是不可能得到的。在那个时代，连虚拟的安全都不可能，是一种赤裸裸的不安全。

第四小节采用的是白描的手法，感受不到作者的修饰，这是一种高超的描写。白描不是像白开水一样，而是一种有着丰富内涵的描写。"阳光从窗外射入，透过这里"，先是吊兰，然后用吊兰指向小叶，这个句子用几个逗号，层层推进，结构很好，是整句和散句的结合。句式也不同，一个是主动的，一个是被动的。好的整句，长短要稍不一样，主动、被动也要不一样。

"小鸟的影子就在这中间隐约闪动，看不完整"，小鸟出现了，这仅仅像丛林，像是一种安全感，所以是"隐约闪动"。"有时连笼子也看不出"，为什么这么说，这里渗透着深刻的意味，是为了反衬"它们可爱的鲜红小嘴儿从绿叶中伸出来"。这里对"小脑袋"有几次描摹，是觅食的，这是静静地在写"不是很清楚的"珍珠鸟。"我很少扒开叶蔓瞧它们"，其实小鸟是不愿意我们去看它们的。课堂上，我们的小学生竟然马上就能够想到：要尊重人们的隐私。这种环境的描摹，使孩子们能够感受到隐私对新生的民族的重要性。因为作者很少扒开，"它们便渐渐敢伸出小脑袋瞅瞅我"，是因为"我"的信任，才赢得了它们的信任，让它们能够渐渐地信任"我"，渐渐地伸出小脑袋。"渐渐"在整个文章中出现了好几次。"渐渐它胆子大了"，这些都是因为我在保护着它的安全，它的隐私，用什么来保护？用信任。就这样，"我"和这一对珍珠鸟开始渐渐熟悉起来了。文章到这里，在情感上告一段落了。所以，这一小节是重要的，"一点点熟悉了"是整个文章的转折。文章的起承转合的节奏非常明显，每一小节都是极其清晰的。

"三个月后"，在情感上并没有结束，这就是小节与小节之间的语段的连接。第一小节和第二小节用的首尾相连的方式，而第一小节和第三小节之间用的是齐头并进的方式连接起来。连接有不同的方式，好的连接使文章段落与段落之间显现出一条圆润的曲线，而不是一个一个的台阶式的楼梯。"三个月后"，成为一个叙述中心，新生的鸟儿闪亮登场了。"那一团越发繁茂的绿蔓"，这一句是不能省略掉的，这意味着更加安全了。而这个越发繁茂的绿蔓和后面的鸣叫对应，鸣叫就被削弱了。"我猜到，是它们有了雏儿"，看上去是闲笔，这一处闲笔却是很重要的，要用力把激动的情绪塞进去裹藏起来。"决不掀开叶片往里看"，这个句子写得很稳健，把情绪一笔一顿地表达出来，即使做了维系珍珠鸟生命的事情，也决不窥探它的隐私。

后面的"忽然"泄露出作者的兴奋之感。这一次的闪亮登场带来了情感的高潮。接下来我们可以体会到安全比自由更加重要，安全是自由的前提和基础，没有安全就没有了自由。"瞧，多么像它的父母"，像到什么样的程度？"红嘴红脚，灰蓝色的毛，只是后背还没生出珍珠似的圆圆的白点"，前面一个句子正说，后面一个句子反说，采取了不同的叙述角度。就算是静态的描写，也注意到了正说和反说的配合。最后的两句话，带着饱满的感情："只是后背还没生出珍珠似的圆圆的白点；它好肥，整个身子好像一个蓬松的球儿。"作者时刻带着冷静的温情来写，尤其这最后两句，就好像是在写一个刚出生的小孩，露出了母亲的情怀。

整个文章，如果把这些表示时序的词加以详细分析，就会发现，作者是极其讲究时序色彩的。"它小"，"起先，这小家伙"，这两个段落都是用的齐头并进的连接方式，"起先""随后""一会儿"，几个句子写得很整齐，同时又用三个"一会儿"写出了不同的感情。第一个"一会儿"是短暂的静态，第二个"一会儿"是静态中间带着动态，第三个"一会儿"完全是动态的，可以看出作者在描写上的力度是有变化的。

"只要大鸟儿在笼里生气地叫一声，它立即飞回笼里去"，写得很干脆，一点都不拖泥带水。"立即"和"只要""叫一声"三个词放在一起，让人感觉前面的三个"一会儿"又是铺垫。前面的这些铺垫，实际上都是为了写后面"只要大鸟儿在笼里生气地叫一声，它立即飞回笼里去"这一句。只要看到这么两句话，就知道作者是有所指的，小小的珍珠鸟，处在新的生命的起初阶段，仍然沿袭着它父母的心理状态。只要会怕人的大珍珠鸟一声叫，它也是怕人的。因为这种怕人是"类遗传"过来的，所以它立即飞回。"只要""一声"，逆转而下，坚定不移。"只要"这个虚词，层层推进，时时强调，最后，斩钉截铁，不加一丝犹豫，就像打开了门缝，看一眼，听到了响动，又把门关上了一样。

好的散文处处血管都是相通的，每一处血管的交接点血液流通都很顺畅，能够汇到一个更为紧要的部位去结合。"我不管它"，沿着动作的"血管"往上就到"决不掀开叶片往里看"，再往前是"我很少扒开叶蔓瞧它们"，再往前是"我把它挂在窗前"。往后，"我只是微微一笑，依旧写东西"，再往后是"轻轻抬一抬肩"，到这里，和"我不管它"，前沿后续，构成了一连串完整而流畅的"动作"线索。这是作者对珍珠鸟的一系列的动作，而最后以"我轻轻抬一抬肩"这个似乎与珍珠鸟无关的动作来结束。这段描写很有意味。

作者当时打开窗户，是想放飞，还是想让它呼吸新鲜空气？或是告诉它，即使飞出去也没关系？这篇文章的美妙就在于，在每一个细节上作者都设置了"语言陷阱"，让人一不小心就落入他的"语言陷阱"和"情感圈套"中。"最多""一会儿"两个词，把这个静静的场景写得小心翼翼。你看，由柜顶到书架，再到灯绳、画框，而在窗框的停留呢，只是"一会儿"，而且是"最多"，小心谨慎，决不飞出去，这和前面"有人说，这是一种怕人的鸟"一样吗？作者给它完全的自由，但它因为怕人而放弃了。如果说它的父母，那一对珍珠鸟，是因为它们的身体无法突破那个笼子跑出来的话，那么对这个小珍珠鸟来说，笼子不成为它获得自由的条件，它是没有任何限制的。而作者说它"决不飞出去"，"决不"这个词在文章中也是多次出现，都特别有意思，比如"决不掀开叶片往里看"，鸟儿"决不飞出去"。如果说作者的"决不"是为了帮助它飞出去，可是作者的"决不"却换来了它的"决不"。

"渐渐它胆子大了"这句有它特定的用意，作者把这个"渐渐"与前面的"起先""随后""我不管它""这样久了"呼应起来，着重在述说一个过程。从原来离得比较远的柜顶，书架，灯绳，画框，窗框，到离人很近的书桌，不断地写"渐渐"。它即便是胆子大了，即便是愿意落到书桌上了，也先是"离我较远"，"见我不去伤害它，便一点点挨近"，整个文章中"一点点"，"渐渐"多次出现，反复出现。"一点点挨近"，跟前面"一点点熟悉"呼应，这样慢慢地使一个新生的珍珠鸟由怕人到不怕人。

随后的几个小节，由这个小珍珠鸟的几个动作所构成的几个场景成为文章的落幕之曲。

"蹦到我的杯子上，俯下头来喝茶，再偏过脸瞧瞧我的反应"，这个场景就像一个偷糖吃的孩子，拿着一颗糖，看看是否被发现了。"我只是微微一笑，依旧写东西"，它又去再偷一颗糖——"放开胆子跑到稿纸上，绕着我的笔尖蹦来蹦去；跳动的小红爪子在纸上发出'嚓嚓'响"。把这一连串的动作全部系联下来，可以看出这只小珍珠鸟活泼天真，还带着几分狡黠。

在描写小珍珠鸟的动作与神情的时候，作者穿插着自己的呼应。这一呼应并不是用语言，而是用动作——"微微一笑，依旧写东西"。一连串的动作之后，作者使用了静态描写，非常传神。"默默享受着这小家伙亲近的情意。这样，它完全放心了"。"完全放心了"呼应前面的"渐渐它胆子大了"。"我"依旧继续写，所以"我"的笔尖是颤动的。小鸟"索性用那涂了蜡似的、角质的小红嘴，'嗒嗒'啄着我颤动的笔尖"。既然它如此的不怕，"我"便要去试探它，"用手抚一抚它细腻的绒毛"，"它也不怕"这四个字很重要，继而把"也不怕"进一步地渲染开去，

"反而友好地啄两下我的手指"，这是一个细节表现。这一连串的细节有三个：一个是用它的小红嘴啄着"我"颤动的笔尖，第二个是"我"用手抚一抚它细腻的绒毛，第三个是它友好地啄两下"我"的手指。两次"小家伙"，一次"我"，三个细节描写把"完全放心了"这五个字融在了这样特定的画面中。在这个画面中，作者为把情节推向高潮作最后一次蓄势，这也是一次铺垫。

第二个场景是在这三个细节场景的基础上完成的。作者为了最后一个场景重新激荡起来了，把整个文章的情绪要往上蹿的格调又拉了下来。"白天，它这样淘气地陪伴着我；天色入暮，它就在父母再三的呼唤声中飞向笼子"，值得注意的是，前面用的是"大鸟儿"，是"叫一声"，现在是"再三的呼唤"。原来是"立即飞回笼里去"，干净，斩钉截铁，现在是"飞向笼子"，而且拖泥带水了，"扭动""挤开""钻进去"，似乎这一只新生的珍珠鸟已经长成为成年的珍珠鸟了。这一只快要成年的珍珠鸟可以扭动滚圆的身子挤进去，那么那一对成年的珍珠鸟为什么不能钻出来呢？在文章中，这样的缺憾或者空缺的地方作者留了很多。这个场景的描写是为最后一次场景的高峰攀升作简单的跌宕，因为前一场景的三个细节已经极为动人了。白天与天色入暮，似乎是写了"那些时候""很多时候"，却没有具体到哪一天，哪一个场景，这也是作者极其有意思的一种叙说。有时候散文不是把事情叙说得越详尽就越好；相反，像这样一种叙说，在模糊、矛盾中有着审美的张力。

最后一个场景，是全文在场景构建上的至高处。"有一天"一词表明文章即将要收缩，这是整个文章在最后的定格。这个定格写得特别的宁静。"我伏案写作时，它居然落到我的肩上"，"居然"把内心的兴奋、惊喜、激动与环境的宁静和安全交织在一起，所以用的是"居然"，没有说"忽然"，没有说"竟然"。"我手中的笔不觉停了，生怕惊跑它"，"不觉"说的是下意识，直接就停下了，没有直觉支配就停下了，在这里作者再次使用"生怕"，它真的不怕人了吗？

"待一会儿"，"我"观察了一会儿，整个身躯都僵硬起来，定格了，之后，"我"才扭头看，看到的这个场景特别温馨——"这小家伙竟趴在我的肩头睡着了，银灰色的眼睑盖住眸子"，这个描写就像父母看着熟睡的孩子，带着亲情、温情和柔情。"小红脚刚好给胸脯上长长的绒毛盖住"，这是个特写镜头，小脑袋，红嘴红脚，灰蓝色、细腻的绒毛，这些外貌特征的描写分散在全文各处。实际上，动物、植物、人的总体特征总是在瞬间一个侧面展现的。"银灰色的眼睑盖住眸子，小红脚刚好给胸脯上长长的绒毛盖住"，这样的写法跟前面的写法完全不同。前面的写法是小鸟在动"我"在动, 现在是"我"在动, 它却不动。原来是它在试探"我", 现在是"我"在试探它。原来是它在试探"我"会不会伤害它, 现在是"我"在试探它怕不怕"我"。所以"我轻轻抬一抬肩", 这个动作很小, "抬一抬"把动作的缓慢表现出来, 不光轻微, 而且缓慢。"它没醒, 睡得好熟", "睡得好熟"跟前面写它的身体"它好肥", 在情绪上是一致的, 都是那种带着柔情默默地看着的样子。"它没醒, 睡得好熟"是整个文章中在情境上的至高处。

"这是一种怕人的鸟", 它现在似乎不怕人了, "我"的肩成了它的梦乡。"还呷呷嘴, 难道在做梦?"这一句是神来之笔。这完全是可以不写的, 但写了就完全把那个画面凸显出来了。"呷呷嘴"是把这个画面由实变虚, "难道在做梦"则把这个情境进一步虚化, 向外无限拓展, 这就是典型的散文的笔调。

最后, "我"伏案写作, 所以"笔尖一动, 流泻下一时的感受: 信赖, 往往创造出美好的境界", 这又回到了文心。这个美好的境界就是不怕人的境界, 有信赖能否创造出不怕人的境界呢?作者是没有太多把握的。其实, 如果知道这篇文章的背景, 就能够看出文章的意蕴。散文始终承载着三个层面的境界, 第一个层面是物象层面, 就是一对珍珠鸟和小珍珠鸟及"我"构成的境界。第二个层面就是情感层面, 由原来的怕人到不去看它, 不去惊动它, 到不怕人, 这一情感的变化所构成的境界, 称为情感境界。最后必然会涉及情境, 带着沉思, "思"是作者经过情感流动沉淀下来的思考, 就是在情感背后, 作者有自己的思考。

好的散文不仅有丰富的物象, 有情感的跌宕, 还应该有深邃的思考。所以读一篇散文, 从物象, 到情感, 到作者的思考, 这三个环节要层层带着孩子们进入, 这样才算把这个散文读明白了。若只是读到要热爱小动物这个层面, 那只是读到物象层面, 还没有完全到达情感层面, 更不要说思考层面。在读文章的时候, 不妨慢慢地去体会文章所表达出的情境和沉思, 带着艺术的、审美的、思考的眼光再次阅读。

### 课堂实录

(江苏省镇江市润州区金山小学)(40分钟)

**师**: 我给你们准备了礼物, 可以推荐给你们学校做吉祥物。(出示一只珍珠鸟的图)

师：这叫什么？

生：珍珠鸟。

师：它又叫锦华鸟，还叫金山珍珠鸟。所以我推荐给你们金山小学做吉祥物。这个金山可不是咱们这个金山，这个金山是澳洲的金山，一个很远的地方，有一座很大的山，出产金，这个山上有一种鸟，就是这种鸟，小小的啊，很普通，可爱吧？

生：可爱。

师：再看一幅。（出示一对珍珠鸟的图片）一对。哎，这个弄一对回去养养，好不好玩？

生：好玩。

师：给你养愿不愿意？

生：愿意。

师：很容易养，就像喂鸡一样的喂。喜欢养鸟吗？

生：喜欢。

师：都喜欢？老师也喜欢，你们猜猜我养的是什么鸟？我让你们看看老师家养的是什么？（出示孔雀的图片）看到了吧？不一般吧？

生：嗯。

师：现在问一个问题啊！如果用一种鸟，或者孔雀，或者珍珠鸟，去比喻一个普通人，用哪一种鸟更合适？

生：珍珠鸟。

师：为什么？

生：珍珠鸟善解人意。

师：那么，孔雀好养，还是珍珠鸟好养？

生：珍珠鸟。

师：小小的嘛，对不对？何必那么大呢？没那么大的笼子吗，对吧？如果让你选择，用一种鸟去比喻一个普通人，那么当然就是——

生：珍珠鸟。

师：珍珠鸟。好，今天我就来学习一篇课文，《珍珠鸟》（师板书：珍珠鸟　冯骥才）这是一个非常伟大的作家，叫冯骥才。认识这个字吗？

生：认识（不认识）。

师：你们几年级啊？

生：四年级。

**师**：不对啊。校长呢？我要求的是六年级的孩子吧？那我今天讲的你们肯定没法懂啊。这不对啊，赶紧换人啊。哎，你们校长是我师弟，怎么这么给师兄办事，这么不得力，是不是弄错了？那怎么办？你们不懂啊，我给你们新发的那张纸。看到了吗？

生：看到了。

**师**：看得懂吗？

生：看得懂。

**师**：啊？能看懂？

生：能。

**师**：那可是原文啊，比你们的课文长出好多来。有没有找出很多不同来？

生：有。

**师**：有很多吗？

生：有。

**师**：哦，我要求是六年级学生，怎么你们好像都有点明白了？我们把这两个问题放到一块说，看你们明白不明白，如果你们明白的话，我就留下你们，带你们一起玩，如果不明白的话，我叫我那个师弟把你们全部领回教室去，我换六年级的孩子，好吧？

生：好。

**师**：我刚才说了，这课文中的一对珍珠鸟如果比喻成一对普通的中国人，那么你通过课文读到了怎样的感想？难了吧？哦，不难，你说。

生：珍珠鸟很可爱。

**师**：哦，中国人可爱吧？

（生笑）

生：珍珠鸟特别肥。

**师**：中国人胖的比较多。还有吗？

生：珍珠鸟美，中国人的心灵也美。

**师**：哦，珍珠鸟美，中国人的心灵也美，你把珍珠鸟的心灵都看到了啊，厉害，好，我跟你们玩了，留下你们。

生：珍珠鸟很调皮。

**师**：珍珠鸟很调皮，像中国的孩子一样，你说的是那一对成人的珍珠鸟，还是一只小宝宝呢？

生：小宝宝。

生：珍珠鸟很善良。

师：珍珠鸟很善良，和中国人一样善良。课文里面有一句话，把它找出来，我发给你们的纸上是有的，你们的课文中是没有的。作者认为珍珠鸟是怎样的，大家找一找，把它找出来。

生：找出来了。珍珠鸟是一种怕人的鸟。

师：把这句话好好读一读。

生：有人说，这是一种怕人的鸟。

师：这句话太重要了，我写在黑板上，因为这么多老师手里拿的课本上都没有这句话，你们是幸运的，知道有这么一句非常美丽的话。（板书：这是一种怕人的鸟。）它最大的特征是什么？

生：怕人。

师：（板书："怕人"两字加点）作者肯定珍珠鸟就是一种怕人的鸟吗？

生：不肯定。

师：哪个词？

生：有人说。

师：不肯定吧？他说的时候犹犹豫豫的吧？能把这句话的犹豫读出来吗？

生：能。

师：能把怕人的感觉读出来吗？

生：能。

师：好，试试看。开始。

（生齐读）

师：好像非常坚定吧，不是嗓门越高越好，作者说这句话的时候有些犹豫，明白吗？重新来一遍，开始。

（生再次齐读）

师：如果这种怕人的鸟就是珍珠鸟，我刚才说，用这样一种珍珠鸟比喻中国人的话，中国人就是怎样的人呢？

生：怕人的人。

师：太棒了！请坐！给她掌声！中国人就是一种怕人的人。如果我一开始给你们的这句话是对的话，那我现在的结论就应该是对的。用珍珠鸟比喻中国人，那么作者说这是一种怕人的鸟，中国人就是——

**生**：怕人的人。

**师**：就是一种怕人的人，对吧？你们知道中国人为什么怕人吗？你怕警察吗？

**生**：不怕。

**师**：不怕警察，很好，你已经成为不怕警察的中国人。谁怕警察？有吗？有吗？怕警察的举手。怕你爸爸妈妈吗？

**生**：怕。

**师**：你爸爸用皮带抽你。你不怕吗？

**生**：怕。

**师**：怕你们校长吗？

**生**：不怕。

**师**：也不怕啊？啊，你们真的长大了，你们就是这一对珍珠鸟在那个丛林中生出来的小宝宝，你们开始不怕人了。中国人为什么怕人，其实作者写这篇文章的目的就在于此。作者年轻的时候，生活在中国20世纪的60年代中期到70年代中期，那个十年，我们叫它"文化大革命"，听说过吗？你们将来都要学历史，还要再问问走过来的那些中国人，明白吗，孩子们？

**生**：明白。

**师**：冯骥才先生就是经历过"文化大革命"的人，他经历这十年之后，他发觉所有中国人都害怕别人，哪怕是自己的亲人，中国人已经变成了一个人怕人的群体。中国社会彼此之间没有了交流，没有了信任，什么都没有了，儿子不相信爸爸，夫人不相信自己的先生，弟弟也不相信哥哥，姐姐也不相信妹妹，那十年，中国人走进了一个冰窖，中国人成了怕人的人（指板书）。当然作者这么说的时候他自己也不太那么肯定，所以他说——

**生**：有人说。

**师**：那么作者在文章最后希望我们中国人进入一种怎样的境界呢？看课文，最后说什么了？

**生**：信赖，往往创造出美好的境界。

**师**：哦，读得这么有力，像演讲，是不是，把这句话再读一遍。

（生再读）

**师**：还是读得这么有力。"往往"是什么意思？

**生**：经常。

**师**：是不是"一定"？

**生**：不一定。

**师**：好，不一定。请坐！我把这句话写下来（师板书），你来把这种"不一定"的感觉读出来。

**生**：信赖，往往创造出美好的境界。

**师**：作者说这句话的时候，肯定信赖能创造出美好的境界吗？

**生**：不肯定。

**师**：哪个词？

**生**：往往。

**师**：所以你能读得那么坚定，那么铿锵有力吗？

**生**：不能。

**师**：好，犹豫，不一定，没把握，能不能把这种感受读出来？

**生**：能。

**师**：好，想一想，该怎么读？我们一起把这句话读一遍，开始。

（生再读）

**师**：有那么点意思了。我发觉金山小学的孩子不错，一教就会。本来是教六年级的孩子，教四年级，你们一下子就会了，好！下面的题目就是非常难的了，想不想继续？

**生**：想！

**师**：还想继续？好，继续！给诸位布置一个题目，我们从第一页读到第三页，一边读一边想，作者在哪些地方写到了怕人，你从中又读出了怎样的感想，注意，这个感想要建立在我前面给大家的那个比喻上——把珍珠鸟比成中国人。明白了吗？

**生**：明白！

**师**：好，给大家五分钟的时间，读完以后我们就讨论。同学们可以互相讨论一下，等会儿看你们表现啊。

**生**：好了。

**师**：那谁先来说。谁先说？想不想先听我说？看你们意志多么坚定，我一逗你们就不行了。刚才我说谁先说，一个个都说我先说；现在我说想不想先听我说，你们都说想。究竟你们先说还是我先说？

**生**：你先说。

师：哦，我先说。我说得不好你们不准批评我啊。第 3 小节，"我把它挂在窗前。那儿还有一大盆异常茂盛的法国吊兰。我便用吊兰长长的、串生着小绿叶的垂蔓盖在鸟笼上，它们就像躲进深幽的丛林一样安全；从中传出的笛儿般又细又亮的叫声，也就格外轻松自在了"。太棒了，这一小节我非常喜欢，你们看，经过了十年那个人怕人的社会，这对普通的中国人躲进了深幽的丛林中才会觉得安全，那么，这个社会会让他们觉得安全吗？

生：不会。

师：是啊。十年人怕人，今天不安全，所以只有用吊兰长长的、串生着小绿叶的垂蔓蒙盖在鸟笼上，作者用那么长的句子告诉我们，我们躲进了——

生：深幽丛林。

师：对啊。在深幽的丛林，我们才会获得——

生：安全。

师：我们才能够格外地——

生：轻松自在。

师：太棒了。你们一下子跟我读得差不多了。还有谁要来发言？

生：我呢？决不掀开叶片往里看，连添食加水时也不睁大好奇的眼去惊动它们。

师：好。你想到什么？

生：作者觉得珍珠鸟很怕人，所以连添食加水时也不去惊动它们。

师：我们能不能去窥探别人不告诉你的秘密？

生：不能。

师：对。所以即使我们给它吃东西，给它水喝，也不要去惊动它——不打听别人不告诉你的秘密。明白了吗？

生：明白。

师：非常好。还有吗？再给一次机会。

生：起先，这小家伙只在笼子四周活动，随后就在屋里飞来飞去，一会儿落在柜顶上，一会儿神奇十足地站在书架上，啄着书背上那些大文豪的名字，一会儿把灯绳撞得来回摇动，跟着跳到画框上去了。只要大鸟在笼里生气地叫一声，它立即飞回笼里去。

师：你从这里读出了什么？

生：小珍珠鸟就像小朋友一样很顽皮，但只要父母一喊它，它就回家。

**师**：父母为什么喊它回家？外面安全吗？

**生**：不安全。

**师**：所以必须回家，所以父母就会再三地呼唤，而一开始一喊小鸟就回去了。还有吗？啄那些大文豪的名字，你们读出了什么？它怕那些大文豪的名字吗？

**生**：不怕。

**师**：它怕那些写在书上的人吗？

**生**：不怕。

**师**：不怕了吧？是那一对成年的珍珠鸟还是那一只小宝宝？

**生**：小宝宝。

**师**：是啊，那是新生的中国人。作者在文章中有一句话写了他看到这只小珍珠鸟跳到他面前的时候的那种喜悦，大家把这句话找出来。

**师**：这句话很短，能找到吗？

**生**：渐渐它胆子大了，就落在我的桌上。

**师**：哦，已经到眼前了，前面还有没有？第一次它出现的时候他惊奇呀！我们这个民族有新的孩子了。再找！找到了没有？

**生**：过不多久，忽然有一个更小的小脑袋从叶间探出来。哟，雏儿！正是这小家伙！

**师**：我把这句话抄下来。我可喜欢这句话了（师板书：哟　雏儿　正是这小家伙　）。老师没留标点，书上的标点是？

**生**：逗号，感叹号，感叹号。（师板书加标点）

**师**：你们告诉我作者在这里表达了怎样的思想？怎样的情感？

**生**：表达了作者的惊喜。

**师**：从哪个标点符号看得出来？

**生**：从两个感叹号。

**师**：两个感叹号。你来读读？

**生**：哟，雏儿！正是这小家伙！

**师**：有点紧张，不错！已经把那种感觉读出来了。大家能不能一起读一下？

（师生齐读）

**师**：有那么点意思。总觉得你们在说那一对成年的鸟，不是在说这一只刚刚出生的小鸟，欢快的，把这种感觉读出来。想一想怎么读，开始！

**生**：哟，雏儿！正是这小家伙！

师：有那么点意思，其实标点对于文章太重要了，能不能把这个标点换一换呢？课文能改吗？不能改？你们看看你们的课文怎么还改成那样了，是不是啊？所以可以改，我们要改得越来越好，对不对？好。（师板书：哟！雏儿？正是这小家伙……）谁知道老师为什么要这样改了？我看看这个问题是不是只有六年级的孩子能回答，看看四年级的孩子怎么样？哦，又是你吗？学习标兵哦！不要让大家失望啊。

生：他很意外。

师：他为什么很意外？

生：很惊讶！

师：掌声在哪里？（学生鼓掌）雏儿？他出来啦？他敢出来？第一个感叹号呢？

生：第一个感叹号表示很惊喜。

师：惊喜。对，前面已经有声音了，他在猜是不是真的有小鸟了，是真的有小宝宝了吗？总算看到了，惊喜，眼睛要一亮啊，明白了吧？

生：明白。

师：雏儿，眼睛要一转，打个问号。正是这小家伙，嘴要咧开，明白了吧？

生：明白了。

师：你们未必比六年级的孩子理解得深，但是我相信你们肯定比他们读得好。有信心吗？

生：有。

师：读读看好不好，先想一想自己该怎么读。开始。

生：哟！雏儿？正是这小家伙……

师："家伙"两个字读得太重了吧，省略号，要把那个惊喜啊延续下去。明白了吧？

生：明白了。

师：我们再读一次好不好？开始！

生：哟！雏儿？正是这小家伙……

师：好，非常棒，老师们给他们点鼓励吧！（鼓掌）你们真棒！这么改比原来好吧，但是我们的课文改得都不好。你们有没有感觉到？感觉到了，啊？第一段，"真好！朋友送我一对珍珠鸟，放在一个简易的竹条编成的笼子里，笼内还有一卷干草，那是小鸟儿舒适又温暖的巢。有人说，这是一种怕人的鸟。"好听吗？你们读读课文看，好吗？开始！

（生齐读）

师：节奏感呢？刚才我读的感觉好还是你们的好？看这句话，"那是小鸟舒适又温暖的巢"，你们把这句话再读一下。

生：那是小鸟舒适又温暖的巢。

师：你看，你们读得那么严肃，是不是啊？小鸟，小鸟儿，哪个更加严肃？散文嘛，不要说得那么严肃，好不好？散文就是轻轻地告诉你一种感觉，所以不要把散文变成演讲，明白了吗？

生：明白。

师：你们再找一找哪些地方改动过，我给你们一次机会，让一个孩子回答，你告诉我，改得好不好？先自己读读。

（生自读）

师：可以讨论一下。

（生读书，讨论）

师：好，时间到了，谁能来说一说？你说！

生：那儿还有一盆异常茂盛的法国吊兰。

师：你把这句话完整地读一读！

生：我把它挂在窗前。那儿还有一盆异常茂盛的法国吊兰。我便用吊兰长长的、串生着小绿叶的垂蔓蒙盖在鸟笼上，它们就像躲进深幽的丛林一样安全；从中传出的笛儿般又细又亮的叫声，也就格外轻松自在了。

师：课文呢？

生：课文上只是"一盆吊兰的垂叶蒙盖在鸟笼上，珍珠鸟就像躲进幽深的丛林一样安全"，原文说了吊兰是长什么样的，是长在哪里的，而被改动的课文只说是一盆吊兰。

师：而且，还有一个比喻吧？棒吧？

生：棒！

师：你们能读懂吗？

生：能。

师：不改成课文这样你也能读懂，是吗？

生：是！

师：好，孩子们，今天只是一个开始，我希望你们能够读原文，那是非常美丽的艺术。我希望你们是那一只新生的珍珠鸟，我们互相信任，好吗？你们相信我说的这个话吗？

生：相信。

师：我相信你们会有一个美好的境界，我们把文章最后那句话一起读一下，我们互相相信今天我们的约定，好吧？

生：好。

生：信赖，往往创造出美好的境界。

师：境界是美好的，虽然我们说的时候有点犹豫，孩子们，回去认真地读，仔细地比对，慢慢地欣赏，你的犹豫就会少了，你们就真的成了那只可爱的珍珠鸟，那个可爱的中国人，今天的课就上到这儿，下课！

生：起立！

师：同学们再见！

生：老师，再见！（鞠躬）

### 名师评课

## "课文无非是个例子"

听惯了小学语文老师上课，再来听安子老师上课，会有一种不一样的感觉：听着听着，我们仿佛不再是参与教学研究的教师，而是坐在底下的一个孩子，陶醉于课堂的氛围，不由自主地和安子老师一起诵读课文，一起互动研讨，甚至跃跃欲试，想举手发言。一堂课下来，总有许多新鲜的感受。

安子老师的课一贯注重语言文字的教学，善于引导学生将课文与作者原文对照，在比较揣摩中感悟遣词造句的精当。教学《草原》，以课文为主，适当对照原文。《珍珠鸟》这篇课文的教学，安子在"原文对照教学"方面又迈进了一步，以原文为主，适当对照课文。课上教师或讲解，或诱导，学生或诵读，或感悟，轻松愉悦之中完成了本课的教学。

首先是指导学生自然地"读"。关于有感情朗读方面，新课标倡导自然，防止矫情做作。怎样才能做到"自然"？就是要让学生品味语言，在体会作者及作品中的情感态度的基础上，用恰当的语气语调朗读，表现自己对作者及其作品情感态度的理解。因此，"有感情朗读"，先要能够"读进去"，然后才能"读出来"。例如，教学课文最后一句话"信赖，往往创造出美好的境界"，学生读了两次，第一遍"读得这么有力，像演讲"，第二遍"还是读得这么有力"。怎么办？教师从品味语言入手,引导学生思考:"往往"是什么意思?是不是"一定"?作者说这句话的时候,肯定信赖能创造出美好的境界吗?让学生在反复的比较中,渐渐懂得"往往"是不肯定,不能读得那么坚定,那么铿锵有力,进而启发学生把那种"犹豫,不一定,没把握"的感受读出来。经过这样细致入微的品味,学生进入了作者的情感世界,触摸到了作者跳动的脉搏,语调不再那么坚定、那么有力,而是像山间的小溪自然流淌,耐人寻味。

其次,引导学生深刻地"悟"。感悟文本的内容,感悟语言的形式,两者相得益彰,引导学生探寻语言表达的"密码",感受作者遣词造句的精妙。安子老师是高校的中文教师,有着丰厚的语言素养,对文本的解读是一般的语文教师达不到的。可贵的是,他能深入浅出,对小学语文的目标有着精准的把握。他善于引导学生"多比较、多归纳、多揣摩、多体会"。例如,教学"哟,雏儿!正是这小家伙!",引导学生从标点符号的变换中,感受作者情感的细微差别,体会文本的表达效果。先是观察标点符号,体会情感,练习朗读,读出作者的惊喜;然后,把标点换一换,改成"哟!雏儿?正是这小家伙……",由第一个标点感叹号读出"惊喜",由第二个标点问号读出"很意外",由第三个标点省略号,体会"把那个惊喜啊延续下去"。比较过程中,教师有许多"点睛之语",如"是真的有小宝宝了吗?""眼睛要一亮啊""雏儿,眼睛要一转,打个问号""正是这小家伙,嘴要咧开,明白了吧?"

第三是教师恰当地"讲"。语文课需要教师的"讲",关键是"讲什么""怎么讲"。这节课,安子老师结合本文作者的写作目的,讲解了"中国人为什么怕人",让学生有一点粗浅的感受。他讲到了时代背景,但是重点放在了"信任"这个主题,帮助学生了解"这是一种怕人的鸟"。教师恰当的讲解,有助于学生对文本主题的深入理解。

在这节课上,安子老师注重激发学生的学习兴趣,注重课堂的师生互动,语言幽默风趣而又智慧闪烁。如:"散文就是轻轻地告诉你一种感觉,所以不要把散文变成演讲","我希望你们能够读原文,那是非常美丽的艺术"等。他喜欢采用原文对照教学。他的教法给我们的启示是:学语文并不是学课文,我们不需要把课文奉为圭臬,当作唯一;语言学习,"比较"是一种很好的方法。安子老师的教法,让我们对"课文无非是个例子"这句话有了更深刻的体会。

(江苏镇江市丹徒区高资小学校长,特级教师 包昌生)

## 教学反思

## 从可怜的《珍珠鸟》看文学教育的"沦丧"

一直心存疑问：中国母语教育（以下简称"语文教育"）在何时开始误入歧途？中国母语文学教育（以下简称"文学教育"）从何时开始"沦丧"？文学教育"沦丧"究竟是何原因？我的目光曾连续数年停驻在1905年前后——科举废除的那段时间，似乎找到过一些答案，但仍不能算给了自己完满的回答。

在我思维焦灼的时候，突然一篇"课文"跳了出来，也许，我一直没有清楚地意识到一个问题——"文学作品"编成为"课文"的过程，虽然，我一直关注但从未深究。于此谨以这篇课文《珍珠鸟》（苏教版小学语文教材）和作为文学作品的《珍珠鸟》作一对读，略呈文学教育"沦丧"的一种路径。

我读课文《珍珠鸟》，并不以为是一篇很好的作品。后来，我找来了原著——作为文学作品的《珍珠鸟》。原来冰心先生说的"起得有味，收得够劲"，是指文学作品的《珍珠鸟》，课文《珍珠鸟》当不得这样的评价。

《珍珠鸟》是冯骥才在十年"文革"结束之后痛苦思索时开出的一剂拯救这个"已经怕人"的世界的良方，作为文学作品的《珍珠鸟》，篇末非常动情地自然流露出主旨："我笔尖一动，流泻下一时的感受：信赖，往往创造出美好的境界。"两个小节，举重若轻，这是散文的语言，文学的语言。而课文《珍珠鸟》呢？"看着这可爱的小家伙，我不由自主地发出了一声呼唤：信赖，不就能创造出美好的世界吗？"这是演讲的语言！散文《珍珠鸟》水到渠成，分为两个小节，节奏感极为分明，前一小节"蓄势"，篇末语气冷峻却又热烈，流畅而有跌宕，但不那么坚定。这一剂救世的"药"作者也不能肯定其疗效，所以"往往"一词既是语气上的一个起伏，更是作者心底的一次颤动。课文"不就能创造出美好的世界吗？"反问句式加强了肯定语气，散文成了演讲辞，一篇文学作品瞬间让我感觉变成了一篇"工作报告"。这样，我就不奇怪为什么时下中小学生作文篇末大多有高举拳头呼口号的"定式"了。

这样的篇末处理体现了编者的意图，课文《珍珠鸟》表达的思想才是主要的，这是怎样的思想呢？这个世界需要信赖，这个世界有了信赖就会美好。所以编者把课文《珍珠鸟》与课文《诚实与信任》《九色鹿》放在了一个单元，从"思想"需要出发，全然不顾文学语体而"大动手术"，合思想者留，不合思想者去，甚至不惜歪曲作者意图地修改或重写，文学"沦丧"了！

我不是反对语文教育中需要的"思想"，我反对以牺牲"文学教育"来完成所谓的"思想教育"！文学作品本身的教育性当然不容忽视，但首先应该是文学作品；文学教育当然不能忽视思想教育，但首先应该是文学教育。

从思想教育这一简单、首要的目的出发，文学作品不再是作为文学作品而存在了，文学文本成为了简单的思想文本。文学作品成了课文后，气韵没有了，汉语特有的节奏美没有了，甚至"文眼"也没有了！冰心先生为这样一篇短短的散文专门写了评论文章，"收得够劲"，但在课文《珍珠鸟》已经不复存在了，而"起得有味"同样也不再"有味"。

原文《珍珠鸟》开头极有韵味："真好！朋友送我一对珍珠鸟。放在一个简易的竹条编成的笼子里，笼内还有一团干草，那是小鸟儿舒适又温暖的巢。""有人说，这是一种怕人的鸟。"两个小节，语言美极了！押韵："好""鸟""草""巢""鸟"，两节七句，没有一韵到底，那样太呆板。第一节"好""鸟"两仄韵后第三句末字"里"，也是仄声，但不押韵，再接仄韵"草"，以平韵"巢"收束整个小节。"巢"平声可以给人一种声音延长的意韵，不致使你感到小节到此戛然而"断"，第二小节一"承"——"有人说"，句末又以"鸟"呼应前韵，真是"有味"。

在声音如此好听的开头，作者还精心布置了句式，"真好"，一词独立成句，冲口而出，无法抑制的兴奋。"朋友送我一对珍珠鸟"，不长不短的句子将激动的情绪略略"压了压"，一个长句"放在一个简易的竹条编成的笼子里"，写得轻松，语调舒缓了起来，接以两句一略短一略长，节奏变化而丰富，真是好"文法"！

"有人说"，语气轻柔，笔锋轻轻一转，柔柔地接过"巢"延长而来的声音，似乎犹疑不定，但恰是作者睿智的表征，与苏东坡《念奴娇》"人道是"异曲同工。"这是一种怕人的鸟"，这是本篇"文眼"！历经了十年浩劫的人都"怕人"，人与人的社会因为"与人斗"而"怕人"，通篇都着意于"怕人"，如何疗治这个已经人怕人的社会，这是作者写这篇文章的出发点，这是《珍珠鸟》的"眼"！

课文《珍珠鸟》删去了文眼——"有人说，这是一种怕人的鸟"。"珍珠鸟"没有眼睛！"盲了双目"的《珍珠鸟》当然就不是文学作品的《珍珠鸟》了，不是文学作品的《珍珠鸟》怎么能够进行文学教育呢？

用文学作品的原著作为教材，文学教育才有可能。把"文学作品"变成"乏文学"的"课文"是文学教育"沦丧"的一个极为重要的路径！

修改原著原作变成课文源于20世纪初年，发展于20世纪五六十年代，极盛于 20 世纪八九十年代。我以为修改者修改作品至少有两个标准：一是符合思想性要求，二是作为语言表达的范本有利于规范的语言训练。

看看延续两千多年的母语教育的实践，"课文"只选不改！文学教育史上出现过很多的选本，有名的如《文选》《千家诗》《古文观止》及《古文辞类纂》等。各人因文学观念不同选文各异，文学教育却能够成功地成为中国母语教育一道亮丽的色彩，选政不同没有使得文学教育出现本质性问题，因为"课文"还是文学作品！

反观时下通行的教材，尤其是小学语文教材，可以勉强算为文学作品的有几篇？这样的课文能够实现文学教育吗？！我无意于苛责教材编选者，但问题总要解决，而且不是没有解决的办法，我以为"语言教育与文学教育分家"是最好的解决办法！

教材编选者如此费尽心力地修改原著原作主要是为了实现语言教育和思想教育，语言教育和文学教育是"两股道上的车"，虽有关联但不能同轨。无论是所示范的文本还是最终评价的策略和系统都有本质的不同，哪怕是识字教学，语言识字与文学识字本质是相异的，教材也是不同的，我们有专门以"字书"为教材的语言教育的丰富经验，我们同样有"读书有间""诗无达诂"的文学教育的辉煌历史。

在语文教育史上关键、首要的问题是教材，近百年的教材是中国语言学尤其是语法学研究摸索阶段的尝试物，这样的教材便成了以去文学的灵动和变"人治之法"（王力对中国语法的描述）而"法治之法"为代价的语料课文。在这样的背景下，冯骥才的《珍珠鸟》是多么的可怜，成为了课文的《珍珠鸟》被剜去了"双目"，还被零落地插上了诸如斑鸠、喜鹊的羽毛，"珍珠鸟"不再是珍珠鸟了，文学教育在这时还可能吗？

回归到两千多年语文教育成功经验的原路上来，这条路上未必什么都对，未必什么都合乎现在，但方向不错！把语言教育（甚至我想用"语言教学"来表述）与文学教育分开来，正如张志公先生所言，语言教育、文学教育合在一起只会"两败俱伤"！

怎样避免"两败俱伤"呢，迫切需要解决的问题是编选合适的语言教材和文学教材，很多的教学观念不是一下子就成熟的，但可以在教材的编写实验中不断地得到修正。语言教材可以修改原作甚至创作"课文"，以作为语言表达训练的范本；文学教材重回到选本的路径上来，尤其要关注文体问题在选本中的体现。时下以"主题"为标准的教材编选是很危险的尝试，一定程度上偏离了文学教育需要的文本。中国文学很重要的特征就是文体特色明显且不杂，从母语特征和母语文学特征出发编选教材，文学教育才能成为可能。

用原作原著进行文学教育，这是避免文学教育继续"沦丧"的一种办法。因为文学教育是在把文学作品变成实用的语言训练范本的课文时开始"沦丧"的，"珍珠鸟"是在那时开始了它们可怜的命运的。固然这不是一个能够简单论证得很详赡的命题，也不是小文于此能够充分论证的，这里所述及的只是一些简单的结论，这些感性的结论还有待学理的论证，这将是我消解心头疑问的努力，努力为了"珍珠鸟"不再可怜！

# 10.《记承天寺夜游》: 找回语文教育的另一翅膀

### 《记承天寺夜游》

苏 轼

元丰六年十月十二日夜，解衣欲睡，月色入户，欣然起行。念无与为乐者，遂至承天寺寻张怀民。怀民亦未寝，相与步于中庭。庭下如积水空明，水中藻荇交横，盖竹柏影也。何夜无月？何处无竹柏？但少闲人如吾两人者耳。

### 文本解读

## 透明的孤独

《东坡志林》中的这八十五个字一直为讲中国古代散文者所称道，当代散文家林语堂认为这是苏轼最精彩的作品之一，可以与"赤壁词""赤壁赋"同膺光艳。

一

"赤壁词"，苏轼在自己营造的一个精神世界中任意将几缕忧伤化为满腔激情；"赤壁赋"，苏轼同样在秋冬江上的现实世界之外幻想出了一个道家仙境，穿越出了一个豪情满江的魏晋时空，一切都在真幻之间，艺术感染的张力一读便能腾纸而出。一年之后，苏轼随手写下的这八十五个字又绘出另一个真幻不定的澄净世界，在这个澄净世界中隐隐漂浮着苏轼透明的孤独。一个二十岁的人说"孤独"是为了寻求爱情，一个三十岁的人说"孤独"是为了寻求理解，一个四十岁的人说"孤独"是要唤醒激情，一个五十岁的人说"孤独"是要唤醒自我。元丰六年，1083 年，这一年苏轼四十八岁。

二十岁，从眉州出发，父子进京，一科考试，名动天下。二十多年宦海浮沉，顺境居多。1079 年，元丰二年，"乌台诗案"一下使苏轼跌入逆境，四个多月牢狱折磨，年末尘埃落定，"苏轼责授检校水部员外郎黄州团练副使（八品官），本州安置，不得签书公事，令御史台差人转押前去"。人生发生转折，只能无力地接受人生的下一个驿站——黄州，不再有当年自求往杭州的从容了。这一年苏轼四十五岁，中年人了。

中年人受到挫折最容易沉没自我了，人生第一次受到挫折的中年人往往会在消沉中苦闷或在自弃中放纵，若生活的激情之火没了，自我也就没了。元丰三年正月初一，苏轼离京赴黄州，贬谪生涯自此开始。二月初一到达黄州，寓居定惠院，后迁城南江边临皋亭。类乎犯人的生活，虽有亲友相慰，但激情已经渐渐消退，虽也有答章惇劝悔书的激愤，但更多的是受到僧院的感染，内心越来越向孤独的泥潭滑去，酒量不好的苏轼偶尔也会饮酒过量而肺病大发。总之，这一年开始，中年的苏轼最需要的就是唤醒激情和自我了。如果说以假作真的《念奴娇》的赤壁是苏轼唤醒自己生命激情的那个地方，那么承天寺的那一晚可视为越来越孤独的苏轼唤醒内心自我的夜央。

元丰六年的六月，谪居黄州四年的苏轼结识了一位难兄难弟：张怀民。张怀民是时刚被贬黄州，居城南承天寺。苏辙作《黄州快哉亭记》，苏轼亦有《水调歌头·黄州快哉亭赠张偓佺》之作，快哉亭，闰六月，张怀民于承天寺边所筑之亭者也。这样苦闷的黄州，两个孤独的人一拍即合，往来不断，相互抱团取暖。

同年九月，苏轼又结识了另一位难兄难弟，姓名与张怀民一字之差：张舜民。张舜民因为元丰五年与夏战，兵败被贬郴州，次黄州，拜访当时黄州的主要官员，包括苏轼。穿越近千年，现在尚能看到的文字中，九月里张舜民三次与苏轼同饮共游，言谈昨年战事，其中，九月二十四日还同游武昌西山。

其实这一年苏轼正月里就病眼壅嗽，大为其苦，卧病近百日。四月初一，曾巩卒，京城纷传苏轼与曾巩同日或先后而卒，神宗皇帝也询问此事，且"嗟惜久之"。因此苏轼在六月初三写给杨绘的信中说："轼病后百事灰心，虽无复世乐，然内心廓然，稍获轻安。"这正是苏轼写《记承天寺夜游》的心情：透明的孤独。

## 二

九月二十七日，已经"百事灰心"的苏轼忽有喜讯，他在写给蔡景繁的信中说："云蓝小袖者，近辄生一子，想闻之，一拊掌也。"云蓝小袖指的是侍妾朝云，这是苏轼的第四个儿子遁，小名干儿，由为子取名也可窥得苏轼其时复杂的心境了。

十月十二日，苏轼中年新近喜得娇儿尚未满月，自然还在高兴头上，初冬之夜，欲睡之时，近圆的月亮由门隙挤入，屋内自是闪出一线亮色。初冬的月光应是幽冷的，即便如此清寒的月亮也是"会惹祸"的，苏轼无法入睡了。犹如那"转朱阁，低绮户，照无眠"的中秋月，发出了声声低低的温暖的呼唤，与月同舞，与月私语，月宫犹似苏轼精神世界中柔软的醉乡。"欣然起行"，"欣然"，情绪为之一振，心底透明起来了！"念无与为乐者"，昂扬的情绪为之一转折，想找点高兴的事做做，想找一个人一起高兴高兴，然而，没有！

"遂至承天寺"，"遂"，轻轻松松，不假思索，自然而然，就到了承天寺。"寻"，同样说来轻巧，然而，张怀民不就在承天寺嘛，何用寻找？似在说从临皋堂往承天寺一路寻去，又似说到了承天寺再四处寻找怀民身影，无论如何不可能直接到怀民寝房便能一定见到。果然！"怀民亦未寝"，一种心神相通的默契，瞬间化为了欣喜，心底透明起来了，原本的孤独——"念无与为乐者"——也变得透明起来了。

两人散步寺庙中庭，一段景语最为动人："庭下如积水空明，水中藻荇交横，盖竹柏影也。"这是一个亦真亦幻的世界，"积水空明"真是神来之笔。月光如水，蓄满中庭，两个人像两条鱼儿，在水中徜徉，慢慢地游啊游，仰起头来看看月光，好像月华已经把这两个人紧紧包裹，弥散在周遭身旁。此时，只有那藻荇左右参差，身边的世界透着亮，空灵而宁静，温婉而幽凉。这样的月光下，"我"听到了自己的呼吸，"我"找到了自己。也许谁也没有说话，都在静静地看着竹柏晃动的影子。在黄州，苏轼常常醉后画墨竹，其写幽竹情态得之月夜竹影。此时，竹影，柏影，纵横交错，随夜风而摇曳生姿。单这两句写景，仿佛幻境，神仙世界，不杂一丝尘滓。"盖"——"原来是"——一字唤出现实感，飘逸出的情思一下子回到了承天寺的中庭。

正是一个"盖"字，唤起了两个问句：何夜无月？何处无竹柏？当然不是每个夜晚都有月亮，当然不是每一处地方都有竹柏。而是哪一个晚上有这样"积水空明"的月色呢？哪一个地方有这样"藻荇交横"影子的竹柏呢？

## 三

其实也不是没有这样的月色吧，也不是没有这样的竹柏影子吧，那是没有什么或少了点什么呢？"但少闲人如吾两人者耳"，"闲人"历来被看作本篇的文心。

闲人，相对忙人而言。苏轼已经闲下来近五年了，张怀民刚闲下来五个月，苏轼用看似宽慰自己的话安慰张怀民。大概这一个月一直听刚闲下来的张舜民自述从征灵武之事，看出其身闲心未闲吧，要适应做闲人对于一个上过战场打过仗的张舜民来说何其之难？对于张怀民来说大概也不会容易一些吧？所以这句话看似苏轼的自言自语或是说给自己听的解释，其实更重要的是说给张怀民听的"安神剂"。

闲人若是一位老人，那么，"闲"未必是一种痛苦，相反可能倒是一种惬意与快乐。然而，苏轼这一年48岁，张怀民和张舜民，虽生卒不详，但观其生平可知。也均非垂暮之年的老人。一个未到闲下来年龄的人被迫闲下来，是痛苦的、孤独的，苏轼与张怀民及张舜民都是这样的人。不想闲下来的闲人尤其能感受到孤独的煎熬，张怀民用"快哉"名亭，自有将胸中苦闷与孤独一冲而出，付与苍穹的豪气，但正是因为胸中有这样的豪气才使得张怀民更加无法"闲"下来。而苏轼用"东坡"自号，又经久病，所以胸中孤独的浓郁沉重感已经渐渐散去了，百事灰心，而内心廓然，苏轼已经用"闲"作为"定心丸"了。

其实，中年刚添丁的苏轼因着这一大喜事，内心自然更加廓然了，因此朗月之夜，孤独无眠的幽人心思也因这样的喜事明亮了起来，所以才会有起行寻乐的心情。张怀民是否也在赏月为乐？还是在月下徘徊，消遣苦闷与寂寞呢？可以肯定的是一定不会蒙头大睡，"寻张怀民"，也让他的孤独透明起来！让孤独透明起来的途径就是心闲下来，心闲了，自我才会从心底被唤醒。

心闲下来了，笔调自然也就悠闲起来了。从准确的日子和时间开始，步步紧紧环扣，添一字则多，减一字则少，如水泻地，汩汩自然。整篇文章不像文章，随手日记，但时地人事，写景抒情议论，无一字不悠闲，又无一字闲置。

有人说，苏轼的《记承天寺夜游》开启了明清小品文的先河。其实，这八十五个字往前接上了《世说新语》的气息，往后影响了明清小品文乃至现代诗化散文。在散文独抒自我、独出性灵的宗趣里，《记承天寺夜游》是无上妙品。

### 课堂实录

（江苏省海门市东洲小学五年级）（40分钟）

**师：**今天我们上一节什么课？知道吗？一起说吧。

**生：**《记承天寺夜游》。

（师板书：记　承天寺　夜游）

**师：**几个字？

**生：**六个。

**师：**那我怎么写得零零落落的啊？知道这几个字的意思吗？

**生：**记就是记录，记录下来。

**师：**哦，记录下来。记录了什么啊？

**生：**在承天寺，晚上和张怀民一起，在院内行走。

师：哦，在庭院里行走，（指"游"字）这是什么字啊？

生：游。

师："游"是什么意思啊？

生：游玩。

师：哦，游就是游玩。刚才他说了，记就是什么？

生：记录。

师：记录，记录游玩我们又叫——

生：游记。

师：太重要了，这两个字（师在"记"和"游"字下标注小三角）。这一篇文章就是一篇游记，记游就是游记，记录游玩的情况，明白了没有？

生：明白了。

师：简单吧？难的在后边哦。你们春游一般什么时候出发？你跟你爸爸出去玩，去公园，一般什么时候到？

生：一般都是早上8点钟去的。

师：早上8点钟。这篇游记，什么时候？

生：晚上。

师：哪一个字？

生：夜。

师：夜就是晚上。是不是很奇怪？我们去狼山啊，去看张謇的故居啊，去哪儿玩，都是在白天。白天看得见的吧，能见度比较好。晚上呢？一片漆黑，能看到啥呢？你们回去读了吗？

生：读了。

师：作者什么时候去游玩的？哪一天的晚上？

生：元丰六年十月十二日。

师：元丰六年，什么意思啊？不懂。下面有没有告诉你？

生：公元1083年。

师：这篇文章是谁写的？

生：苏轼。

师：知道苏轼是哪一年生的吗？

生：苏轼是1037年生的。

师：哦，1037年。要记下来，这个年代太重要了（师板书：苏轼，1037生），元丰六年是——

生：1083 年。

师：1083 年，这一年，苏轼几岁？

生：46 岁。

师：数学怎么学的，语文课就不考你数学了？

生：47 岁。

师：47 岁，那是按照中国传统的虚龄来算的，是吧？实足年龄是 46 岁。好，就是四十六七岁。想想，四十六七岁的人应该干吗啊？

生：我觉得他四十六七岁应该有一个工作。

师：不是他，是所有的人，四十六七岁时，就还得工作，是吧？

（生点头）

师：还有吗？

生：我觉得四十六七岁的人应该要负责养家里的老小。

师：哦，要负责养家小，要养老婆孩子父母，对不对啊？四十六七岁的人真不容易，应该辛苦地去工作。还应该干什么？苏轼是一个怎样的人？他是一个一般的老百姓吗？

生：他不是。他是不贪图功利、清正廉洁的一个官。

师：哦，是个官，对吧？是官就应该干什么？

生：做官应该为人民服务，在自己的管辖区内与人民一起工作。

师：哦，要为人民服务，是吧？把毛主席说的话上移一千年，给了苏轼。

（生笑）

师：真好，我觉得他就应该这样。但是为人民工作也不要太辛苦，晚上也得睡觉吧？所以这一天，元丰六年十月十二日，后面一个字是个什么？

生：夜。

师：夜。晚上得睡觉，他睡了吗？

生：没有。

师：哪句话告诉你的？

生：解衣欲睡。

师：哪一个字告诉你的？

生：欲。

师："欲"是什么意思？

生：欲是想要的意思。

**师：**哦，欲是想要的意思，将要，准备要的意思。他睡了吗？

生：没有。

**师：**为什么？

生：看到月光照进堂屋的门户。

**师：**哦！看到月光照进堂屋的门户，哪一句话？

生：月色入户。

**师：**月色入户，"户"就是单扇的门（板书：户）。两扇就是门，还读过苏轼哪一篇作品也写到这样的场景？考考你们。

生：我觉得应该是《水调歌头》。

**师：**哦！快，背一背！

生：明月几时有，把酒问青天。不知天上宫阙，今夕是何年？我欲乘风归去，又恐琼楼玉宇。高处不胜寒，起舞弄清影，何似在人间。转朱阁，低绮户，照无眠，何事长向别时圆？人有悲欢离合，月有阴晴圆缺，此事古难全，但愿人长久，千里共婵娟。

**师：**太棒了！是不是应该给点掌声（学生鼓掌）。下面一个问题，我看看能不能难住你们，这一首《水调歌头》中哪两句话最像"月色入户"这一句？

生：我觉得应该是"明月几时有，把酒问青天"。

**师：**哦！"明月几时有"，还是说的天上的。

生：我觉得应该是"转朱阁，低绮户，照无眠"。

**师：**"转朱阁，低绮户"是什么意思？朱阁那个是红红的房子，小小的不那么大，绮户呢，是雕着花的，单扇的门，小门，用自己的话说说这两句是什么意思。月光怎么样？这问题可难喽！小女孩儿，来。

生：月光……

**师：**这里文章中有一个字叫"入"，"入"是什么意思啊？

生：进入。

**师：**我们一般说人或者说这个东西在动叫进入，是吧？想想月光在不在动？"月色入户"，像一个老朋友一样从天而降，由小门进来，还睡得着吗？睡不着了吧？怎么办？

生：欣然起行。

**师：**欣然起行，"欣然"什么意思？"起行"你都知道的吧？起就是起来，行就是走，起来喽，走喽，"欣然"什么意思？

**生**："欣然"的意思就是高高兴兴的样子。

**师**：哪一个字是"……的样子"？

**生**：然。

**师**：你还知道哪些词也是这么构成的？比如说高兴的样子，怡然，怡然自乐。欣是高高兴兴，然是"……的样子"，欣然就是高高兴兴的样子，你还知道什么然？

**生**：我能不能说一个三个字的词语？

**师**：可以，说！

**生**：飘飘然，飘飘的意思是飘飘欲仙，然还是"……的样子"，就是形容一个人得奖了，然后得意的样子。

**师**：飘飘然了，是吧？像神仙一样的，对吧？还有吗？

**生**：自然。

**师**：自在的样子就是自然，是不是这个意思啊？还有呢？

**生**：悠然。

**师**：哦，悠然，悠然自得的悠然，悠闲的样子。还有呢？

**生**：还有恍然大悟的恍然。

**师**：哦，恍然，心里一下子就明白了，课后你们可以把自己想到的词写在边上，语文就是一种积累，知道吗？看到一个词就能想到一串这样的词，这样你肚子里的词语就多了。欣然起行，想干吗？苏东坡睡不着了，起来了，想干吗？

**师**：他自己怎么说的？

**生**：念无与为乐者。

**师**：为乐就是作乐，找点高兴的事儿做做，找点乐子，找个人去喝喝酒，一起去唱唱歌，是吧？"无与为乐者"是什么意思啊？有没有这样的人跟他一起去做一些他想做的高兴的事啊？

**生**：没有。

**师**：那个"念"是什么意思？

**生**：想到。

**师**：他想到了吗？

**生**：想不到。

**师**："念无"，是吧？那自己一个人去玩，去了吗？想不到就干吗啊？

生：找人去玩。

师：找人去玩，找了谁啊？

生：张怀民。

师：另外一个人物出现了（师板书：张怀民），张怀民跟苏轼差不多大，和苏轼一样是被贬官，知道什么叫贬官吗？

生：知道。

师：降职，是吧？而且皇帝不高兴了，降职以后还不是让他去做事儿，相当于被软禁。知道软禁什么意思吗？哦，政府看着你，不能乱说，不能乱动，不能乱做事儿，这就叫软禁。第一年苏东坡被贬到黄州去，第四年张怀民也去了，这两个年纪差不多的人就成了好朋友。就是这一天，就是这个晚上，两个人有了一次游玩。游记里的人出来没有？全了吧？时间有了吧？

生：有了。

师：人出来以后还有一个很重要的，是什么？

生：地点。

师：哪里？

生：承天寺。

师：（在"承天寺"下画上横线）地点，承天寺。好，游记，人有了，时间有了，地点也有了。跟他一起去玩的这个人叫张怀民，这个张怀民是怎么样出现的？一起读。

生：遂至承天寺寻张怀民。

师："遂"是什么意思？

生：就。

师：想一想，"念无与为乐者"，有没有什么好玩的事儿，有没有想？

生：没有。

师：遂是什么意思？就的意思，就是根本就不用想，是吧？告诉我，可以用哪个成语？

生：不假思索。

师：哦，不假思索。一下子就冒出一个人来了，就冒出一个地方来了，就去了，遂至，是吧？既然不用想就去了，为什么还要说"寻"呢？寻张怀民，张怀民不就在那儿吗？不就在承天寺吗？承天寺大吗？承天寺很大哦，承天寺现在没有了，黄州县志里记载，承天寺是比较大的一个寺院。

生：我觉得苏轼既然已经想到张怀民了，肯定是因为除了地方大之外，他还要考虑到张怀民是否睡了，所以他才要去找张怀民。

师：他如果想到张怀民睡了的话，直奔卧室嘛，也不要寻了，是不是啊？睡了肯定在卧室咯，没有谁睡在柴房的吧？

（生笑）

师：苏轼觉得张怀民睡了吗？

生：没有。

师："遂至承天寺寻"，就说明了这个问题。如果他睡了，不用寻，直奔卧室，把张怀民从床上抓起来（生笑），跟着我去玩吧，是不是啊？他也想到了，这样一个夜晚我睡不着，那个人也睡不着，但我不知道他在哪里，所以要——

生：寻。

师：要寻。明白了吗？

生：明白了。

师：我们读文章一定要读到文字背后，作者想要说的那些东西。明白吗？这里我可是好好地帮助了你们，下面我不帮助你们了。游记除了人、时、地之外，更重要的就是要写——

生：游。

师：游，是吧？你们看，这个时间太成问题了，夜，晚上能看到东西吗？

生：看到了。

师：在哪儿看到的？他们俩干吗了？苏轼找到张怀民没有？

生：找到了。

师：找到了之后怎么样啊？读一读。

生：相与步于中庭。

师：哦，相与步于中庭。前面张怀民怎样？

生：亦未寝。

师：亦是什么意思？

生：也。

师：也，还。所以必须得去找吧？找着了，两个人"相与步于中庭"。"相与"是什么意思？

生：同。

师：哦，同。步于中庭就是在庭中散步。这不就是游了吗？两个人在庭中散步，看到了什么？一起读。

**生：**庭下如积水空明，水中藻荇交横，盖竹柏影也。

**师：**好。用自己的话说，看到了什么？

**生：**庭下如积水空明，就是庭院的地面好像那个积水一样。

**师：**真的有水吗？

**生：**好像。

**师：**哦，好像，哪一个字？

**生：**如。

**生：**在清澈透明的月色之中。

**师：**哦，清澈透明的月色。

**生：**水中交错着像藻荇一样的水草，是庭院里的树的枝叶在地上的倒影。

**师：**谢谢，请坐。她把最基本的样子讲出来了，是吧？月光如水，注意这个"如"字很重要。水里好像还有什么啊？藻，水藻。荇是一种像荷叶一样的水藻。将来你们到苏州去，到太湖去，可以吃到一种莼菜，西湖也有。啊，这个就是荇。（师在黑板上画）这个像荷叶一样的东西叫荇。"交横"念 hèng，好像在动。一般这个字念 héng，对吧？这个地方念 hèng。表明一个动态的时候，念 hèng。让马喝水，饮马，"yìn"。好，这样一个庭院，你觉得美吗？怎样的美？用自己的话说，作者看到了什么？

**生：**月色中看到了水草交横的场面，让他忘记了，其实在他身边是有月色沐浴的。

**师：**月色沐浴了他，他沉浸在了月色中，一直沉浸在月色中了吗？哪一句话又说回到了现实？前面还有一句，来，小伙子。

**生：**盖竹柏影也。

**师：**对，盖竹柏影也，这个"盖"是什么意思？

**生：**原来。

**师：**喔，原来不是藻荇，是竹柏的影子，柏树和翠竹的影子，一下子从月色中出来了，回到了现实中。游记写到这儿结束了吧？

**生：**没有。

**师：**什么人，在哪里，看到了什么，看到了月光（板书：月光），月光在庭院中如积水（板书：积水），还有什么？竹柏倒映着，在院子里就像——

**生：**藻荇。

师：藻荇（板书：藻荇），行了，已经讲完了。完了吗？

生：没有。

师：还要说什么？你们写游记，写到最后，说我去了狼山，狼山真美啊！是吧？或者说濠河真漂亮啊，春色真美啊，是吧？这两句话是什么？感受吧？苏东坡有没有写感受？

生：有。

师：哪两句话？

生（齐读）：何夜无月？何处无竹柏？但少闲人如吾两人者耳。

师：这是什么感受？我不明白，白问的嘛。何夜无月？下雨的时候没有月亮。何处无竹柏？沙漠里没有竹柏。为什么问这两句话？哦，是为了最后一句，最后一句是什么？

生（齐读）：但少闲人如吾两人者耳。

师："但少闲人如吾两人者耳"，这个"但"是什么意思？

生：但是，只是。

师：只是少了谁和谁？

生：苏轼和张怀民。

师：两个——

生：闲人。

师：闲人（板书：闲人），闲人是什么人？

生：悠闲的人。

师：闲人是悠闲的人，还是什么人？你爸爸要是说你不好好学习，不做功课，是什么人？闲人是什么人？

生：清闲的人。

师：哦，啥事也不做，很清闲。还是什么人？你爸爸看你不做作业，说你是个闲人，是表扬你吗？悠闲的人还是什么人？

生：没事儿干的人。

师：没事儿干的人嘛，就是个闲人，二流子。辛弃疾有首词说，一个小孩在溪头卧剥莲蓬，那也是一个没事可干的人吧？是不是？那么，小孩没事儿可干，可以想得通吧，苏东坡此时多少岁？

生：四十六、四十七。

师：你告诉我，苏东坡讲这句话是什么意思？他的感慨是怎样的？

生：我觉得是一种自我安慰。

**师：**是自我安慰，他自己想做事吗？

生：想。

**师：**刚才有同学说想为人民服务，他想为人民服务吗？

生：想。

**师：**朝廷让他做吗？

生：不让。

**师：**所以有抱怨。还有什么情感在里面？请个男生，你来。

生：我感觉这里面包含着苏轼的一种悲凉，这里其实是神来之笔，苏轼有种有力无处使的感觉。

**师：**太棒了，请给他一点掌声。

（生鼓掌）

**师：**确实是神来之笔，一个闲人，而且还有那种复杂的感情。你们再仔细读一下，还有什么情绪在里面。"但少两人"，还有没有其他人？

生：苏轼与张怀民的遭遇相似，他们的心情也是一样的。

**师：**哦，从"怀民亦未寝"看出了他们的心情也是相同的，所以这两个闲人也是——两个什么人？你说。

生：两个孤独的人。

**师：**两个孤独的人在一起——

生：安慰。

**师：**安慰，好，这篇文章我们就分析到这里，难吗？好，把你们的文本纸头反过来，想一想作者是怎样写这个晚上游玩的？什么时候？首先是谁？怎么样？为什么游玩？和谁一起？在哪里游玩？看到什么，想到什么？脑袋里想一想，看你能不能把它回忆出来，这篇文章一共八十五个字。回忆不出来的，可以马上翻过来看一看，然后迅速地把它反过去。像做小偷一样，速度要快哦！回忆了一遍没有？回忆好了就坐好。

**师：**好，现在坐好，我们把这一篇文章读一遍，一边读一边想你刚才没有回忆出来的地方，仔细地记住。这篇文章最大的特点就是不能少一个字，但也没有办法能多加一个字。像一个个环一样，环环紧扣。元丰六年，十月十二日。这天的什么时候呢？夜里。晚上要睡觉了吗？没有。为什么呢？解衣欲睡，月色入户。月亮进来了睡不着咋办呢？欣然起行。念无与为乐者。找着了吗？找不着！去找别人，遂至承天寺，干吗去？寻张怀民，怀民怎么样？

**生：**怀民亦未寝。

**师：**两个人干吗了？

**生：**相与步于中庭。

**师：**看到什么？

**生：**庭中如积水空明，水中藻荇交横，盖竹柏影也。

**师：**想到什么？

**生：**何夜无月，何处无竹柏，但少闲人如吾两人者耳。

**师：**是不是不能够减少一个字？一环一环地扣下来。好，我们读一遍，一边读一边想，你刚才没有记住的地方。记承天寺夜游，开始。

（生齐读）。

**师：**有同学念出了"航"，"欣然起航"，那是船？不要念错。好，能背下来吗？有没有愿意试一试的？我只给一次机会。有没有挑战者？好，那么，请你来背。大家一边听，一边看，自己不会的地方，好好地记住。

（生背诵）

**师：**你们又多看了一遍，比他要多看一遍吧？能不能记下来？把书合上，一起背！记承天寺夜游，开始。

（生齐背诵）

**师：**大家一起来都会了，是吧？回去一定要再背一遍，你才能记住这篇文章。你回去背诵五遍，你到九十岁也忘不掉。你要回去一遍也不背了，十五岁你就能忘掉这篇文章。今天这节课就上到这里，感谢大家，下课！同学们再见！

**生：**谢谢老师，老师再见！

### 名师评课

## 简约而不简单的教学

国安老师是苏州大学文学院的老师，却常到小学的语文课堂上给小学生上课，实为难得。这可能跟他曾经读过中等师范，当初就是为了培养他做小学老师有关。以他目前对语文教学的理解、把握，以及对小学生学语文重难点的理解和把握，到小学语文课堂进行教学实践，其课堂教学面貌的确与众不同。

首先，此篇文言文系义务教育阶段八九年级的课文，只有少数教材放在七年级，国安老师却带着小学五年级的孩子来学这篇课文。事先没有所谓的"预习"，从题目入手，遵循文体特点（游记）和作者思路，读读、讲讲、议议，竟然能让学生感悟得如此深刻，不仅体悟到了作者微妙的心境，还把课文顺利地背出来了。这让我感到，我们中小学老师是不是常常低估了孩子们的母语水平和吸纳母语的水平，所教学的内容常常失之于浅而让孩子们觉得索然无味。看得出来，这堂课孩子们学得兴趣盎然，除了跟老师的幽默有关之外，还跟所教内容处于孩子们似懂非懂的状态有密切的关系，过深、过浅都无法引起孩子们的兴趣和思考。

其次，国安老师这堂课教给孩子的都是语文的东西。这篇游记中许多文字的意思古今义已不同，国安老师注重引导学生去悟，悟不出的老师就讲，同时也紧紧抓住文体特点，循着文章思路，去疏通课文的内容，学生所学到的不仅仅是文章所传播的"信息价值"，更学到了如何传播信息的"教学价值"（李海林语）。把语文教材所传播的"信息价值"作为"教学价值"，而不着力于如何传播信息的智慧，这是小学语文教学中常见的错误，于是，情感性强的课文便易上成思品课，知识性强的课文便易上成常识课。而国安老师在疏通课文内容的过程中关注的恰恰是如何传播信息的智慧，如国安老师用比较法，抓住文字似乎矛盾的地方（"遂"与"寻"的比较），推敲字词，感悟字词背后的东西，这是教给孩子体悟心情的方法。其他，如引导学生关注作者的年龄、职务等背景，引导学生回顾作者另一首与写月色有关的词，以让学生领悟"月"是作者心中的老友等，这些都有利于学生体会作者的心境。此外，国安老师有机地结合课文，根据构词法，教给学生积累词语的方法；引导学生关注读音与字义的关系，帮助学生形成辨析多音字的能力；遵循游记这种文体特点，循着作者思路引导学生背诵课文，这是重要的积累篇章的方法……而这些都是带着学生学习如何传播信息的智慧，国安老师准确把握了语文教材的"教学价值"，他上的是一堂地道的语文课。

最后，这堂课好像什么先进的教学手段也没用。课堂上没看投影，没听音乐，只是循着文路，读读、讲讲、议议、背背。这些方法都那么朴素、简单，但这些方法却让孩子们学得有趣味，让孩子们走进了人物的内心，让孩子进行了字音法、词法和章法的有效积累。因为这些都是语文的方法，且与语文教材所包含的"教学内容"以及学生的"学情"自然结合。用一句广告词来说，这是简约而不简单。

（江苏省镇江市京口教育局副局长，特级教师　刘正才）

# 后 记

　　1988 年秋天我读中师，从那时起命运就似乎已经安排好了：这一生，我将做一名老师，一名小学老师。1995 年夏天我大学毕业，终于做了老师，一名大学老师。一晃眼，我已经做了 18 年大学老师了，但我一直没离开过小学，在小学课堂里，有我的快乐，有我的梦想，有我对自己的人生承诺。

　　这本小书便是这样的快乐、梦想和承诺的记录。

　　我从 1990 年秋天中师见习开始正式踏上小学的讲台，20 多年从未离开过小学课堂。2005 年我去母校镇江市京口区实验小学上研讨课《黄河的主人》，第一次有全程录像，现在我已有二十多节全程录像的小学语文课了，从这些课堂实录中选了十节课作为本书的主体。

　　从 2008 年开始，我对小学语文教育的研究兴趣集中到了小学语文教材（主要是小学语文课文）上了，我几乎将能看到的小学语文书都找来仔细阅读，开始尝试用原文教学。第一次是 2009 年 4 月与薛法根、祝禧二兄上同题课《燕子》，此后一发不可收，一下上了十多节这样的用原文教学的语文课，其中许多都是与其他特级老师同题异构的课，应该感谢和我一起上课的老师们！用原文上课的关键是细读原文，所以我义务给苏州工业园区的骨干教师讲读小学课文（包括原文），然后由听讲的老师根据录像整理成文字，其中有的已经在如《语文学习》等杂志上发表，而这些工作都是由时任苏州园区金鸡湖学校小学部校长的徐瑛女史帮助完成的，同时所有的课堂实录，也都是徐老师和她的语文组老师们帮助整理出来的，没有他们也就没有这些文字，这需要深为致谢！

　　2012 年起我在《教师博览》开"经典重读"专栏，每月写一篇小学课文的古代经典作品重读，今年开始写初中的课文重读，因此本书也收了《清平乐·村居》和《记承天寺夜游》重读的两篇文字。当然课后我也作过一些反思，已成文字的也收在课堂实录的后面了，作为当时思考的记录吧。书中另一部分则是那些听过我课的师友们的评课，衷心地感谢他们睿智的批评和热情的鼓励，这也是我们师友情谊的记录吧。贯其首的一篇关于我的小学语文教学研究的自述则是我这二十多年的一个阶段小结。

　　这二十多年，我成长的每一个阶段都有着师长前辈的真诚帮助和关怀，李吉林、成尚荣和朱永新三位老师不顾暑热，通看了全书并赐序鼓励，这令我感动无已，他们都是这二十年来一直给予我鼓励和帮助的师长，我想我以后一定要努力做到他们所期望的样子。而真正催生了这本书的人是华东师范大学出版社任红瑚编辑，没有她的敦促，我想这本书不知道何时才能面世呢，这也是需要认真感谢的。

这些年来，岳父母一直跟我们生活在一起，我几乎"衣食无忧"，生活中的一切都由他们料理得妥妥帖帖，没有他们的辛苦付出一定不会有我如此惬意的生存状态，感谢爸妈！而一直由着我做自己喜欢的事情的内子王海燕，她是教育学的博士、文学的博士后，作为一位苏州大学教育学院的副教授，她从不以为我做的研究是"小儿科"，也从不鄙视我在小学课堂的努力，总是鼓励我做自己喜欢的事情。没有她的鼓励和理解，我想一定是没有这些文字的。这是一定要深为致谢的。

说了如上这些感谢的话绝非矫情，我觉得自己实在是应该心存感恩！

安子
癸巳初秋于苏台杕庐

**图书在版编目（CIP）数据**

语文的回归：一个大学老师的小学课堂／陈国安著 .—上海：华东师范大学出版社，2014.6
ISBN 978－7－5675－2223－7

Ⅰ.①语 ... Ⅱ.①陈 ... Ⅲ.①小学语文课－教学研究 Ⅳ.① G624·202

中国版本图书馆 CIP 数据核字（2014）第 145944 号

**大夏书系·语文之道**

# 语文的回归：一个大学老师的小学课堂

著　　者　　陈国安
责任编辑　　任红瑚
封面设计　　艾　米
责任印制　　殷艳红

出版发行　　华东师范大学出版社
社　　址　　上海市中山北路 3663 号　邮编　200062
网　　址　　www.ecnupress.com.cn
电　　话　　021－60821666　行政传真　021－62572105
客服电话　　021－62865537
邮购电话　　021－62869887　地址　上海市中山北路 3663 号华东师范大学校内先锋路口
网　　店　　http://hdsdcbs.tmall.com

印 刷 者　　北京东君印刷有限公司
开　　本　　700×1000　16 开
插　　页　　1
印　　张　　16.75
字　　数　　250 千字
版　　次　　2014 年 8 月第一版
印　　次　　2017 年 5 月第二次
印　　数　　6 001－9 000
书　　号　　ISBN 978－7－5675－2223－7/G·7455
定　　价　　36.00 元

出 版 人　　王　焰

（如发现本版图书有印订质量问题，请寄回本社市场部调换或电话 021-62865537 联系）